CHANG
CHUNG-YUAN

# Tao, Zen und schöpferische Kraft



DIEDERICHS

Aus dem Englischen übersetzt von Stephan Schuhmacher
Originaltitel: Creativity and Taoism (The Julian Press, Inc., New York)
Mit 13 Bildtafeln und 10 Abbildungen im Text

Erste Auflage 1975

Umschlaggestaltung: Eberhart May
Gesamtherstellung: Friedrich Pustet, Regensburg
ISBN 3-424-00550-9

# Inhalt

# Zur deutschen Übersetzung

In diesem Buch beschreibt der in China geborene und aufgewachsene Autor, der heute in den USA lebt, das philosophisch-künstlerische Gedankengut seines Vaterlandes in englischer Sprache. Um bei der Übersetzung dieses Textes nicht zu weit von den chinesischen Vorlagen abzukommen, wurden bei der Übersetzung der Zitate aus klassischen chinesischen Werken, so weit diese zugänglich waren, die chinesischen Originale zum Vergleich herangezogen. Auch im Haupttext mußte an einigen Stellen eher der chinesische Originalgedanke als seine englische Entsprechung übersetzt werden, um nicht durch allzu starres Festhalten an einem englischen Begriff in eine »Über-Übersetzung« zu verfallen.

Da die Übertragung klassischer chinesischer Texte in eine westliche Sprache immer auch eine Interpretation ist, hat sich der Übersetzer jedoch auch dort, wo er mit der Interpretation des Autors nicht übereinstimmt, an die Auslegung von Chang Chung-yuan gehalten, die oft einen überraschenden neuen Ausblick auf die alten Texte eröffnet.

Ein großer Teil der Gedichtübersetzungen, bei denen es eher auf Erhaltung der inneren Schwingungen ankommt, als auf eine Interpretation, stammen aus bisher unveröffentlichten Originalübersetzungen des deutschen Übersetzers.

Die englischen Begriffe *mind* und *spirit* werden im Deutschen im allgemeinen gleichlautend mit »Geist« übersetzt. *Mind* steht dabei für das Bewußtsein, die rationalen, intellektuellen, »geistigen« Fähigkeiten eines Menschen. *Spirit* bezeichnet eher einen »beseelenden«, einen transzendentalen Geist (z. B. der »Geist der Antike« oder der »Heilige Geist«). Um die verschiedenen Bedeutungen des Begriffes »Geist« im Deutschen nicht immer umschreiben oder durch ein Synonym ersetzen zu müssen, steht in dieser Übersetzung »Geist, geistig« für das englische »mind, mental« und *»Geist, geistig«* für »spirit, spiritual«.

Stephan Schuhmacher

# Einführung
# Die Bedeutung des Tao für östliches und westliches Denken

In einem geistreichen und tiefsinnigen Essay mit dem Titel »Gespräch mit einem Chinesen« zeichnet Voltaire das lebhafte Bild einer Begegnung zwischen einem vornehmen Herrn aus China und einem Holländer. Sie treffen sich in einer Buchhandlung, wo der Chinese nach einer Weltgeschichte gefragt hat. Als er sie rasch durchblättert, entdeckt er zu seiner Verwunderung, daß der ganze Band nicht ein einziges Wort über China enthält. Verständlicherweise ist er einigermaßen aufgebracht und gerät in eine Diskussion über dieses seltsame Versehen mit einem gerade anwesenden holländischen Gelehrten. »Wie ist es möglich«, fragt er, nachdem man sich bekannt gemacht hat, »daß man in einem Band, der sich ›Weltgeschichte‹ nennt, nicht ein einziges Wort über China findet?« Doch bald ist es an dem Holländer, erstaunt zu sein, denn ihre Unterhaltung offenbart, daß der chinesische Gast von Cäsar oder den alten Griechen niemals auch nur gehört hat. Voltaires lakonischer Kommentar dazu ist: »Eitler Stolz!«

Weniger als hundert Jahre später jedoch – um genau zu sein, im Jahre 1816 – las Hegel in Heidelberg fachkundig über Taoismus, Konfuzianismus und die Philosophie des *I Ching*. Natürlich stammten seine Kenntnisse aus zweiter Hand, nämlich aus den Übersetzungen der Jesuiten, aber er war, besonders auf dem Gebiet des Taoismus, erstaunlich gut informiert. So finden wir in seinen Vorlesungen zum Beispiel folgende Passage:

> Die Hauptschrift von ihm (Lao Tzu) haben wir noch, und in Wien ist sie übersetzt worden; ich habe sie selbst da gesehen. Eine Hauptstelle ist besonders häufig ausgezogen: »Ohne Namen ist Tao das Princip des Himmels und der Erde; mit dem Namen ist es die Mutter des Universums (aller Dinge).
> . . . Das Höchste, das Letzte, das Ursprüngliche, das Erste, der Ursprung aller Dinge ist das Nichts, das Leere, das ganz Unbestimmte (das abstrakte Allgemeine); es wird auch Tao . . . genannt.[1]

In dieser Vorlesung vergleicht Hegel den chinesischen Taoismus mit dem griechischen Denken:

Wenn die Griechen sagen, das Absolute ist das Eine, – oder die Neueren, es ist das höchste Wesen: so sind auch hier alle Bestimmungen getilgt; und mit dem bloßen abstrakten Wesen hat man nichts, als diese selbe Negation, nur affirmativ ausgesprochen.[2]

Aus den Parallelen, die er zwischen chinesischem Taoismus und der westlichen Philosophie zieht, ist ersichtlich, daß Hegel mit der Philosophie des Ostens recht vertraut war, und daß der Taoismus zu Beginn des neunzehnten Jahrhunderts eingehend auf seine Stellung in der Geschichte der Philosophie hin überprüft wurde.

Etwa hundert Jahre später, als Richard Wilhelm im Jahre 1929 seine deutsche Übersetzung des *Geheimnis der Goldenen Blüte* veröffentlichte, analysierte C. G. Jung in seiner beachtenswerten Einleitung das Wesen des Taoismus im Lichte der modernen Psychologie. Er schreibt:

Wenn wir Tao als Methode oder als bewußten Weg, der Getrenntes vereinigen soll, auffassen, so dürften wir dem psychologischen Gehalt des Begriffes wohl nahe kommen ... Zweifellos handelt es sich auch bei der Frage der Bewußtmachung des Gegensatzes, der »Umkehrung«, um eine Wiedervereinigung mit den unbewußten Lebensgesetzen, und die Absicht dieser Vereinigung ist die Erzielung bewußten Lebens, chinesisch ausgedrückt: *Herstellung des Tao.*[3]

Der Wert des *Tao* liegt in seiner Kraft, Gegensätze auf einer höheren Ebene des Bewußtseins vereinen zu können. Diese Kraft wird im Taoismus symbolisch als Licht dargestellt. Die Polaritäten in Einklang zu bringen, um ein ausgeglichenes Leben und eine höhere Integration zu erreichen, ist das Bemühen der Psychotherapie. Jung fand heraus, daß die Methode, welche er seit Jahren in seiner Praxis anwendete, mit der weisen Lehre der alten Taoisten übereinstimmte. Er sagt:

Ich habe eine praktische Erfahrung gemacht, die mir einen ganz neuen und unerwarteten Zugang zur östlichen Weisheit eröffnet hat. Dabei bin ich, wohlverstanden, nicht von einer mehr oder weniger unzulänglichen Kenntnis der chinesischen Philosophie ausgegangen ... erst meine späteren ärztlichen Erfahrungen haben mir gezeigt, daß ich durch meine Technik unbewußt auf jenen geheimen Weg geführt worden war, um den sich die besten Geister des Ostens seit Jahrtausenden gemüht haben.[4]

Was ist das Hauptanliegen des östlichen Geistes? Jung formuliert es folgendermaßen:

Weil die Dinge der inneren Welt uns subjektiv um so mächtiger beeinflussen, als sie unbewußt sind, so ist es für den, der einen weiteren Fortschritt in seiner eigenen Kultur machen will, unerläßlich, daß er die Animawirkungen objektiviere und dann zu erfahren versuche, welche Inhalte jenen Wirkungen zugrundeliegen. Damit erwirbt er sich Anpassung und Schutz gegen das Unsichtbare. Diese Anpassung kann natürlich nicht erfolgen ohne Konzessionen an die Bedingungen beider Welten. Aus der Berücksichtigung der Forderungen der Welt innen und außen, besser gesagt aus ihrem Konflikt, ergibt sich das Mögliche und Notwendige. Leider hat unser abendländischer Geist infolge seines Kulturmangels in dieser Beziehung für die Einigung der Gegensätze auf einem mittleren Wege, diesem fundamentalsten Hauptstück innerer Erfahrung, noch nicht einmal einen Begriff gefunden, geschweige denn einen Namen, den man dem chinesischen Tao mit Anstand zur Seite stellen könnte.[5]

Niemals zuvor wurde der chinesische Taoismus so treffend im Lichte der modernen Psychologie dargestellt und so ernsthaft als ein Weg zur Erhöhung der Strebungen des menschlichen Geistes und zur Erleichterung der Bürde menschlichen Leids verstanden. Das Geheimnis der jahrhundertealten östlichen Weisheit, die das Beste im Menschen hervorbringt, ist somit nicht länger Geheimnis, sondern einfach ein Weg zu einem gesunden und harmonischen Leben.

Nur dreißig Jahre später, im Jahre 1959, weist Joseph Needham von der Cambridge Universität in seinem umfangreichen Werk »Science and Civilisation in China« (Wissenschaft und Zivilisation in China, Band III) nach, daß die taoistische Philosophie auf Astronomie und Mathematik angewendet wurde, und daß führende Taoisten Beiträge zur Geographie, Kartographie, Mineralogie und Chemie geleistet haben. Auf der Grundlage der taoistischen Theorie vom unendlichen leeren Raum und der Kondensation des Hauches entwickelten chinesische Astronomen das *Hsüan Yeh* System, indem sie annahmen, daß sich jenseits der großen Kreise der himmlischen Sphären unendlicher Raum befinde. Needham's Kommentar zu diesem System:

Das Hsüan Yeh System hat eine deutlich taoistische Färbung, was auch das Verschwinden der ältesten Schriften dazu erklären könnte. Man spürt eine Beziehung zur »Großen Leere« *(hsü wu)* von Lao Tzu und zu der Vorstellung vom Himmel als aufgehäuftem *ch'i*[6] *(chi ch'i)* bei Lieh Tzu. Bezeichnenderweise stammt das meiste, was wir darüber wissen, von Ko Hung und Li Shun-Feng.[7]

Es ist offensichtlich, daß die Astronomie, für die alten Chinesen eine Wissenschaft von vorrangiger Bedeutung und ein besonderes Anliegen der taoistischen Denker, ihre Wurzeln in der taoistischen Philosophie hatte.

Aus Needhams Werk erfahren wir auch, daß der taoistische Gebrauch von Paradoxen die chinesischen Mathematiker inspirierte. Diese Behauptung wird mit einem Zitat aus dem Kommentar eines Algebra-Spezialisten zu dem Werk eines anderen Mathematikers belegt:

Himmel entspricht der Basis des rechtwinkligen Dreiecks, Erde entspricht der Höhe, Mensch der Hypothenuse und Dinge dem Durchmesser des in das Dreieck eingeschriebenen Kreises, wie man aus diesem Diagramm ersieht. Indem man die Formeln aufwärts und abwärts bewegt, sowie von einer Seite zur anderen, durch Vorwärtsschreiten und Zurückgehen, Alternieren und Verbinden, durch Verändern, Teilen und Multiplizieren, durch die Anwendung verschiedener Zeichen für positiv und negativ, indem man einiges zurückbehält und anderes eliminiert und die Positionen der Rechenstäbchen verändert, indem man es von vorne oder von der Seite angeht, wie es in den vier Beispielen gezeigt wird – durch den Nichtgebrauch (eines Dinges) ist es doch gebraucht; indem man eine Zahl nicht verwendet, wird die gefragte Zahl erhalten. Die Mathematiker konnten zu den geheimnisvollen Prinzipien, die in dem vorliegenden profunden Werk enthalten sind, bisher nicht vordringen.[8]

Diese Darlegung läßt vermuten, daß durch den Gebrauch einer Zahl, oder vielmehr durch ihren Nichtgebrauch, das Ausarbeiten von Gleichungen und Wurzeln eher eine philosophische als eine mathematische Aufgabe geworden ist. Needham erkennt die Theorie der Taoisten von der Universalität der Wandlung als eine von deren tiefsten philosophischen Einsichten an. Der Gebrauch von Paradoxen in der Mathematik und die Arbeitshypothese der Astronomen vom unendlichen leeren Raum zeigen, daß taoistisches Gedankengut auf die Naturwissenschaften angewendet wurde. Damit tat sich ein neuer Zugang zum Studium des Taoismus auf.

Im Frühjahr 1952 legte Jacques Maritain bei seinen Vorlesungen in der *National Gallery of Art* in Washington dar, man müsse sich das innere Prinzip dynamischer Harmonie, welches sich die chinesischen kontemplativen Künstler zunutze machten, als eine »Art gegenseitiger Durchdringung von Natur und Mensch« vorstellen. In der Durchdringung werden Dinge vergeistigt.

Enthüllt der Künstler die Wirklichkeit, die in den Dingen verborgen ist, so setzt er sie damit frei, und gleichzeitig befreit und reinigt er sich selbst. Der unsichtbare Prozeß, welcher der chinesischen Kunst zugrunde liegt, ist das Wirken von *Tao*. Maritain verweist auf einen Unterschied zwischen östlicher und westlicher Kunst: während jene auf Objektivität aus sei, bemühe sich diese um Subjektivität. In der Wurzel ihrer schöpferischen Aktivität jedoch gebe es eine gemeinsame Erfahrung ohne Parallele auf dem Gebiet des logischen Verstandes, in welcher Objektivität und Subjektivität »auf rätselhafte Weise zusammengefaßt werden«.[9]

Diese nichtunterscheidende Bewußtheit der schöpferischen Intuition ist es, die seiner Neuformulierung des grundlegenden Prinzips chinesischer Malerei eine weitere und reichere Bedeutung gibt. »Was schreibt doch die erste der berühmten sechs Regeln von Hsieh Ho vor? – Die Lebens-Bewegung soll die einzigartige spirituelle Resonanz ausdrücken, die der Künstler in den Dingen wahrnimmt, als jemand, der durch seine Verbindung mit dem Geist des Kosmos inspiriert ist.«[10] Maritain geht auf den Begriff der harmonischen Expansion ein, den er in Beziehung zu dem chinesischen Konzept des *k'ai ho*, oder der Einheit des Zusammenhanges setzt. Er zitiert einen führenden chinesischen Künstler:

Wenn Dinge wachsen und sich ausdehnen, so ist das *k'ai*; wenn Dinge gesammelt werden, ist das *ho*. Wenn man ausdehnt *(k'ai)*, so soll man an das Sammeln (ho) denken, und man wird Struktur erhalten. Wenn man sammelt *(ho)*, so sollte man an das Ausdehnen *(k'ai)* denken, und man erhält eine unbeschreibliche Mühelosigkeit und einen Hauch von unerschöpflichem *Geist*. Beim Gebrauch des Pinsels und bei der Komposition des Bildes darf man nicht einen Moment vom *k'ai ho* abgehen.[11]

Dieses Prinzip des *k'ai ho* oder des Ausdehnens und Sammelns, das auf taoistischen Paradoxen basiert, wird, wie Maritain sagt, von allen Künstlern angewendet, gleich ob westlichen oder östlichen, da es für die Struktur eines Gemäldes wesentlich ist.

Aus dem Vorangehenden wird deutlich, daß seit Beginn des neunzehnten Jahrhunderts ständig taoistische Ideen wie ein unsichtbarer Strom in das westliche Bewußtsein eingeflossen sind und damit in das Gedankengut von Gelehrten, die verschiedenste Ansichten über das *Tao* vertraten, und deren Erkenntnisse in ihren jeweiligen Fachgebieten Anwendung fanden. Neben den oben erwähnten Denkern gab es viele andere Gelehrte, die ein profundes Interesse an der Philosophie des *Tao* zeigten, und die sich deren Weisheit bei ihrer Arbeit zunutze machten. Man kann wohl sagen, daß diese Manifestationen der »Ausdruck der Großen Vollendung« sind, von der Lao Tzu im *Tao Te Ching* spricht:

*Der Großen Vollendung Ausdruck*
*ist einfach Manifestation des Tao.*
*Das, was Tao genannt wird,*
*ist dunkel und unaussprechlich.*
*Dunkel und unaussprechlich,*
*sind doch in ihm Formen.*
*Unaussprechlich, dunkel,*
*sind doch in ihm Dinge.*
*Unergründlich, ungesehen,*
*ist doch Wesenheit darin;*
*Die Wesenheit ist ganz wirklich,*
*In ihr besteht die lebendige Wahrheit.* (Kap. XXI)

Obwohl *Tao* selbst dunkel und unaussprechlich ist, sind doch in ihm latent Formen und Dinge. Jene, die in das Unergründliche und Ungesehene vordringen, enthüllen das Wesen von *Tao*. Aus den Anwendungen taoistischer Philosophie auf Psychologie, Naturwissenschaften und Kunst sehen wir, daß das Wesen von *Tao* offenbar ist.

Taoistisches Gedankengut hat nicht nur den Weg für den Fortschritt chinesischer Kunst, der Naturwissenschaften, der Mathematik und Psychologie geebnet. Vor vielen Jahrhunderten sind darüberhinaus einige seiner grundlegenden Prinzipien mit anderen philosophischen Schulen, insbesondere dem Buddhismus und dem Konfuzianismus, zusammengeflossen. Zu Beginn des fünften Jahrhunderts beaufsichtigte der große indische Lehrer Kumārajīva die Übersetzung und Auslegung der buddhistischen Texte in chinesischer Sprache. Einer seiner Schüler und Mitarbeiter, Seng-chao (384–414), schrieb ein berühmtes, als das *Buch von Chao* bekanntes Werk, in welchem er den Buddhismus mit taoistischer Terminologie darstellt. Im ersten Kapitel »Über die Unveränderbarkeit der Dinge« behauptet Seng-chao, daß Handeln und Nichthandeln nicht voneinander geschieden sind, sondern eine Einheit bilden. Dinge in Aktion sind gleichzeitig immer in Nichtaktion; Dinge in Nichtatkion sind immer in Aktion. Nichthandeln bedeutet also nicht Ruhe, nachdem Aktion zu Ende gegangen ist, sondern Ruhe, die immer auch Aktion ist. Weiterhin meint Seng-chao: Selbst wenn Himmel und Erde plötzlich ihren Standpunkt tauschen würden, könnten wir doch nicht sagen, daß sie nicht in Nichtaktion seien; oder selbst wenn Brecher bis zum Himmel aufschäumen würden, könnten wir doch nicht behaupten, daß sie in Aktion seien. Seng-chao's Gleichsetzung von Handeln und Nichthandeln entspricht dem, was Chuang Tzu im Kapitel über »Die Identität aller Dinge« ausführt: »Dies ist auch Das; Das ist auch Dies«, und »Zerstörung ist Aufbau; Aufbau ist Zerstörung. Es gibt weder Zerstörung noch Aufbau. Beide verschmelzen in Eins.« Wenn wir weder Handeln noch Nichthandeln konstatieren, so sind wir frei von beidem. In der Ausdrucksweise der Buddhisten folgen wir dann dem Mittleren Pfad, der, meiner Ansicht nach, der Konzeption Lao Tzu's entspricht, wenn er sagt: »Sein und Nichtsein erzeugen einander«, und »Der Weise folgt dem Pfad des Nicht-Feststellens und übt Belehrung ohne Worte« (Kap. II). Der Gedanke der Verschmelzung und Einswerdung von Gegensätzen wie Sein und Nichtsein, Handeln und Nichthandeln, der im zweiten Kapitel des *Chuang Tzu* und im *Tao Te Ching* so oft auftaucht, wird von den Buddhisten oft benutzt, um ihre Sutren zu erläutern.

Ein anderer Gedanke, den Buddhismus und Taoismus gemeinsam haben, besagt, daß Einheit in der Verschiedenheit ist, und daß Partikularität mit Universalität identisch ist. Fa tsang (643–712), der Gründer einer Schule (als Hua-yen [Girlanden] Buddhismus bekannt), welche die Metapher von Indra's Netz ausdeutet, führt den grundlegenden Gedanken des gegenseitigen und gleichzeitigen Eindringens von Einem in Alles und Allem in Eines aus. So ist Eins auch Alles und Alles ist Eins. Seine Lehre erinnert stark an das taoistische Prinzip der Einheit in der Verschiedenheit. In seinem Kommentar zur »Identität aller Dinge«, dem zweiten Kapitel des *Chuang Tzu*, setzt Chang T'ai-yen die Vorstellungen von Fa tsang mit denen von Chuang Tzu gleich. Er zitiert Fa tsang's Worte aus *Die ursprüngliche Bedeutung des Avatamsaka*: »Das Blütenblatt einer Blüte entsteht niemals allein, sondern es umgreift ungehindert alle miteinander verbundenen Teile des blühenden Baumes«, und weiterhin »Dieses Blütenblatt muß sich auflösen und so in Alles eintreten und Alles hereinnehmen« (Abschnitt II).

Chang T'ai-yen führt an, daß dieser Gedanke von Fa tsang mit Chuang Tzu übereinstimmt, welcher sagt:

> Wenn ich Dinge trennen mag, so ist es, weil solche Trennungen auf der Totalität der Dinge basieren muß. Die Erzeugung des Einen beruht auf dem Alles. Wenn ich Dinge nicht gerne vollende, so ist es, weil Vollständigkeit bedeutet, daß alles enthalten ist. Deshalb ist Vollständigkeit isoliert und selbstgenügend und weist jede Beziehung zu anderen Dingen ab. (Kap. XXIII)

Aus der Analyse von Chang T'ai-yen können wir ersehen, daß Vorstellungen aus taoistischer und buddhistischer Gedankenwelt des öfteren übereinstimmen.

Der dritte Gedanke des Taoismus, den der chinesische Buddhismus mit ihm teilt, ist *tzu jan*, das ›Selbst-so-sein‹, die Natürlichkeit und Spontaneität der Dinge. Diese ist dem Denken nicht zugänglich. Unser Geist erwacht vielmehr dazu, und zwar ganz von selbst. Diese Selbst-Verwirklichung bedarf keiner künstlichen Anstrengung. Die Taoisten sprechen vom *wu wei*, dem ›Nicht-Eingreifen‹. Für das chinesische Ch'an (japanisch: Zen) ist die beste Methode zur Kultivierung der Buddhaschaft deren Nichtkultivierung. Seinen Geist zu kultivieren bedeutet, bewußte Anstrengung, *yu wei*, zu üben, das genaue Gegenteil von *wu wei*. Der sechste Patriarch, Hui Neng, erklärt, das Buddha-Wesen ist in uns, und dieses zu erkennen ist alles, was wir tun müssen, um es zu finden. Dieser Gedanke ist in dem berühmten Ausspruch enthalten: »Dein Alltagssinn, das ist *Tao*.«

Das Alltags-Bewußtsein ist spontanes Selbst-so-sein, was auch der grundlegenden Lehre des Taoismus entspricht. Verfolgen wir die Geschichte des Zen-Buddhismus, so finden wir, daß er praktisch die Weiterentwicklung der früheren Philosophie von Lao Tzu und Chuang Tzu ist.

Chinesische Gelehrte behaupten, man könne das revolutionäre Verständnis der Erleuchtung, wie es der Zen-Buddhismus für sich beansprucht, bis ins vierte Jahrhundert zurückverfolgen. Damals griff Tao-sheng (etwa 360–434) die traditionelle Theorie von der allmählichen Verwirklichung an und verfocht dagegen die Theorie der plötzlichen Erleuchtung. Er sagte:

Worte vermitteln Gedanken. Wenn die Gedanken aufgenommen sind, verstummen die Worte ... Nur jene, die den Fisch nehmen und das Netz vergessen können, sind wert, das *Tao* zu suchen.[12]

Mit dieser Aussage zitiert Tao-sheng praktisch Chuang Tzu:

Das Fischnetz ist da, um Fische zu fangen; wir wollen die Fische behalten und das Netz vergessen. Die Schlinge ist da, um Kaninchen zu fangen; wir wollen das Kaninchen behalten und die Schlinge vergessen. Worte sind da, um Gedanken zu vermitteln; wir wollen die Gedanken behalten und die Worte vergessen. (Chuang Tzu, Kap. XXXI)

Tao-sheng's revolutionäre Vorstellung von der plötzlichen Erleuchtung ebnete den Weg für die Entwicklung des Zen-Buddhismus. Seine Erläuterung dieses Standpunktes war ganz offensichtlich von Chuang Tzu's Philosophie beeinflußt.

Einhundert Jahre bevor Tao-sheng taoistische Prinzipien zur Erläuterung der buddhistischen Erleuchtung verwandte, benutzte Wang Pi (226–249) die gleichen Vorstellungen, um die konfuzianischen Klassiker zu interpretieren. In seinem Kommentar zum *I Ching*, dem *Buch der Wandlungen*, verwarf er die traditionelle Interpretation des *I Ching* als ein »Studium von Emblemen und Zahlen« und proklamierte, das große Emblem habe keine Form, genauso wie das große *Tao* keinen Namen habe. Ist der Gedanke erfaßt, wird das Emblem vergessen. Wang Pi sagt:

Worte werden gebraucht, um Embleme zu erklären. Ist das Emblem verstanden, werden die Worte vergessen. Embleme werden benutzt, um Vorstellungen zu vermitteln. Ist die Vorstellung erfaßt, so werden die Embleme vergessen. Das ist das Gleiche, als wenn man sagt, die Schlinge sei da, um Kaninchen zu fangen. Hat man das Kaninchen erlangt, so wird die Schlinge vergessen. Das Fischnetz ist da, um Fische zu fangen. Hat man die Fische erlangt, so wird das Netz vergessen.[13]

Wang Pi sagt weiterhin über das *I Ching*:

Kann die Linie den Gedanken der Nachgiebigkeit ausdrücken, so braucht man das Trigramm *K'un* nicht mit einer Kuh zu identifizieren. Wenn die Linie Standhaftigkeit ausdrücken kann, so braucht man das Trigramm *Ch'ien* nicht mit einem Pferd zu identifizieren. So würde man den Gedanken behalten und das Symbol vergessen.[14]

Nach Wang Pi kann jede der Linien in einem gegebenen Hexagramm zu dem dominierenden Faktor oder dem »erhabenen einzigartigen Einen« werden. Eins ist der Anfang der Zahlen und das Letzte der Dinge. Chuang Tzu sagt: Das was Eins ist, ist Eins. Das was Nicht-Eins ist, ist auch Eins.« Das einzigartige Eine von Wang Pi ist also Nicht-Eins, was so viel wie das Nichts oder *wu* bedeutet. Da Eins der Urpsprung aller Zahlen ist, bezeichnet man es nicht als Zahl, sondern als das, woraus alle Zahlen gebildet werden. Was also Eins ist, ist *wu* oder das Nichts, das gleichzeitig mit dem Letzten identisch ist. Da es der Ursprung aller Dinge ist, wird es *T'ai Chi*, oder das ›Erhabene Letzte‹ genannt – oder auch *Tao*.
Die oben erwähnte Interpretation der konfuzianischen Klassiker zeigt das Einströmen taoistischer Ideen. T'ang Yung-t'ung sagt:

In der Han-Dynastie konzentrierten sich Ching Chiao's Untersuchungen des *I Ching* auf Embleme und Zahlen ... Wang Pi hatte eine Abneigung gegen dessen künstliche Methoden, die sogar bis auf die fünf Elemente übergriffen und so mehr und mehr von der ursprünglichen Bedeutung abwichen. Wang Pi spricht vom großen *Tao* als der Leere und Selbstlosigkeit und befürwortet deshalb die wirkliche Einheit, das Vergessen von Worten und Symbolen, die Erfahrung des mystischen Urgrundes ... Wir sehen also, daß der Konfuzianismus, der während der Han-Dynastie so vorherrschend gewesen war, an Anziehungskraft verlor und der Neo-Taoismus an seine Stelle trat.[15]

Eine Interpretation der konfuzianischen Klassiker durch den Taoismus, wie im Werk des Wang Pi, war nur der Anfang des

Prozesses einer Synthese. Der in den späteren Dynastien aufblühende Neo-Konfuzianismus, wie er sich in dem Werk von Chou Tun-yi (1017–1073) und Chu Hsi (1130–1200) darstellt, hatte stark taoistische Anklänge.

Ich habe hier einige der Manifestationen des Tao in den verschiedensten Gebieten vorgestellt und ganz kurz seine Einschmelzung in verschiedene Schulen des chinesischen Buddhismus und des Konfuzianismus diskutiert. Damit soll nur ein Hintergrund für das Verständnis des Taoismus gegeben werden – der Philosophie, die ihren Ursprung in den Werken von Lao Tzu und Chuang Tzu hat. In den ersten drei Kapiteln dieses Buches, die sich mit Sympathie, schöpferischer Kraft und Seelenfrieden befassen, habe ich versucht, die taoistischen Ideen systematisch darzustellen – auch wenn *Tao* selbst unbeschreiblich ist. Die Kapitel über Dichtung und Malerei sollen zeigen, wie sich das unsichtbare *Tao* durch die Kunst manifestiert. Das Kapitel über Selbstverwirklichung weist auf Methoden der Schulung hin, deren letztliches Ziel die Erleuchtung ist.

Die meisten Gedanken dieses Buches wurden in anderer Form zum ersten Mal in Vorlesungen an der Oxford Universität, dem Royal Institute of Philosophy in London, dem C. G. Jung Institut in Zürich, vor dem Eranos Kongreß in Ascona in der Schweiz und dem XII. Internationalen Kongreß der Philosophie in Venedig präsentiert. An den ersten drei Kapiteln, die in den Eranos Jahrbüchern erschienen sind, habe ich einige Änderungen vorgenommen. Das Kapitel über Selbstverwirklichung ist die Neufassung einer Arbeit mit dem Titel »Eine Einführung in das taoistische Yoga«, die in der *»Review of Religion«* der Columbia Universität veröffentlicht wurde.

Dem Leser dieses kleine Buch vorlegend, möchte ich Professor Daisetz T. Suzuki meiner tiefen Dankbarkeit versichern. Von ihm habe ich vieles gelernt, das ich von niemand anderem hätte lernen können, und er hat wiederum meine Gedanken akzeptiert, wie sie niemand sonst akzeptiert hätte. Prof. C. G. Jung hat zu meinem Verständnis des *Tao* im Lichte der modernen Psychologie beigetragen. Professor Leo Robertson, Direktor des Royal Institute of Philosophy, schrieb mir nach der Lektüre meiner Arbeit über schöpferische Kraft, meine Interpretation der schöpferischen Kraft sei ein wichtiger Beitrag zur Forschung auf diesem Gebiet. Die Professoren Jacques Maritain und Sir Herbert Read lasen das Kapitel über Lyrik mit großem Interesse und letzterer schrieb mir: »Die chinesische Lyrik vor einen philosophischen Hintergrund zu stellen, erhöht beträchtlich ihre Bedeutung für den westlichen Leser.« Professor Jane Mahler von der Columbia Universität hat das Kapitel über Malerei sorgfältig gelesen; ihre Vorschläge waren eine große Hilfe für mich. Endlich gebührt mein größter Dank der Bollingen Foundation. Ihre Unterstützung erlaubte mir, meine Zeit einem sorgfältigen Studium der taoistischen Philosophie und der Entwicklung einiger grundlegender Vorstellungen zu widmen, die, wie ich hier darzustellen versucht habe, für die chinesische Kultur wesentlich sind. Die Einsicht und der gute Wille, den die Vertreter dieser Stiftung mir gegenüber bewiesen, verdienen Anerkennung, da sie für die Arbeit des Gelehrten in der heutigen Welt von großem Wert sind.

ANMERKUNGEN

1 Hegel, Vorlesungen über die Geschichte der Philosophie, Berlin 1833, Band I, S. 143f.
2 Ebenda, S. 144.
3 Richard Wilhelm/C. G. Jung, Das Geheimnis der Goldenen Blüte, Olten und Freiburg im Breisgau 1971, S. 18.
4 Ebenda, S. 8.
5 C. G. Jung, Die Beziehungen zwischen dem Ich und dem Unbewußten, Gesammelte Werke Band VII.
6 ch'i = der ›Lebenshauch‹, die vitale Energie welche – ähnlich der westlichen Vorstellung des Äthers – das gesamte Universum durchdringt. (Anm. d. Übs.).
7 Joseph Needham, Science and Civilisation in China, Band 3, S. 221.
8 Ebenda, S. 47.
9 Jacques Maritain, Creative Intuition in Art and Poetry, S. 84.
10 Ebenda, S. 14.
11 Ebenda, S. 337. Die Einheit des Zusammenhanges wird auch von Georges Rowley in seinem Buch »Principles of Chinese Painting« erwähnt.
12 *Kao Seng Chuan* (Biographien bedeutender buddhistischer Mönche), Band V, S. 366.

13 Wang Pi, *Chou Yi Lueh-li* (Abriß des in den Chou Wandlungen benutzten Systems), Abschnitt II, Zum Verständnis von Emblemen.
14 Ebenda.
15 T'ang Yung-t'ung, Geschichte des Buddhismus während der Han, Wei Chin, und in der Zeit der Uneinigkeit, Band II, S. 630.

# Kapitel 1
# Der unsichtbare Grund der Sympathie

Das Verstehen von *Tao* ist eine innere Erfahrung, in der die Unterscheidung von Subjekt und Objekt verschwindet. Es ist eher eine intuitive, unmittelbare Bewußtheit als ein vermittelter, schlußfolgernder oder intellektueller Prozeß. *Tao* öffnet sich nicht in lebendige Bewußtheit, bevor nicht alle Unterscheidungen zwischen Selbst und Nichtselbst verloren gehen. Im vierten Jahrhundert hat T'ao Ch'ien diese Erfahrung im folgenden Gedicht beschrieben:

*Ich sammle Chrysanthemen an der Osthecke,*
*Schau still hinüber zu den Südbergen.*
*Die Bergluft frisch zur Abenddämmerung,*
*Paarweise kehren Vögel heim ins Nest.*
*In all diesen Dingen liegt tiefe Bedeutung*
*Will ich sie aussprechen, so schwinden mir die Worte.*

In diesem Gedicht – solange T'ao Ch'ien die Berge, die Vögel, die Blumen und die untergehende Sonne anschaut – besteht eine anfängliche Unterscheidung zwischen dem Sehenden und den gesehenen Objekten. Wenn der Dichter jedoch in die Wirklichkeit all dieser Dinge eindringt, ist plötzlich eine Einheit, ein Eins-Sein verwirklicht. Subjekt und Objekt sind miteinander identisch. Das Selbst des Dichters ist in das Eigenschaftslose aufgelöst. Su Tung–p'o aus dem elften Jahrhundert bemerkt: »Das Entzücken beim Lesen dieses Gedichtes liegt darin, daß des Dichters Bewußtsein und seine Umgebung plötzlich und ohne Absicht vereint werden, während er die Berge anschaut und Blumen pflückt.« Diese innere Erfahrung der gegenseitigen Durchdringung von Subjekt und Objekt läßt sich durch eine berühmte Episode aus dem Werk des Chuang Tzu illustrieren:

Ich träumte einst, ich sei ein Schmetterling, der, ganz ein Schmetterling, hierhin und dahin taumelte. Ich freute mich der Freiheit eines Schmetterlings, ohne zu wissen, daß ich Chuang Chou war. Plötzlich erwachte ich und fand mich überrascht im alten Selbst. Wie sollte ich nun wissen, ob ich ein Mann bin, der geträumt, er sei ein Schmetterling, oder vielmehr ein Schmetterling, der träumt, er sei ein Mann? Zwischen Chuang Chou und dem Schmetterling muß es einen Unterschied geben. (Im Traum jedoch ist Nicht-Unterscheidung gegeben.) Dies nennt man die Durchdringung der Dinge. (Kap. II)

In dieser Geschichte träumt Chuang Tzu von einem Schmetterling. Chuang Tzu ist also das Subjekt und der Schmetterling ist Objekt. Aber, so sagt er, es ist möglich, daß der Schmetterling von sich als einem Mann träumt, und damit macht er den Schmetterling zum Subjekt und den Mann, Chuang Tzu selbst, zum Objekt. Ist es überhaupt möglich, hier zwischen Subjekt und Objekt zu unterscheiden? Die Bewußtheit der Einswerdung und Durchdringung von Selbst und Nichtselbst ist der Schlüssel, der das Geheimnis des *Tao* erschließt.

Vor der Einführung des Buddhismus nach China gab es mindestens zwei grundlegende Konzeptionen der Sympathie im chinesischen Gedankengut. Eine war das konfuzianische Ideal der Brüderlichkeit, das vom eigenen Selbst zum Selbst der anderen fortschritt. Es ist der Prozeß der Ausdehnung des egozentrischen Bewußtseins zur Bewußtheit der Mitmenschen. Das Individuum weitet seine Liebe schrittweise über sich selbst hin aus, anfangend mit seinen Verwandten, dann auch auf andere Personen und endlich so weit, daß sie die »zehntausend Dinge« durchdringt und umfaßt. Die zweite der prä-buddhistischen Vorstellungen von der Sympathie in China findet sich bei den Taoisten. Diese Sympathie ist ursprüngliche Einswerdung, gegenseitige Durchdringung und Vereinigung von Subjekt und Objekt, dem Einen und den Vielen, von Mensch und Universum. Sie ist nicht ein Produkt rationaler Überlegung, sondern eine ontologische Erfahrung.

Ich möchte mich zwar auf die Konzeption der Sympathie konzentrieren, die wir im taoistischen Denken finden, aber eine kurze Betrachtung des konfuzianischen Standpunktes, die uns einen Vergleich erlaubt, könnte vielleicht hilfreich sein.

Der konfuzianische Begriff *Jen* wird oft als »Liebe«, »Brüderlichkeit« oder »Menschlichkeit« usw. übersetzt. Das Wort *Jen* versinnbildlicht das zentrale Thema des konfuzianischen Denkens. Diese Sympathie basiert auf rationaler Unterscheidung und Trennung. Menzius (ca. 371–289 v. Chr.), der Plato Chinas, behauptet »*Jen* ist der Geist des Menschen«. Was ist dieser Geist des Menschen? Es ist das rationale Wesen des Menschen, die bewußte Fähigkeit zur Unterscheidung und Bestimmung von Dingen. Das gesamte System des Konfuzianismus beruht auf der Grundvoraussetzung vom rationalen Wesen der menschlichen Natur. Der erste Schritt zur Verwirklichung dieses rationalen Wesens ist, den moralischen Verpflichtungen nachzukommen. Solch imperatives und unbedingtes Handeln, jenseits von Eigeninteresse und letztem Beweggrund, wird *yi* oder Rechtschaffenheit genannt. Tut jemand, was er tun sollte, und unterläßt, was er nicht tun sollte, so erfüllt er die Tugend der Rechtschaffenheit. Die eigene Vorstellung von der Pflicht ist jedoch nicht ohne persönliches Vorurteil. Der Eine mag sich so, der Andere ganz anders verhalten. Was wäre also die richtige Antwort auf eine gegebene Situation? Um diese Frage zu klären, haben die Konfuzianer ein Richtmaß für das Verhalten aufgestellt, mit dem sich bestimmen läßt, was Rechtschaffenheit ist. Dieses Richtmaß nennt sich *li* oder Sittlichkeit; alle Arten der interpersonalen Beziehungen und alle Zeremonien der Anbetung und Verehrung fallen darunter.

Innerhalb des Rahmens der Sittlichkeit erheben sich jedoch Fragen darüber, wie man die Regeln anwenden soll. Wenn sich neue Umstände ergeben, so müssen wir unsere Urteilsfähigkeit bei der Anwendung der allgemeinen Regeln einsetzen. In konfuzianischem Sprachgebrauch heißt dieses Urteilsvermögen über das, was schicklich und was unschicklich ist, *chih* oder Weisheit, womit die Fähigkeit zur Unterscheidung gemeint ist. Menzius sagt folgendes dazu:

»Wo man etwas annehmen mag oder auch nicht annehmen mag, ist es uneigennütziger, nichts anzunehmen. Wo man etwas schenken mag oder auch nicht schenken mag, da ist es rücksichtsvoller, nichts zu schenken. Wo man sterben mag oder auch nicht sterben mag, da ist es mutiger, nicht zu sterben.«[1]

Um festzustellen, ob das eigene Handeln richtig oder falsch ist, ob es schicklich erscheint und nicht vielmehr unschicklich ist, kann man den Regeln oder *li* nicht einfach blind folgen. Was man braucht, ist die Fähigkeit der Unterscheidung oder *chih*.[2] Konfuzius sagt: »Der Mann des *chih* ist frei von Verwirrung.« Rationale Unterscheidung ist also der grundlegende Prozeß, der zur Verwirklichung von *Jen* führt. Das Abmessen der eigenen Liebe ist darin impliziert. Wieviel Liebe, so fragt der Konfuzianer, schuldet man den Verwandten, anderen Menschen und allen Dingen? Die genauen Abstufungen sind von Menzius klar formuliert worden:

Gegenüber Tieren ist der Vornehme freundlich aber nicht liebevoll. Gegenüber den Menschen im allgemeinen ist er liebevoll aber nicht herzlich. Er ist herzlich im Umgang mit seinen Eltern, den Leuten gegenüber liebevoll eingestellt und freundlich zu Tieren. (Buch VII, Abschnitt 2)

Diese Abstufung der Sympathie schafft über- und untergeordnete Stellungen und Beziehungen von Nähe und Entfernung. Je überlegener ein Mensch wird, desto entfernter wird er auch. Überlegenheit und Entfernung korrelieren positiv. Die Auswirkung dieser Unterscheidung macht die Hoffnung auf direkte, unvermittelte Brüderschaft zunichte. In seiner schlimmsten Ausprägung ist der Konfuzianismus der sterile Versuch, nach einem System zu handeln. Im Verlauf dessen geht nur allzu oft die ursprüngliche Wärme verloren, welche der Begriff *Jen* beinhaltet. In den Werken der beiden großen Legalisten des dritten vorchristlichen Jahrhunderts, Han Fei und Li Ssu, tritt dies klar zutage. Das legalistische System der Abstufung, welches auf der Lehre des großen Konfuzianers Hsün Ch'ing (ca. 298–238 v. Chr.) basiert, stellt die äußerste Entwicklung der sogenannten »rationalen« Sympathie dar.

Da *Jen* dazu tendierte, Künstlichkeit und Kälte zu schaffen, sowie Entfernung und Isolation hervorzurufen, erklärten die Taoisten oft, sie wollten *Jen* zurückweisen, damit die Menschen sich wieder gegenseitig lieben könnten. Lao Tzu war dieser Ansicht, und Chuang Tzu formulierte seine Meinung noch schärfer. Er sagte, es sei notwendig, *Jen* abzuschaffen, damit die Tugend des Volkes wieder mit Gott einswerden könne.

Lao Tzu schätzte *Jen* gering und erklärte, daß er statt dessen

*Tz'u*, den ersten seiner »drei Schätze« besitze. Das Wort *Tz'u* wird im allgemeinen mit »Liebe« übersetzt. Tatsächlich ist es jedoch nicht Liebe selbst, sondern vielmehr die ursprüngliche unmittelbare Quelle der Liebe, die geheime Wurzel aller Liebe und allen Mitgefühls. Sie basiert nicht auf rationalen Prinzipien oder wird durch Unterscheidung und Abgrenzung erreicht. Im Gegenteil, man erreicht sie intuitiv und unbewußt, und es gibt nichts, gut oder böse, das unterschieden oder ausgeweitet würde. Durch *Tz'u* werden Subjekt und Objekt plötzlich und vollkommen miteinander verschmolzen und das Selbst zur Selbstlosigkeit verwandelt. Als die Buddhisten nach China kamen, benutzten sie die Begriffe *Tz'u* und *Pei* (Mitleid), um die Idee des Großen Mitgefühls wiederzugeben. Sie benutzten nicht das Wort *Jen*. Es ist offensichtlich, daß die taoistische Konzeption von *Tz'u* die der großen Sympathie ist. Ihre Vorstellung von Liebe geht tiefer als die Konzeption des *Jen*.

Um das Wesen der großen Sympathie im Sinne des Taoismus zu verstehen, müssen wir zuerst die Grundbedeutung von *Tao* untersuchen. Zuerst einmal bedeutet *Tao* wörtlich Weg oder Straße. In der ältesten Form des Schriftzeichens, die wir kennen, sieht es so aus:  Es ist zusammengesetzt aus drei Elementen, die, einzeln betrachtet, eine Straße,  , einen menschlichen Kopf,  , und einen menschlichen Fuß,  , darstellen. Die Art der Haartracht auf dem Kopf zeigt, daß es sich um das Haupt eines Führers handelt. Der Fuß deutet einen Gefolgsmann an. Meiner Meinung nach wäre es falsch, den Kopf und den Fuß zusammen als ein Symbol für einen einzelnen Menschen zu interpretieren. Das sehr einfache Schriftzeichen, das heute noch für Mensch gebraucht wird,  , erscheint schon auf den Orakelknochen, welche wesentlich älter sind als die Bronzeinschriften. Es wäre vielmehr vernünftig, dieses Symbol als Zeichen für einen Führer zu interpretieren, der gemeinsam mit einem Gefolgsmann seinen Weg sucht.

In Sammlungen von Bronzeinschriften[3] finden wir verschiedene Abbildungen des Ideogramms für *Tao*, wie zum Beispiel auf einem *p'an* (große Vase) der San Familie aus der frühen Chou-Dynastie (ca. 11. Jahrh. v. Chr.). Das Symbol ist gewöhnlich aus den oben erwähnten drei Elementen, Straße, Kopf und Fuß, zusammengesetzt. Dies ist ein deutlicher Hinweis darauf, daß die Einheit einen Führer und einen Gefolgsmann darstellt, die ihren Weg suchen. Wir finden auch eine Anzahl ähnlicher Kombinationen auf Orakelknochen aus so früher Zeit wie 1400 v. Chr.: Rotwildjagd, Sauenjagd, Hundejagd, Hasenjagd und ähnliches. Jedes dieser Ideogramme ist aus zwei Elementen zusammengesetzt. Der obere Teil repräsentiert in jedem dieser Fälle das jeweilige Tier und der untere einen menschlichen Fuß, den Jäger. Eine dieser Kombinationen, die Sauenjagd, überdauerte bis in die heutige Zeit mit der allgemeinen Bedeutung der Jagd. Wir können also logisch schlußfolgern, daß Fuß die Bedeutung des Nachfolgens hat. In dem Ideogramm für *Tao* folgt ein Mann nicht einem Tier, sondern einem anderen Mann, wahrscheinlich einem Führer.

Im prä-konfuzianischen China war das Wort *Tao* implizit und explizit schon zu einem Symbol für die menschlichen Ideale geworden. Im *Shu Ching* lesen wir, »Auf den Himmel kann man sich nicht verlassen. Unser Weg *(Tao)* ist einzig, eine Verlängerung der Tugend des Besänftigenden Königs zu suchen«. Das heißt, Vertrauen in die Tugend eines großen Führers. Da dem Wort *Tao* in der Philosophie der verschiedenen Schulen, wie denen, die man mit Lao Tzu, Konfuzius, Mo Tzu, Yang Tzu und anderen in Verbindung bringt, eine gewisse Kraft innewohnte, machte sich eine jede die Macht dieses Wortes zunutze und beanspruchte es für den Gebrauch im eigenen System. Im letzten Kapitel des Chuang Tzu mit der Überschrift »Die Welt« bemerkt der Autor:

Es gibt viele Meister in den philosophischen Schulen der heutigen Welt. Jeder von ihnen beansprucht, die richtige Antwort gefunden zu haben. Wenn wir fragen, »Wo ist die Philosophie des altehrwürdigen *Tao*?«, so könnten wir antworten, »Sie findet sich in jedem der Systeme«.

Im Gegensatz dazu meint der Konfuzianer Hsün Ch'ing, daß keine dieser Schulen das *Tao* der Alten richtig darlege. Er sagt:

Sehen wir *Tao* als Nützlichkeit an, so suchen wir nur den eigenen Vorteil. Sehen wir *Tao* als Verlangen an, so suchen wir einzig Befriedigung. Betrachten wir *Tao* als Gesetz, so erlangen wir nur eine Technik. Nehmen wir *Tao* als Macht, so suchen wir nur Annehmlichkeit. Sehen wir *Tao* als Begriffe, so sind wir allein dialektisch. Betrachten wir *Tao* als Natur, so finden wir einzig Ursache und Wirkung. Diese verschiedenen Auslegungen zeigen alle nur einen bestimmten Aspekt des *Tao*.[4]

Weil das Wort *Tao* solch machtvollen Anklang gewann, finden wir, daß die Anhänger aller frühen philosophischen und religiösen Schulen diesen Begriff übernahmen und versuchten, ihn nach den eigenen Grundsätzen auszulegen. Selbst als die Buddhisten im ersten nachchristlichen Jahrhundert nach China kamen, erklärten sie, *Tao* sei der Weg, der zum Nirvana führe. Die chinesischen Buddhisten übersetzten die indische *Achtfache Edle Wahrheit* mit *Pa Sheng Tao*. Der Bodhi-Baum, unter dem der Buddha Erleuchtung erlangte, wird *Tao Shu* oder Baum des *Tao* genannt. Die buddhistische Philosophie wurde in China in der Terminologie taoistischer Philosophie neuinterpretiert. Daraus resultierte eine bemerkenswerte Verschmelzung des indischen Buddhismus mit dem Taoismus, welche zur Bildung einer chinesischen Form des Buddhismus führte. Nan-ch'üan P'u-yuan (784–834), ein bekannter buddhistischer Meister, sagte einmal: »Das *Tao* läßt sich nicht als Wissen oder Nichtwissen klassifizieren . . . es ist wie unendlich weite Leere.« Jeder, der das Nirvana der endlosen Leere sucht, strebt also nach dieser Vorstellung des *Tao*. Nach Nan-ch'üan jedoch beinhaltet das *Tao* mehr als die bloße Verwirklichung des Nirvana. Ein wesentlicher Teil der Erfahrung des *Tao* bleibt für den Menschen auch nach dieser Verwirklichung die Erfüllung der Aufgaben des täglichen Lebens. Unter den Zen-Anhängern gibt es den Ausspruch: »Im Wasserschleppen und im Holzhacken – darin besteht das wundervolle *Tao*«. Die frühen chinesischen buddhistischen Mönche bezeichnete man als *Tao Jen* oder Menschen des *Tao*. Wie die chinesische Geschichtsschreibung zeigt, machten viele berühmte buddhistische Mönche das Wort *Tao* zu einem Teil ihres Namens: Tao-an (312–385), Tao-sheng (starb 434), Tao-hsin (580–636), Tao-i (Ma-Tsu, starb 788) und viele andere. Über Jahrhunderte wurde das Wort *Tao* von den chinesischen Buddhisten ausgedeutet und verehrt.

Die Konzeption des *Tao*, welche bei den frühen Philosophen entstand, wurde in der eigentlichen taoistischen Religion weiter ausgebaut. Der Tradition nach wurde Taoismus als eine Philosophie zwischen dem sechsten und dem vierten vorchristlichen Jahrhundert von Lao Tzu und Chuang Tzu begründet. Der Ritualismus des Taoismus wurde im ersten nachchristlichen Jahrhundert von Chang Ling (später als Chang Tao Ling bekannt) zum erstenmal eingehend systematisiert. Seither verwandte man viel Zeit und Energie darauf, ein formalistisches Ritual und Regeln zur Erlangung der Unsterblichkeit zu entwickeln und zu befolgen. Man beschäftigte sich vor allem damit, magische Sprüche zu formulieren und zauberkräftige Amulette herzustellen. Das *Tao* wurde damit verzerrt und degenerierte weitgehend zu einer Form magischer Macht und zum Aberglauben. Im vierten Jahrhundert n. Chr. baute Ko Hung die alchemistischen und ritualistischen Aspekte des Taoismus unter einer noch weitergehenden Vernachlässigung der Philosophie seiner Gründer aus, und man begann, geheimnisvolle Tränke zur Verlängerung der natürlichen Lebensdauer des Menschen zu benutzen.

In unseren Tagen bedienten sich christliche Missionare der dem Wort *Tao* innewohnenden Kraft. In der frühesten Übersetzung des Evangeliums des heiligen Johannes lesen wir somit: »Am Anfang war das *Tao* und das *Tao* war mit Gott, und das *Tao* war Gott.« Selbst Gläubige der westlichen Welt übernahmen das Wort *Tao* als Namen für ihre Gottheit. Aus der Tatsache, daß die verschiedensten philosophischen und religiösen Schulen in China sich dieses Begriffes bedienten, ist klar ersichtlich, welch wichtige Rolle *Tao* im Leben und in der Philosophie der Chinesen gespielt hat.

Das *Tao*, welches ich in diesem Buch diskutieren möchte, ist natürlich jenes, das in den Werken von Lao Tzu und Chuang Tzu dargelegt wird. Bevor ich jedoch auf die Bedeutung des *Tao* eingehe, möchte ich einen kurzen Blick auf die Autorschaft des *Tao Te Ching* werfen, die während der letzten einhundertfünfzig Jahre von den chinesischen Gelehrten so heftig diskutiert wurde.

Für den Autor hielt man der Überlieferung nach einen gewissen

Lao Tan, oder den Alten Tan, dessen richtiger Name Li Erh war, einen Mann, etwa zwanzig Jahre älter als Konfuzius. Im späten achtzehnten Jahrhundert jedoch stellte ein chinesischer Gelehrter mit dem Hamen Wang Chung (1745–1794) diese traditionelle Ansicht in Frage und schrieb die Autorschaft einem Geschichtsschreiber der Chou-Dynastie mit dem Namen Tai Shih Tan zu. Kurz danach erklärten andere Gelehrte, das *Tao Te Ching* müsse irgendwann zwischen dem vierten und dritten Jahrhundert v. Chr. geschrieben worden sein, denn das Problem Name gegen Namenloses werde des öfteren darin diskutiert. Daraus folge, daß es zur gleichen Zeit wie das Werk der Philosophen der Schule der Benennungen anzusiedeln sei, einer Schule, die unter der Führung von Hui Shih (ca. 350–260 v. Chr.) und Kung-sun Lung (ca. 284–259 v. Chr.) aufblühte. Den Namen des Philosophen jedoch, der das Werk geschrieben haben könnte, wußte die moderne Forschung nicht zu bestimmen. Noch eine andere der in moderner Zeit entstandenen Theorien behauptet, das Buch sei tatsächlich von jemandem geschrieben, den wir mehr oder weniger anonym als Lao Tzu, den Alten Meister, bezeichnen, und sei mündlich über Generationen überliefert worden, bis es schließlich etwa im vierten oder dritten Jahrhundert v. Chr. in schriftlicher Form niedergelegt wurde. Als wahrscheinlicher Kandidat für die Ehre der schriftlichen Niederlegung wird dieser Auffassung nach der taoistische Gelehrte Huan Yu von der Chi Hsia Akademie im Staate Ch'i genannt. Die allerletzte Forschung auf diesem Gebiet ist zu folgenden Schlußfolgerungen gekommen: (1) inhaltliche Beweisgründe sozialer und ökonomischer Natur deuten darauf hin, daß das Werk in der späteren »Frühling und Herbst«-Epoche geschrieben wurde, d. h. zwischen dem sechsten und fünften Jahrhundert v. Chr.; (2) Lao Tzu und Lao Tan sind ein und derselbe Mann, welcher etwa zwanzig Jahre älter als Konfuzius und der wahre Autor des Werkes ist. Die Mühen der Gelehrten haben, wie wir sehen, einen vollen Kreis durchlaufen und sind im wesentlichen zu der vor dem achtzehnten Jahrhundert vertretenen Meinung zurückgekehrt, welche die Tradition als Wahrheit akzeptierte. Vielleicht paßt der anonyme und geheimnisvolle Charakter der Autorschaft durchaus zum

Geist des *Tao*. Ihr Ursprung ist genauso verschwommen und dunkel wie das *Tao* selbst. Schließlich heißt es ja im ersten Satz des *Tao Te Ching*: »Das *Tao*, das genannt werden kann, ist nicht das wirkliche *Tao*. Der Name, der genannt werden kann, ist nicht der wirkliche Name.«
Wir wollen uns nicht mehr um den Namen des Autors dieses Werkes kümmern, und uns jetzt vielmehr der Bedeutung des *Tao* zuwenden. Es wurde von verschiedenen chinesischen und westlichen Gelehrten auf unterschiedliche Art interpretiert und übersetzt. Allerdings ist fraglich, ob *Tao* überhaupt in Worte übersetzt und durch Intellekt und Ratio identifiziert werden kann. Selbst gewisse chinesische Kommentatoren des Taoismus haben die Frage aufgeworfen, ob das *Tao*, wie es von Lao Tzu dargestellt wird, überhaupt eine verbal auszudrückende Bedeutung habe, ob es definiert werden könne. P'o Chü-i aus dem neunten Jahrhundert, einer der berühmten Dichter der T'ang Zeit, gibt folgenden humorvollen Kommentar dazu:

*Jene, die reden, wissen nicht;*
*Jene, die wissen, reden nicht.*
*Das erklärt uns Lao Tzu.*
*Sollen wir glauben, daß er selbst*
*einer war, der wußte;*
*Wie kann es dann sein, daß er schrieb*
*nicht weniger als fünfmal tausend Worte?*

Die Frage, die P'o Chü-i und andere Kritiker stellen, läßt sich mit folgender Analogie des Fa-yen (?–1104) beantworten, der sagt: »Ich mache eine Stickerei von Drachen und gebe sie euch anzusehen und zu bewundern. Die goldene Nadel jedoch, die kann ich euch nicht weitergeben.« Die Worte des *Tao Te Ching* stellen also die Stickerei dar. Sie sind nicht die Nadel selbst. Aber nachdem wir die Kunst des Stickers bewundert haben, mag sich unser Geist der Vision der glitzernden Nadel selbst öffnen.
Wir wollen uns einige Beispiele von Lao Tzu's Stickerei ansehen:

*Du schaust danach und siehst es nicht,*
*man nennt's das Unsichtbare.*
*Du hörst darauf und hörst doch nichts,*
*man nennt's das Unhörbare.*
*Du greifst danach und faßt doch nichts,*
*man nennt's das Unergründliche.*
*Jedes der drei entzieht sich aller Nachforschung,*
*Darum verschmelzen sie in Eins.*
*Oben macht kein Licht es lichter,*
*Unten macht keine Dunkelheit es dunkler.*
*Unaufhörlich dauert es fort,*
*Doch ist's unmöglich, es zu definieren.*
*Wieder kehrt es in das Nichts zurück.*
*Darum beschreibt man es als Form des Formlosen,*
*Das Bild des Abbildlosen*
*Und nennt es das Unfaßbare.*
*Man trifft's, doch niemand sieht sein Angesicht,*
*Man folgt ihm nach, doch kehrt es niemandem den Rücken.*
*Der Alten Tao zu bewahren,*
*Der Forderung des Augenblickes nachzukommen,*
*Um so die Uranfänge zu begreifen,*
*Das nennt man die Befolgung des Tao. (Kap. XIV)*

In diesem Abschnitt beschreibt Lao Tzu *Tao* als das Eine, welches unsichtbar, unhörbar, unergründlich ist. Es ist das selbe Eine in Vergangenheit und Gegenwart; es umfaßt gleichermaßen Form und Formloses, Sein und auch Nichtsein. Das Eine ist deshalb eine Vereinigung der Dualität und der Vielfalt. Es ist das Eine ohne Gegensatz, unendlich und unaufhörlich.
So wie wir unser Sein erfahren, treffen wir unzählige Unterscheidungen, die unsere dualistische Sicht des Universums ausmachen. Da gibt es hoch und niedrig, groß und klein, dies und das, schwarz und weiß, gut und böse und eine Unzahl anderer Dualitäten. Der Taoist fragt, ob innerhalb dieser angeblichen Dualitäten eine wirkliche Unterschiedenheit existiert. Chuang Tzu formuliert das Problem folgendermaßen: »Wenn ein Ding größer ist als andere Dinge nennen wir es groß; doch dann ist

jedes Ding im Universum groß. Wenn ein Ding kleiner ist als andere Dinge, nennen wir es klein; doch dann ist jedes Ding im Universum klein.« Wir alle wissen, als eine Tatsache unserer Erfahrung, daß Größe relativ und dem Wandel unterworfen ist. Ein Stab mag kürzer sein als ein anderer und doch länger als ein dritter. Der gleiche Stab hat also die scheinbar gegensätzlichen Eigenschaften von Länge und Kürze.

Indem er zu noch extremeren Beispielen scheinbarer Dualität fortschreitet, sagt Chuang Tzu: »Nichts in der Welt ist größer als die Spitze eines Haares, und der Berg Tai ist klein. Niemand lebt länger als ein Kind, welches im Säuglingsalter stirbt, und P'eng Tsu (der Methusalem Chinas, der der Überlieferung nach achthundert Jahre lebte) starb als Jüngling« (Kap. VI).

Wir sehen also, daß jedes Seiende Eigenschaften besitzt, die nicht nur unterschiedlich, ungleich, sondern geradezu gegensätzlich sind. Durch solche Analyse erreicht der Taoist eine Synthese der Gegensätze, das was Hegel die Einheit in der Verschiedenheit nennt. Damit sagt man *A* ist *A*, aber gleichzeitig ist *A* auch *nicht A*. In den Worten von Chuang Tzu: »Das was Eins ist, ist Eins. Das war nicht Eins ist, ist auch Eins« (Kap. II).

Solche Synthese durch logische Analyse beschränkte sich nicht auf die Taoisten, sondern fand sich auch in der Schule der Dialektiker, welche Zeitgenossen Chuang Tzu's waren. Hui Shih und Kung-sun Lung sind typische Vertreter dieser Schule. Formulierungen wie die folgenden sind bezeichnend für die Dialektiker: »Es gibt einen Zeitpunkt, in welchem sich die Spitze eines fliegenden Pfeils weder bewegt noch stillsteht.« – »Man bricht heute von Yüeh (in Südchina) auf und kommt gestern dort an.« – »Nimm einen Stab von ein Fuß Länge und halbiere ihn jeden Tag; du wirst niemals zum Ende kommen, auch nicht nach zehntausend Jahren.« Diese Sätze waren jedoch reine intellektuelle Übungen der Sophisten und drangen nicht weiter in Richtung auf spirituelle Erkenntnis vor. Wie wir sehen werden, ging der Taoismus weiter. Ein Stab ist in Wirklichkeit, was er ist. Er kann durch die relativen Werte der Länge oder Kürze nicht weiter bestimmt werden. Das Selbst-so-sein des Stabes zu erfahren, ist das Wesen von *Tao*.

Das Verdienst des Taoismus ist nicht nur die Bildung der Konzeption der Einheit der Dualitäten oder der Identität der Gegensätze. Für den Taoisten gibt es auch eine Einheit in der Vielfalt, eine Ganzheit der Teile. Im *Tao Te Ching* gibt Lao Tzu eine sehr einfache Erläuterung der Ganzheit:

*Dreißig Speichen kommen zusammen an der Nabe;*
*In ihrem Nichts besteht*
*Des Rades Tüchtigkeit.*
*Forme Ton zu einem Gefäß;*
*In seinem Nichts besteht*
*Des Behälters Nützlichkeit.* *(Kap. XI)*

Das Rad ist die Ganzheit der Speichen und das Gefäß die Ganzheit des Tons. Im taoistischen Sinne könnte man sagen, was das Rad zu einem Rad macht, ist, daß es mit dem Prinzip des *Tao* übereinstimmt, Einheit besitzt oder eine Ganzheit in der Vielfalt. Das Gleiche gilt für Ton und Gefäß.
Aber selbst die Vorstellung von der Einheit oder der Synthese der Teile in eine Ganzheit ist noch weit davon entfernt, die tiefste Bedeutung des *Tao* zu vermitteln. Denn *Tao* ist immanent und doch transzendental. Es ist unteilbar, und doch ist es die Quelle aller Dualität und Vielfalt. Eine Geschichte aus dem Werk des Chuang Tzu verdeutlicht diesen Punkt:

Tung Kuo Tzu fragte Chuang Tzu: »Wo ist das, was du Tao nennst?« – »Überall«, antwortete Chuang Tzu. »Sag es genauer«, verlangte Tung Kuo Tzu. »Es ist in dieser Ameise«, antwortete Chuang Tzu. »Was, so niedrig?« – »Es ist in diesen irdenen Ziegeln.« – »Noch schlimmer.« – »Es ist in einem Kothaufen.« Darauf schwieg Tung Kuo Tzu still, und Chuang Tzu fuhr fort: »Deine Fragen trafen das Wesen von Tao nicht. Du darfst nicht nach der Beschreibung ganz bestimmter Dinge fragen, in denen Tao existiert. Es gibt kein einziges Ding, in dem es nicht existierte« (Kap. XXII).

Das *Tao* kann man mit drei Begriffen charakterisieren: *chou* oder alldurchdringend, *pien* oder allumfassend und *hsien* oder überall und alles. Dieses alldurchdringende, allumfassende *Tao* wird durch folgende Aussagen Lao Tzu's weiter umschrieben:

*Das Eine erlangend, wurde der Himmel klar.*
*Das Eine erlangend, wurde die Erde fest.*
*Das Eine erlangend, wurden die Götter mächtig.*
*Das Eine erlangend wurden die Täler voll.*
*Das Eine erlangend, lebten und wuchsen die Dinge.*
*(Kap. XXXIX)*

Das Eine, welches Himmel, Erde, Götter und alle Dinge besitzen, ist immer das gleiche Eine: *Tao.* In anderen Worten, *Tao* durchzieht und umfaßt sie alle. Lao Tzu sagt:

*Da ist etwas, vollendet und verschwommen,*
*Das existierte schon vor Himmel und vor Erde.*
*Still, unsichtbar,*
*Unveränderlich als Eines feststehend,*
*Unaufhörlich, immer kreisend,*
*Vermag es die Mutter der Welt zu sein.*
*Ich kenne seinen Namen nicht, benenne es mit Tao.*
*(Kap. XXV)*

*Tao* als die Mutter der Welt, alldurchdringend und allumfassend, unveränderlich und unaufhörlich, wird von Chuang Tzu als *Ta T'ung* oder die große gegenseitige Durchdringung verstanden. Die Welt der großen Durchdringung ist frei von allen Eigenschaften und Widersprüchen. Sie ist dem Zugriff jedes intellektuellen Prozesses verschlossen. In dieser Welt gibt es weder Raum noch Zeit, sie ist unendlich. Chuang Tzu beschreibt sie wie folgt: »Das Sein wohnt nicht an irgend einem Ort. Ablauf ist ohne Zeitdauer. Sein ohne festen Ort ist Raum. Ablauf ohne Zeitdauer ist Zeit. Es gibt Geburt, es gibt Tod, es gibt Hervortreten, es gibt Einkehren. Durch das wir ein und aus gehen, ohne seine Form zu schauen, das ist das Tor des Himmlischen. Das Tor des Himmlischen ist das Nichts. Alle Dinge kommen aus dem Nichts« (Kap. XXIII). Die Welt des Nichts ist vollkommen frei von Begrenzungen und Unterscheidungen. In diesem Fall ist Nichts das Eine-ohne-Gegenteil, d. h. die Einheit aller Dinge. Es wird *Tao* oder das Große genannt.

Bennennt Lao Tzu das *Tao* als das Große oder die Mutter aller Dinge, so will er damit sagen, daß *Tao* der Urquell allen Anfangs und allen Endes ist. Es ist der Bereich, aus dem alle Geburt hervortritt, in den aller Tod zurückkehrt. Es ist allumfassend, weitreichend, unaufhörlich und ist doch innerhalb der Welt des Unbekannten; so nennt man es das Nichts. Die Welt des Nichts ist der Grund der oben genannten großen Sympathie oder *Tz'u*. Die Manifestation des Nichts hat zwei Aspekte: *Ming*[5] oder Licht, und *P'o*, der unbehauene Klotz oder ursprüngliche Einfachheit. Sie fließen ständig ineinander. Vom gewöhnlichen Standpunkt aus gesehen, zeigen sie sich zweigeteilt, aber der Taoist nimmt sie als Einheit wahr. Beide führen zur großen Sympathie und sind mit ihr identisch.

Vereint Chuang Tzu die Gegensätze auf mystische Weise, so spricht er davon, die Dinge im Licht zu schauen:

Bejahung kommt aus Verneinung und Verneinung aus der Bejahung. Darum läßt der Weise alles Unterscheiden sein und schaut die Dinge aus der Sicht des Himmels. »Dies« ist auch »Das« und »Das« ist auch »Dies«. »Dies« hat sein richtig und sein falsch und auch »Das« hat sein richtig und sein falsch. Gibt es wirklich eine Unterscheidung zwischen »Dies« und »Das«? Gibt es denn keine Unterscheidung zwischen »Dies« und »Das«? »Dies« und »Das« nicht als Gegensätze zu bestimmen, genau das ist des *Tao* Wesen . . . Sowohl Bejahung als auch Verneinung verschmelzen im unendlichen Einen. Man sagt deshalb, es gibt nichts besseres, als die Dinge im Licht zu schauen (Kap. II).

Die Dinge im Licht zu schauen, bedeutet nicht nur, die Gegensätze in Eins zu verschmelzen, sondern es heißt, in die Einheit aller Dinge einzutreten.

In dieser Einheit durchbricht jedes einzelne Ding seine eigene Schale und verschmilzt mit jedem anderen Ding. Ein jedes wird mit jedem anderen eins. Das Eine ist die Vielen und die Vielen sind das Eine. Auf dieser Ebene löst sich jedes Einzel-Selbst in das Eine auf und unser jeweiliges Einzel-Selbst ist Selbst nur insofern, als es in jedem anderen Selbst verschwindet. Jedes Individuum geht in jedem anderen Individuum auf. Hier haben wir die Welt des Nichts betreten. Die Auflösung des Selbst und die Durchdringung aller Individuen, welche beim Eintritt in diese Welt des Nichts stattfinden, stellen die metaphysische Struktur der Sympathie dar. Chuang Tzu verdeutlicht das folgendermaßen:

Nimm zum Beispiel den menschlichen Körper mit seinen hundert Knochen, neun Körperöffnungen und sechs inneren Organen. Sie alle existieren durch ihr vollständiges Zusammenspiel. Darf ich fragen, welchen der Teile ich am meisten schätzen sollte? Sollte ich sie nicht alle gleich hochachten? Oder sollte ich nur einen ganz besonders schätzen? Sind alle diese Organe einer Macht außerhalb ihrer selbst unterworfen? Da Untergebene sich selbst nicht lenken können, wechseln sie sich vielleicht ab als Herrscher und Beherrschte? Gibt es nicht etwas Wirkliches, das durch ihr eigenes Zusammenspiel existiert? (Kap. II)

Dieses Wirkliche, das in der Verschmelzung und Durchdringung der Vielfalt manifestiert wird, ist der *Geist* der großen Sympathie, die uranfängliche Antriebskraft des Universums. Sein Grund ist der Bereich des Nichts, und wir schauen es im Licht des Himmels, wie die Taoisten es nennen.

Der Bereich des Nichts oder der Grund der großen Sympathie hat noch eine andere Manifestation – *P'o* oder der unbehauene Klotz genannt – die sich im täglichen Leben offenbart. Lao Tzu sagt:

*Wer das Männliche kennt,*
*Und doch beim Weiblichen verharrt,*
*Der wird in Demut zu dem Tal der Welt.*
*Wer das Tal der Welt darstellt,*
*Der weicht niemals von seinem Wahren-Wesen ab.*
*Er kehrt zurück zur Unschuld eines Kindes. (Kap. XXVIII)*

Der unbehauene Klotz, das chinesische *P'o* hat die Hauptbedeutung von einfach, schlicht, ohne Farbe oder andere Verzierung. Der Mann des P'o bemüht sich nicht künstlich um Moralität und intellektuelle Unterscheidung. Sein Selbst geht auf in jedem anderen Selbst, und jedes andere Selbst ist in dem seinen aufgegangen. Doch weder er noch die anderen sind sich dessen gewollt oder ungewollt bewußt. »Er handelt, aber nimmt von nichts Besitz; vollendet, aber wünscht nicht Anerkennung.« Chuang Tzu beschreibt den Menschen des *P'o*:

Sie waren aufrecht und gerecht, ohne zu wissen, daß solches Tun Rechtschaffenheit darstellt. Sie liebten einander, ohne zu wissen, daß solches Güte war. Sie waren ehrlich und wußten doch nicht, daß dieses Treue sei. Sie hielten ihre Versprechen, ohne zu wissen, daß sie damit in Glaube und Vertrauen lebten. Sie standen einander bei, ohne daran zu denken, Geschenke zu vergeben oder zu empfangen. So hinterließ ihr Handeln keine Spur, und uns erreichten keine Aufzeichnungen ihrer Taten. (Kap. XII)

Was Chuang Tzu hier »keine Spur« nennt, ist eine Erläuterung des Charakters von *P'o.* Wie sieht ein Mensch des *P'o* aus? Er sagt:

In den Tagen des reinen Wesens waren die Gesten der Menschen gelassen, und ihr Aussehen war ruhig und heiter. Sie lebten zusammen wie die Vögel und Tiere, ohne die Arten zu trennen. Man kannte keine Unterscheidung zwischen einem Edelmann und dem gemeinen Mann. Da sie gleichermaßen ohne Wissen waren, trat auch nichts zwischen sie.

So beschreibt Chuang Tzu das Wirken von *P'o* und wiederholt selbst noch einmal: »Da sie die Qualität unbehauenen Klotzes besaßen, verloren sie ihr ursprüngliches Wesen nicht« (Kap. IX).

Diese Welt des unbehauenen Klotzes ist eine Welt ungehinderter Verschmelzung der Menschheit untereinander und von Mensch und allen Dingen. Innerhalb der Vielfalt gab es keine Abgrenzung. Ein Mensch konnte mit dem anderen zusammenarbeiten und spontan den Augenblick teilen. Jeder identifizierte sich mit dem anderen, und alle lebten zusammen als eine Einheit. Der Mensch lebte ein unschuldiges und primitives Leben, und Überheblichkeit und Egoismus kamen nicht zum Zuge. In dieser unbehauenen Einfachheit sehen wir das freie Walten des Göttlichen, und die Natur wurde als von dessen Spiritualität geformt angesehen. Von einer rein moralischen und intellektuellen Welt voller Trennungen und Unterscheidungen kann man eine solche Einstellung nicht erwarten. Nur in einer Welt der vollkommen ungehinderten Einswerdung kann die große Sympathie bestehen, als die universale Kraft, welche die Menschheit und den Menschen und alle Dinge zusammenhält.

Um in der Welt uneingeschränkter Identität leben zu können, muß der Mensch sich wandeln, sein ichbewußtes Selbst loswerden. Dann stellt sich seinem Intellekt kein Problem mehr und bedroht seine Existenz. Sein Selbst, sein Intellekt, ja sein ganzes

Sein ist in der Welt des Unbekannten untergetaucht, jener Welt, in der man das Nichtwissen weiß. Das genau ist es, was Lao Tzu meint:

*Einfachheit zeigen und den unbehauenen Klotz bewahren,*
*Selbstsucht mindern und die Begierde zügeln,*
*Aufgeben die Gelehrsamkeit, aufhören sich zu grämen.*
*Wieviel Unterschied besteht zwischen dem höflichen »wei!« und dem groben »o«?*[6]
*Wieviel Unterschied besteht zwischen »Gut« und »Böse«?*
*»Wo andere sich fürchten, muß ich mich auch fürchten«, das ist doch mehr als lächerlich!*
*Die Leute sind vergnügt, als ob sie beim Bankette säßen oder im Frühling auf die Türme steigen.*
*Ich allein, still und unbewegt als wie ein Säugling,*
*welcher noch nicht lächeln kann, bin ungebunden*
*und von gar nichts abhängig.*
*Die Leute haben alle mehr als genug;*
*Nur ich allein scheine nichts mehr zu besitzen.*
*So unwissend! Mein Sinn, der eines Toren.*
*Die Leute sind alle so hell und glänzend;*
*Ich allein bin trüb und dunkel.*
*Die Leute sind so klug und so bestimmt;*
*Ich allein bin unverständlich, ungeschliffen.*
*Vereinsamt, wie im Dunklen tappend,*
*Still, als konzentriert' ich mich auf nichts.*
*Die Leute haben alle ihre Zwecke, ihre Brauchbarkeit;*
*Doch ich allein bin unwissend und ungebildet,*
*Ich bin anders als alle die Anderen, doch meine Nahrung kommt mir von der Mutter. (Kap. XIX und XX)*[7]

Lao Tzu sagt hier, daß jemand, der verwandelt und mit aller Vielfalt einsgeworden ist, nicht mehr selbst-bewußt ist, sondern in dem Selbst aller anderen verschwindet. So mag er nichts als unwissend, ungeschliffen und unverständlich sein. Er lebt, um es kurz zu sagen, innerhalb der Antriebskräfte des Universums und ist selbst ein Teil von ihnen. In diesem Zusammenhang würde der Buddhist sagen, daß sich im Herzen einer jeden Kreatur der Schlüssel zu seiner latenten Buddhaschaft als Mitgefühl manifestiert. Dieses Mitgefühl, *karuna*, läßt alle Dinge manifest werden. Das Universum selbst ist Mitgefühl, *sunyata,* die Leere. Für den Taoisten ist die Welt des unbehauenen Klotzes die Manifestation des Nichts. Die große Sympathie oder *Tz'u* ist dem unbehauenen Klotz immanent und strömt aus dem Nichts hervor. Der unbehauene Klotz und das Licht, wiewohl sie auch dem menschlichen Auge getrennt erscheinen, sind in Wirklichkeit Eins.

Im Kapitel über »Die Entwicklung des Wesens« aus den Werken des Chuang Tzu sind zwei Methoden der Annäherung an den Zustand des Nichts beschrieben. Es handelt sich um *chih* oder intuitive Erkenntnis und *t'ien* oder Stille, Gelassenheit. Dem Taoisten Ssu-ma Cheng-Chen aus dem zehnten Jahrhundert zufolge entsprechen die Begriffe *chih* und *t'ien* dem, was die Buddhisten *hui* oder *prajna* und *ting* oder *dhyana* nennen.

Der erste Weg der Annäherung, über *chih* oder intuitive Erkenntnis, ist eine persönliche Bewußtheit des eigenen innersten Seins. *Chih* ist der Schlüssel zum Verständnis des *Tao* und erschließt alle Geheimnisse des Nichts. In anderen Worten, intuitive Erkenntnis ist reine Selbst-Bewußtheit durch unmittelbares, direktes, ursprüngliches Eindringen und nicht durch ableitende, schlußfolgernde, rationale Methoden. In der Sphäre der intuitiven Erkenntnis gibt es keine Trennung zwischen dem Wissenden und dem Gewußten, Subjekt und Objekt sind identisch. So kommt es zu der Verschmelzung von Schmetterling und Chuang Tzu und der gegenseitigen Druchdringung des Dichters T'ao Ch'ien und seiner Umgebung. Damit ist *chih*, die intuitive Erkenntnis, die sich in der Verschmelzung und Durchdringung von Universum und allen Dingen manifestiert, die höchste spirituelle Kraft, welche wir besitzen. Sie ist grundsätzlich verschieden von normalem Wissen.

Die gewöhnliche Art zu denken, wie Chuang Tzu erwähnte, ist intellektuelle Zergliederung und analytisches Räsonieren. Der Wert solchen Wissens ist relativ, begrenzt und dem Wandel unterworfen. Im Verlauf der Aneignung gewöhnlichen Wissens sind der Wissende und das Gewußte voneinander getrennt. Dieses Wissen kann niemals eine höhere Ebene erreichen. So lesen wir im Kapitel über »Die Entwicklung des Wesens«: »Jene, die ihr eigenes Wesen mit dem Mittel des gewöhnlichen Lernens entwickeln und damit seinen ursprünglichen Zustand wiederherstellen wollen, sowie jene, die ihre Gedanken durch die gewöhnliche Art zu denken verwirren und damit Erleuchtung suchen, kann man nur als Unwissende bezeichnen.« Dies ist schon deshalb wahr, weil *Tao* durch einen rein intellektuellen Prozeß nicht erfaßt werden kann. Nur wenn wir unseren rationalen Intellekt vollkommen beiseitelassen und alle bewußte Setzung ausschließen, können wir es erreichen.

Deshalb lehrt der Taoist ohne Worte und vermittelt durch Nichterklärung. Eine Allegorie des Chuang Tzu lautet folgendermaßen:

Wissen reiste nordwärts . . . und traf Tu-Nichts-und-Sag-Nichts. Wissen fragte ihn: »Wie müssen wir denken, um Wissen vom *Tao* zu erlangen? Wie nähert man sich ihm? Wie folgt man ihm nach und verwirklicht es?« Tu-Nichts-und-Sag-Nichts erwiderte nicht ein Wort, denn er konnte nicht antworten. Darauf reiste Wissen südwärts . . . und traf Ganz-in-Extremen und stellte ihm die gleichen Fragen. »Ich weiß es«, antwortete Ganz-in-Extremen. Aber als er dann anhob, sich zu erklären, vergaß er sofort wieder, was er hatte sagen wollen. So ging Wissen zum Gelben Kaiser und stellte ihm die gleichen Fragen. Der Gelbe Kaiser antwortete: »Vom *Tao* kann man durch keinen Gedanken und kein Nachsinnen etwas wissen. Man nähert sich ihm, indem man im Nichts ruht, indem man nichts nachgeht und nichts verfolgt . . . Der Weise lehrt eine Doktrin, die nicht in Worten Ausdruck findet.«

Die Fragen, welche ›Wissen‹ in dieser Geschichte stellt, können nicht beantwortet werden, da sich intuitive Erkenntnis nicht weitergeben läßt. Sie kommt von selbst, so wie das Licht beim Umlegen eines Schalters. In dem Kapitel »Das Große Erhabene« wird das Erwachen zur Erleuchtung, oder Eintreten in den Bereich des Nichts, mit dem Hervorbrechen eines plötzlichen Lachens verglichen. Kommt die Erleuchtung, so sagt Chuang Tzu, so ist es, als könne man sich nicht beherrschen, schon vor dem Ende einer Geschichte in Lachen auszubrechen. Te Ching, der große Buddhist des sechzehnten Jahrhunderts, bestätigt dies in einem Kommentar als Beispiel einer plötzlichen Erleuchtung.

Hsieh Ling-yün benutzte im fünften Jahrhundert eine andere bezeichnende Metapher. Erleuchtung, so sagt er, ist wie der Sprung über einen Abgrund. Entweder man schafft den Sprung und erlangt plötzliche Erleuchtung, oder man bleibt, wie man war. Das kommt daher, daß Erleuchtung eine höhere Ganzheit, ein Eins-Sein ist. Man erreicht Erleuchtung nicht in kleinen Schritten, heute ein Stückchen und morgen ein Stückchen. Jede Erfahrung, die weniger ist, ist nicht das Eins-Sein.

Die Theorie der plötzlichen Erleuchtung war zweifellos ein bedeutender Beitrag des Taoismus zum buddhistischen Denken in China. Im vierten Jahrhundert brachte der berühmte Buddhist Tao-sheng eine völlige Umwälzung innerhalb des Buddhismus in Gang, als er diese taoistische Theorie übernahm. Diese Bewegung trug viel dazu bei, den Weg für die Entstehung des Zen-Buddhismus im siebenten Jahrhundert zu ebnen. Die bekannten Sätze, mit denen Tao-Sheng die traditionelle buddhistische Lehre von der Erleuchtung angriff, lauteten folgendermaßen: »Symbole sollen Vorstellungen vermitteln. Sind die Vorstellungen verstanden, so sollte man die Symbole vergessen. Worte vermitteln Gedanken. Sind die Gedanken aufgenommen, so verstummen die Worte ... Nur jene, die den Fisch nehmen und das Netz vergessen können, sind wert, das *Tao* zu suchen.«[8] Tao-sheng zitiert hier fast wörtlich Chuang Tzu, welcher sagt:

> Das Fischnetzt ist da, um Fische zu fangen. Wir wollen die Fische behalten und das Netz vergessen. Die Schlinge ist da, um Kaninchen zu fangen. Wir wollen das Kaninchen behalten und die Schlinge vergessen. Worte sind da, um Gedanken zu vermitteln. Wir wollen die Gedanken behalten und die Worte vergessen. Oh welch ein Vergnügen mit einem Menschen zu sprechen, der die Worte vergessen hat. (Kap. XXVI)

Die emanzipierende Wirkung der Lehre von der plötzlichen Erleuchtung und die Entwicklung des Buddhismus in China läßt sich unmittelbar auf taoistischen Einfluß zurückführen.

Es ist interessant und bezeichnend, daß die frühen buddhistischen Gelehrten wie Seng-chao (384–414), Tao-sheng (ca. 360–434), Tao-yung (starb ca. 443), Seng-jui (373–439) und Hui-kuan (starb 453), die mit dem berühmten indischen Lehrer Kumarajiva an der Übersetzung der buddhistischen Klassiker arbeiteten, mit den taoistischen Lehren wohlvertraut waren. Das natürliche Ergebnis der Arbeit dieser großen buddhistischen Mönche war eine Synthese des indischen Buddhismus und des Taoismus. Sie führte schließlich zu einer spezifisch chinesischen Form des Buddhismus, dem *Ch'an* Buddhismus, der in Japan und im Westen als *Zen* bekannt ist.

Buddhistische Aufzeichnungen aus der Zeit nach Tao-sheng's Tod berichten, daß sein Schüler Tao-yu vom Kaiser Wen der frühen Sung Dynastie (420–479) eingeladen wurde, bei Hofe die Lehre von der plötzlichen Erleuchtung vorzutragen. Tao-yu forderte die Vertreter des gegnerischen Standpunktes heraus und besiegte sie mit kühner und geschliffener Rede. Der Kaiser schlug vor Begeisterung mit der Hand auf den Tisch und erklärte, er sei hochbeglückt. Später lehrten Fa-yu, Fa-pao, Paoling und andere Mönche die gleiche Ansicht der plötzlichen Erleuchtung.

Ein interessantes Beispiel des »Lehrens ohne Worte« wird oft von den Zen-Buddhisten angeführt. Lange vor Hui-neng, im frühen sechsten Jahrhundert, wurde Fu-hsi vom Kaiser Wu der Liang Dynastie (555–581) eingeladen, das Diamant-Sutra auszulegen. Sobald er sich auf seinen Stuhl vor dem versammelten Hof niedergesetzt hatte, schlug er mit einem Lineal auf den vor ihm stehenden Tisch, stand auf und verließ den Raum. Dies war sein Lehrvortrag. Ein anderes Mal sah man ihn bei Hof im Gewand eines buddhistischen Mönches, mit einem taoistischen Hut und den Schuhen eines gewöhnlichen Arbeiters. Als der Kaiser ihn sah, fragte er: »Ist das eine buddhistische Tracht, die Ihr tragt?« Fu-hsi wies auf seinen taoistischen Hut. Der Kaiser fragte: »Seid Ihr ein Taoist?« Fu-hsi deutete auf seine Arbeiterschuhe. »Seid Ihr ein gemeiner Mann?« fragte der Kaiser. Fu-hsi zeigte auf sein buddhistisches Gewand. Dieses Lehren ohne Worte gleicht dem zen-buddhistischen Lehren durch den Gebrauch des *koan*. Fuhsi erhielt den taoistischen Ehrennamen Hsüan-feng, oder Geheimnisvoller Wind, und war zweifellos vom Taoismus beeinflußt. Offensichtlich wurde also schon lange vor dem sechsten Patriarchen des Zen-Buddhismus die grundlegende Philosophie des Zen offen in der Landeshauptstadt gelehrt und praktiziert.

In diesem Zusammenhang sollten wir einen Blick auf die Methode des *wen ta* (japanisch: *mondo*) werfen. Es ist dies eine Frage und Antwort-Methode zur Auslösung der Erleuchtung und dem Eintritt in die Welt des Nichts. Sowohl die Zen-Buddhisten als auch die Taoisten mißtrauen dem rationalen Intellekt als einem Mittel zur Erlangung einer neuen Anschauung des Lebens und des Universums. Das Ziel des *wen ta* oder *mondo* ist, einen öffnenden Spalt in die Persönlichkeit zu schlagen, durch den die Erleuchtung hervorbrechen kann. Die Zen-Buddhisten sind bekannt für ihren Gebrauch des *wen ta* im Zusammenhang mit scheinbar trivialen Begebenheiten, um damit das Bewußtsein des Schülers zu einer gänzlich neuen Art des Denkens zu öffnen. Zur Illustration wird oft das Bild der Tür und der Uhr verwendet. Dieses Aufbrechen des Bewußtseins durch die Konfrontation mit dem Unerwarteten gleicht dem Öffnen einer Tür zu einer neuen Welt der Erfahrung. Es ist wie beim Sammeln der Kräfte in einer Uhr zum Stundenschlag. Der Mechanismus des Bewußtseins scheint etwas mit dem einer Uhr gemeinsam zu haben. In einem bestimmten Moment kommen in einem Bewußtsein, das dafür vorbereitet ist, die Kräfte der Persönlichkeit zusammen und werfen den Schleier ab, der sie umgeben hat, um plötzlich eine neue Welt zu schauen. Die Einstellung zu allen Dingen des Lebens ist danach gewandelt. Das Öffnen, dieses geistige ›Klicken‹ des Bewußtseins – das ist Erleuchtung.

Wir finden eine Vielzahl von Hinweisen darauf, daß schon die frühen Taoisten in dieser Hinsicht die gleichen Ansichten hatten wie die Zen-Buddhisten. Ein interessantes Beispiel eines *mondo* ist der folgende Dialog zwischen Lao Tzu und Konfuzius: Lao Tzu sagte: »Die sechs Klassiker, welche Ihr erwähntet, sind nur die ausgetretenen Fußstapfen der Weisen des Altertums. Die Abdrücke sind von Schuhen gemacht, aber es sich nicht die Schuhe selbst . . . Die Falken starren einander an, und ohne daß sie ihre Augen rührten, kommen ihre Jungen zustande. Es gibt auch hermaphroditische Tiere, die unabhängig voneinander Junge hervorbringen.« Konfuzius sann drei Monate lang über diese Sätze nach. Dann kehrte er zu Lao Tzu zurück und sagte: »Die Elstern und ihre Art brüten die Jungen aus Eiern aus. Die

Fische erhalten ihre Art, indem sie den Rogen befruchten. Die Wespe entsteht durch Metamorphose. Wird der junge Bruder geboren, so weint der ältere Bruder.« Lao Tzu antwortete: »Sehr gut! Das ist es! Ihr habt das *Tao* erfaßt.« (Kap. XIV) Um es gleich zu sagen, diese Geschichte ist nicht Teil des konfuzianischen Kanons, aber sie illustriert die Methode des *wen ta* oder *mondo*. Dieses *mondo* erinnert an ein anderes *mondo* aus der zen-buddhistischen Schule. Ein Zen Meister machte einen Spaziergang mit Huang Shan-Ku, einem Dichter der Sung Zeit. Als sie an einem blühenden Berglorbeer vorbeikamen, fragte der Meister: »Riechst du es?« Der Dichter antwortete: »Ja.« Der Meister erwiderte: »Da! Ich habe dir nichts zu verbergen!« Das taoistische und das zen-buddhistische Beispiel eines *mondo* lassen eine ähnliche Einstellung zur Erleuchtung erkennen. Eine taoistische Erläuterung des *mondo* findet sich in den Werken des Chuang Tzu:

> Wer auf Fragen über *Tao* antwortet, der versteht das *Tao* nicht . . . Es ist unmöglich, sich über *Tao* zu erkundigen, und es gibt keine Antworten auf solche Fragen. Fragen zu stellen, die nicht beantwortet werden können, ist töricht. Wer Fragen beantwortet, auf die es keine Antwort gibt, dem mangelt es an innerer Erfahrung. Die Toren und jene, denen innere Erkenntnis fehlt, haben nie die innersten Kräfte des Universums geschaut und sie wissen nichts vom Uranfang. Sie gelangen niemals über den heiligen Kun Lun Berg hinüber, um sich aufzuschwingen in die äußerste Leere, in das Nichts. (Kap. XXII)

Die Leere und der Uranfang sind eins, denn sind wir in der Leere, dem Einen, ist da kein Raum für sprachlichen Ausdruck mehr. Sprechen wir von dem Einen, dann wird das Eine zum Objekt, während wir das Subjekt sind, und das Eine existiert nicht mehr in seiner höheren Einheit. Zu wissen, daß wir in dem Einen sind, ohne davon zu sprechen, das heißt, sich dem Nichts durch *chih*, die intuitive Erkenntnis oder *prajna*, anzunähern.

Der andere Zugang ist *t'ien*, Stille, oder in buddhistischer Terminologie *dhyana*. Das Eintreten in das Nichts durch Stille ist eine zweite grundlegende Methode, die in den Werken von Lao Tzu und Chuang Tzu beschrieben ist, und die besonders von den späteren taoistischen Priestern weiterentwickelt wurde. Die Buddhisten sprechen davon als von der allmählichen Verwirklichung. Lao Tzu nennt es die Methode des Verlierens. Er sagt: »Nach Wissen suchen heißt, Tag für Tag dazugewinnen; das *Tao* suchen heißt, Tag für Tag verlieren.« Durch das Verlieren beginnt man, sich der Welt der Stille anzunähern und in den Bereich des Nichts einzutreten. Und durch die Stille strebt man danach, zur tiefsten Wurzel des eigenen Seins zurückzukehren und damit der tiefen Wurzel aller Dinge bewußt zu werden. Es ist der Prozeß des Schauens und Eintauchens in die mütterlichen Tiefen der Natur. Lao Tzu sagt:

*Gib dich hin der äußersten Leere;*
*Versenke dich inbrünstig in Stille.*
*Alle Dinge sind zusammen in Aktion,*
*Doch ich schaue ihre Nichtaktion.*
*Denn die Dinge sind stets in Bewegung, ruhelos,*
*Und doch kehrt ein jedes zurück in seinen Ursprung.*
*Zum Ursprung zurückkehren, das ist Stille.*
*In Stille sein heißt das »Für-sich-sein« schauen.*[9] *(Kap. XVI)*

Wenn, wie die Taoisten sagen, ein Zustand vollkommener Stille erreicht ist, dann kommt jede Äußerung eines Geschehens in der Außenwelt und aus eigenem Wollen zum Stillstand, und jeder Ausdruck, jede Spur von Begrenzung und Bedingung verschwindet. Kein Gedanke stört mehr. Man wird sich eines himmlischen Leuchtens in sich selbst bewußt. Es ist Licht in der Dunkelheit. Wenn dieses Leuchten kommt, so sagt man, öffnet sich die Goldene Blüte. Das Aufblühen der Goldenen Blüte reinigt Sinn und Körper gleichermaßen. Man erlangt eine erleuchtende Einsicht in das eigene reine Wesen. Hier endlich ist das wirkliche Selbst, das innerste Sein. Chuang Tzu sagt:

Wenn man in äußerster Stille verharrt, dann scheint das Himmlische Licht hervor. Wer dies Himmlische Licht ausstrahlt, der sieht sein Wahres-Selbst. Wer sein Wahres-Selbst bewahrt, der verwirklicht das Absolute. (Kap. XXIII)

Für die Taoisten heißt Verwirklichung des Absoluten, in der Welt des großen Unendlichen, des Nichts zu sein. In die Welt

des Nichts einzutreten heißt, den Grund der großen Sympathie erreicht zu haben.
Man kann in die Welt des Nichts entweder durch Stille, *t'ien*, oder durch intuitive Erkenntnis, *chih*, eintreten. Das erste konzentriert sich auf die Ruhigstellung, das was die Buddhisten *dhyana* nennen. Letzteres betont die Intuition oder *prajna*. Die Konzentration auf Ruhigstellung wird oft als die Methode der allmählichen Verwirklichung bezeichnet; Betonung der Intuition erstrebt plötzliche Erleuchtung. Beide Methoden sind in den taoistischen Schriften dargestellt. Das Ziel beider Methoden ist der Eintritt in die Welt des Nichts.
Das Nichts manifestiert sich entweder als das Himmlische Licht oder als der unbehauene Klotz. Beide sind nur zwei Aspekte des Gleichen. In der Welt des Nichts vollzieht sich die gegenseitige Durchdringung und Einswerdung der Vielfalt als eine Manifestation der großen Sympathie. Ungehinderte Einswerdung und Durchdringung in der Welt des Nichts sind die Funktionen der großen Sympathie. Um es kurz zu sagen, es ist das *Tao*, die höhere Einheit aller Dinge.
Zusammenfassend läßt sich sagen: sowohl der unbehauene Klotz als auch das Himmlische Licht sind Äußerungen des Nichts; intuitive Erkenntnis und Stille sind Mittel, in die Welt des Nichts einzugehen. Die ersten beiden lassen sich mit Sympathie gleichsetzen, die letzten beiden sind Schlüssel, die das Bewußtsein des Menschen öffnen, und durch die er seine Persönlichkeit wandeln und den Anforderungen der großen Sympathie nachkommen kann.
Nach taoistischer Lehre sind Einswerdung und Druchdringung, wie oben festgestellt, die Hauptfunktionen der Sympathie. Die Vereinung von Subjekt und Objekt, des Wissenden und des Gewußten, wird durch unmittelbare, spontane Interaktion erreicht. Die Verwandlung eines Menschen in einen Schmetterling und wieder zurück in einen Menschen, wie wir sie in der Geschichte von Chuang Tzu finden, ist kein meßbarer und sich schrittweise vollziehender Prozeß. Es ist totale Einswerdung durch ontologische Erfahrung, ununterschieden und ungetrennt. Dies verdeutlicht uns die Lehre von Lao Tzu und Chuang Tzu. Der in-

tuitive und unmittelbare Weg zur großen Sympathie durch Nichtunterscheidung und Nichttrennung wird jedoch ganz offensichtlich auch von der neo-konfuzianischen ›Schule des Bewußtseins‹ geteilt (seit dem 11. Jahrh.). Wir haben ausgeführt, daß *Jen* das rationale Bewußtsein des Menschen ist, zu dem man durch intensive Aufteilung und Unterscheidung gelangt. Die Neo-Konfuzianer, die sowohl vom Taoismus als auch vom Buddhismus beeinflußt sind, betrachten *Jen* als das ursprüngliche Wesen des Menschen, aus dem Brüderschaft, Wohlwollen, Güte und Liebe hervortreten, während jedoch keine dieser Haltungen *Jen* selbst ist. Der Mensch des *Jen* liebt die Menschheit ganz natürlich, aber *Jen* ist selbst nicht Liebe. Ch'eng Hao (1032–1085) sagt, der Mensch des *Jen* sei mit allen Dingen eins und sein Wirken sei das von Himmel und Erde. Begreifen wir diese Einheit nicht, dann stehen sich Selbst und Nichtselbst entgegengesetzt gegenüber. Wir sollten allerdings nicht nach dieser Einheit streben, denn dann wird es keine Einheit geben. Wir sollen uns nur im steten Bewußtsein der Einheit weiterentwickeln. Sonst ist nichts notwendig. Das ist der Kern der spirituellen Pflege der Sympathie. Man sollte kein »absichtsvolles Bewußtsein« haben. Ch'eng Hao sagt es mit folgenden Worten: »Die Unwandelbarkeit von Himmel und Erde liegt darin, daß ihr Bewußtsein alle Dinge durchdringt, während sie selbst kein Bewußtsein haben. Die Beständigkeit des Weisen liegt darin, daß seine Leidenschaft mit allen Dingen übereinstimmt, während er selbst doch keine Leidenschaft hat.« Dies Verständnis von *Jen* als Nicht-Bewußtheit oder absichtsloses Bewußtsein ist ein Zugang zur Vereinung von Selbst und Nichtselbst, der genau dem taoistischen Prozeß der Nichtunterscheidung entspricht.

Ch'eng Hao sagt es ganz klar: »Das *Tao* hat kein Gegenteil.« Der Gedanke der Einswerdung von Mensch und Universum findet sich schon in den »Gesprächen« des Konfuzius. Er klingt in einer Geschichte über Konfuzius und einige seiner Schüler an, die er eines Tages aufforderte, ihm über ihre Ambitionen zu berichten. Einer sagte, er wäre gerne Kriegsminister, der andere wollte Finanzminister werden, und der dritte wollte es zum kaiserlichen Zeremonienmeister bringen. Der vierte Schüler jedoch, mit Namen Tseng Tien, schenkte diesem Gespräch nicht die geringste Beachtung und zupfte still seine Laute. Nachdem die anderen ihre Wünsche ausgesprochen hatten, bat Konfuzius ihn, zu sprechen. Tseng Tien antwortete, er würde gerne im Frühling an das Flußufer gehen, um dort mit seinen Kameraden zu baden, sich des linden Lüftchens zu freuen und dann heimzukehren. Daraufhin sagte Konfuzius: »Tien findet meine Zustimmung.«

Die Neo-Konfuzianer meinen zu dieser Geschichte, Tseng Tien lasse erkennen, daß er alles egoistische Verlangen ausgeschaltet habe und dadurch mit dem alldurchdringenden Gesetz des Himmels in Übereinstimmung lebe. Dies war die Quelle seiner Einfachheit und seiner Größe, sowohl beim Handeln als auch in Ruhe. Sein Geist war so endlos weit, daß er mit Himmel und Erde eins war, wie in einem »einzigen Strom«, in dem alle Dinge frohlocken. »In dem einzigen Strom von Himmel und Erde verweilen«, wie es die Neo-Konfuzianer nennen, das bedeutet sicherlich den höchsten Bereich der spirituellen Pflege der Sympathie erreicht zu haben. Hier finden wir eine Verschmelzung des Geistes der großen Denker des Taoismus und des Konfuzianismus.

Auch einige westliche Denker sind in den Bereich der Nichtunterscheidung vorgedrungen. So zum Beispiel Meister Eckehart. Eine der Geschichten über Meister Eckehart lautet:

Eine Tochter kam zu einem Predigerkloster und verlangte nach Meister Eckehart. Der Pförtner sagte: »Wen soll ich ihm melden?« Sie sprach: »Ich weiß es nicht.« Er sagte: »Warum wißt Ihr das nicht?« Sie sprach: »Weil ich weder ein Mädchen bin, noch ein Weib, noch ein Mann, noch eine Frau, noch eine Witwe, noch eine Jungfrau, noch ein Herr, noch eine Magd, noch ein Knecht.« Der Pförtner ging zu Meister Eckehart (und sprach): »Kommt heraus zu der wunderlichsten Kreatur, von der ich je hörte, und laßt mich mit Euch gehen und steckt Euern Kopf hinaus und sprecht: ›Wer verlangt nach mir?‹« Er tat so. Sie sprach zu ihm, wie sie zum Pförtner gesprochen hatte. Er sprach: »Liebes Kind, deine Worte sind wahr und schlagfertig: erkläre mir genauer, wie du es meinst.« Sie sprach: »Wäre ich ein Mädchen, so stünde ich (noch) in meiner ersten Unschuld; wäre ich ein Weib, so würde ich das ewige Wort ohne Unterlaß in meiner Seele gebären; wäre ich ein Mann, so böte ich allen Sünden kräftigen Widerstand; wäre ich eine Frau, so hielte ich meinem lieben, einzigen Gemahl die Treue; wäre ich eine Witwe, so hätte ich ein ständiges Sehnen nach meinem einzigen Geliebten; wäre ich eine Jungfrau, so stünde ich in ehrfürchtigem Dienst; wäre ich ein Herr, so hätte ich Macht über alle göttlichen Tugenden; wäre ich eine Magd, so hielte ich mich Gott und allen Kreaturen demütig unterworfen; und wäre ich ein Knecht, so stünde ich in schwerem Wirken und diente meinem Herrn mit meinem ganzen Willen ohne Widerrede. Von alledem miteinander bin ich keines und bin ein Ding wie ein ander Ding und laufe so dahin.« Der Meister ging hin und sagte zu seinen Brüdern: »Ich habe den allerlautersten Menschen vernommen, den ich je gefunden habe, wie mich dünkt.«

Für den chinesischen Taoisten wäre dieser »allerlauterste Mensch« einer, der in die Welt des Nichts eingetreten ist, ein Mensch, der sich als der unbehauene Klotz in all seiner Einfachheit zeigt, und der das innere Licht geschaut hat. Dieses Mädchen war eins mit der großen Sympathie und war selbst ein Teil davon.

ANMERKUNGEN

1 Mong Dsi (Menzius), übs. v. Richard Wilhelm, Jena 1924, Buch IV B, S. 91.
2 Im Sprachgebrauch der Konfuzianer bedeutet *chih* so viel wie rationales bewußtes Wissen. Von den Taoisten oder Buddhisten gebraucht, hat es die Bedeutung von intuitiver Erkenntnis.
3 Wie zum Beispiel der von Liu Hsin-yuan, *Ch'i Ku Shih Chi Chiu Wen Shu* (Beschreibung der Bronzeinschriften), 1902, Band VIII, S. 21f., und M. J. Kuo, *Liang Chou Chin Wen Tz'u* (Tafeln der Systeme von Bronzeschriften aus zwei Chou Dynastien), Tokyo 1937, S. 127.
4 Werke des Hsün Tzu, Buch XXI.
5 In dem Kapitel über Malerei wird *Ming* als ein Symbol aus der frühen chinesischen Schrift weiterhin erläutert.
6 *Wei* und *o* sind antwortende Laute ohne spezifische Bedeutung. *Wei* wird jedoch als höflich, *o* als grob und ungehobelt empfunden.
7 Die ersten beiden Zeilen dieses Zitats erscheinen gewöhnlich in Kapitel XIX. Der Originaltext des *Tao Te Ching* war jedoch nicht in Kapitel unterteilt. Die Aufteilung nach Kapiteln geht auf Ho Shang Kung aus der Han Dynastie zurück, der einige Jahrhunderte nach Lao Tzu lebte. Oft brechen diese willkürlich unternommenen Aufteilungen offensichtliche Bedeutungseinheiten auseinander. So auch in diesem Fall, wo die ersten beiden Zeilen deutlich zu dem sich weiterentwickelnden Gedankengang gehören.
8 *Kao-seng Chuan* (Biographien bedeutender buddhistischer Mönche), Kap. 7.
9 *Ming* wird oft als Schicksal, Bestimmung, Leben u. ä. übersetzt. In diesem Zusammenhang bezieht es sich nicht auf irgendwelche konkreten Dinge, sondern meint das Wandellose und Formlose, das durch einen Prozeß der Negation – oder der »Aufhebung«, wie Hegel ihn nennt – erreicht wird. Da es unmöglich war, einen treffenden Begriff in einer westlichen Sprache zu finden, habe ich versucht, mit dem von Hegel verwendeten Begriff des »Für-sich-seins« der Bedeutung von *ming* wenigstens nahe zu kommen. In seinem Werk »Philosophische Propädeutik« (Berlin 1840, S. 96f.) sagt Hegel: »Indem sich durch die Veränderung die Beschaffenheit überhaupt aufhebt, hebt sich auch

die Veränderung selbst auf. Das Sein ist hiermit in sich selbst zurückgegangen und schließt Anderes von sich aus. Es ist *für sich*.« Lao Tzu's Weg der Annäherung an die große Stille – von der Aktion her zur Nichtaktion – ähnelt diesem negativen Vorgehen von der Veränderung zum Unveränderlichen. Für *ming*, oder »Für-sich-sein« im hier verwendeten Sinn, und für *ming*, oder Licht, wie es zuvor gebraucht wurde, gibt es im chinesischen zwei verschiedene Schriftzeichen, deren Umschrift nach dem Wade-Giles System jedoch für beide Zeichen *ming* lautet. Im gesprochenen Chinesisch werden die beiden Bedeutungen durch verschiedene Intonation des Wortes unterschieden.

## Kapitel 2
## Die unermeßlichen Möglichkeiten der schöpferischen Kraft

Jeder von uns hat sich wahrscheinlich schon irgendwann einmal an einem chinesischen Gemälde erfreut oder ein chinesisches Gedicht mit Vergnügen gelesen. Unter dem, was chinesische Künstler und Dichter geschaffen haben, befinden sich meiner Meinung nach einige Werke, die den Geist des *Tao* besonders stark ausstrahlen. Wenn uns die tiefe Stille der Landschaften von Mi-Fei und Ni Tsan[1] beeindruckt, wenn wir betroffen sind von der Einfachheit und Reinheit der Gedichte von T'ao Ch'ien[2], dann ahnen wir in unserer ästhetischen Erfahrung, was der Taoist spirituell zu erfahren hofft. In diesen Kunstwerken ist etwas, das uns an jenes unfaßbare Letzte heranführt, welches der Mensch mit dem Universum gemeinsam hat. Sie enthalten einen dynamischen Prozeß, der mit einer höheren Realität verschmilzt. Wir werden spontan und ganz unbeabsichtigt in eine Einheit hineingezogen, die, so meinen die Taoisten, auf das *Tao* selbst verweist, den Urquell aller schöpferischen Kraft. *Tao*, die Mutter aller Dinge, ist unsichtbar und unergründlich, aber dennoch werden durch seine Manifestationen alle Dinge erschaffen. Alfred North Whitehead formulierte diese zentrale Vorstellung so: »In der Philosophie des Organismus wird dieses Letzte ›schöpferische Kraft‹ genannt, und Gott ist sein ursprüngliches, nicht-zeitliches Akzidens.«[3] Auch der Taoist setzt dieses Letzte mit der schöpferischen Kraft gleich, schöpferische Kraft ist *Tao*. Das unaussprechliche *Tao* zu erklären, indem man Begriffe eines schöpferischen Prozesses benutzt, heißt nichts weiter, als auf eine verbale Erleichterung – genaugenommen jedoch eine Erschwerung – zurückzugreifen.

Auch Lao Tzu sah sich der gleichen Schwierigkeit gegenüber. An einer Stelle greift er bei dem Versuch, den schöpferischen Prozeß zu beschreiben, auf Zahlen zurück. Doch er gebraucht die Zahlen in einer ganz anderen als der üblichen Bedeutung. So lesen wir im 42. Kapitel des *Tao Te Ching*:

*Aus dem Tao wird die Eins geschaffen,*
*Aus der Eins die Zwei,*
*Aus der Zwei die Drei,*
*Aus der Drei die Zehntausend Dinge.*

Die Zahlen sollen hier nur auf die Notwendigkeit einer intuitiven Bewußtheit des Prozesses der Unterscheidung aus dem Ununterschiedenen hinweisen, auf die Erkenntnis, daß die vielfältigen Formen der Existenz Emanationen aus der Einheit der absoluten Welt des *Tao* sind. Die Zahlen symbolisieren etwas, das unser Intellekt nicht erklären kann. Das gleiche gilt auch für das Wort ›Prozeß‹, so wie ich es hier gebrauche. Wenn ich versuche, *Tao* intellektuell zu beschreiben, muß ich wohl oder übel solch ein Wort heranziehen. Tatsächliche Kreativität braucht nicht durch den Begriff des Prozesses intellektuell erklärt zu werden. Ist sie doch eine rein intuitive Reflektion der Dinge. Das folgende chinesische Gedicht aus dem achten Jahrhundert mag uns helfen, etwas von der Art dieser Reflektion zu erkennen:

*Wildgänse ziehen durch den weiten Himmel droben,*
*Drunten auf kalter Wasserfläche wird ihr Bild zurückgeworfen.*
*Die Gänse wollen nicht ihr Bild aufs Wasser werfen,*
*Noch will das Wasser der Wildgänse Bild enthalten.*

Dieses kleine Gedicht ist eine Metapher für die Idee der Reflektion als schöpferischer Kraft. Fliegen die Gänse über das Wasser, so haben sie keinerlei Absicht, ihr Bild auf die Wasseroberfläche zu werfen, genauso wenig wie das Wasser die Absicht hat, ihren Flug widerzuspiegeln. Aber in diesem Augenblick wird ihre Schönheit am reinsten widergespiegelt. In dem Moment der Spiegelung ist Zeit gleich Raum, und Raum ist Zeit. Sie verschmelzen in einem absoluten Punkt, dem Punkt, aus dem sich alle Schönheit, alles Geschaffene erhebt. Unser Geist ist nichts anderes als Gottes Spiegel, der das »Hier-Jetzt« der Schöpfung reflektiert. Solcher Art ist nach dem Verständnis der Taoisten der

schöpferische Prozeß. Doch diese schöpferische Reflektion kann nur durch persönliche Intuition verstanden werden.
Vielleicht kann ich mit der folgenden Geschichte mehr über das Wesen dieser persönlichen Intuition andeuten; sie stammt aus den ›Aufgezeichneten Aussprüchen der Ehrwürdigen Alten‹. Im elften Jahrhundert wurde Fa Yen im Alter von fündunddreißig Jahren Mönch und studierte die Lehren der ›Schule Reiner Vorstellung‹. Er konnte jedoch nichts anfangen mit dem Gedanken, daß für einen Bodhisattva, dem sich eine Vision des *Tao* auftut, *chih* oder Erkenntnis (Unterscheidung) und *li* oder Wahrheit (Nichtunterscheidung) nicht mehr trennbar sind, und daß Subjekt und Objekt in Eins verschmelzen. Die Ununterscheidbarkeit von Subjekt und Objekt, so sagte man ihm, ließe sich durch einen Menschen symbolisieren, der Wasser trinkt und in sich selbst erfährt, ob das Wasser heiß oder kalt ist. Diese berühmte Metapher verursachte ihm viele Jahre lang Kopfzerbrechen. Er studierte unter vielen verschiedenen Lehrern, erfuhr jedoch keine Erleuchtung. Aber eines Tages, als er über den Ausspruch nachsann: »Der Tathāgata (der Buddha) besaß geheime Lehren; doch Mahākāsyapa (sein Schüler) hat das Geheimnis nicht gewahrt«, erlangte er plötzlich Erleuchtung. »Wahrhaftig, wahrhaftig!« rief er aus. »Erkenntnis und Wahrheit sind ununterscheidbar. Subjekt und Objekt sind wirklich Eins, so wie ein Mensch, der Wasser trinkt, in sich erfährt, ob es warm oder kalt ist. Wie wahr ist dieser Ausspruch!« Hier das Gedicht, das er in Erinnerung an den Augenblick der Erleuchtung schrieb:

*Am Fuß des Hügels ein Flecken braches Feld*
*Ich heb die Hand zum Gruß und frag den alten Mann*
*»Wie oft hast du das Feld verkauft und es zurückgekauft?«*
*»Tannen und Bambus sind mir lieb, die eine frische Brise anlocken.«*

Dieses Stückchen Acker, verkauft und wiedergekauft, ist nichts anderes als das, was wir von Anfang an besitzen. Uns dem zuwenden, was wir in unserem Innersten besitzen, das ist es, was wir tun sollten. Unsere persönliche Intuition ist unser Eigenes.

Erleuchtung kommt nicht von außen. Sie kommt nur aus dem eigenen Innersten. Buddhas Geheimnis ist kein Geheimnis. Es steht jedem Bewußtsein offen, ist vor niemandem verborgen. Alles was wir brauchen, ist genug Zutrauen, einmal tief in uns selbst hineinzuschauen, wo das Licht schlummert, bis wir es entdecken.
Die Erleuchtung ist mit einer inneren Flut verglichen worden:

*Vergangene Nacht strömte der Frühlingsregen in den Fluß hinab,*
*Heut treiben schwere Dschunken wie Wolken auf dem Strom.*
*Schiffe, die sich zuvor nicht rühren konnten,*
*Reisen nun ungehindert mitten in der Strömung.*

Die Bewußtheit der steigenden Fluten in uns kann uns zu einem Verständnis der schöpferischen Kraft des *Tao* führen. Die Konzeption der nicht-taoistischen Philosophen von der schöpferischen Kraft ist eine andere. Wir wollen uns zunächst mit verschiedenen nicht-taoistischen Vorstellungen von der schöpferischen Kraft befassen. In den Werken des Chuang Tzu lesen wir:

Wie endlos kreisen die Himmel! Und doch, die Erde bleibt in Ruhe. Machen sich etwa Mond und Sonne ihre Positionen streitig? Wer beherrscht und ordnet alle diese Dinge? Von wem werden sie denn in Harmonie gehalten? Wer verursacht und erhält sie mühelos? Gibt es vielleicht eine verborgene Kraft, die sie hindert, anders zu sein, als sie sind? Müssen die Himmelskörper sich gerade so bewegen, machtlos, sich anders zu verhalten? Sieh, wie die Wolken Regen ausschütten. Und wie der Regen wieder aufsteigt, um Wolken zu bilden. Wer veranlaßt sie zu diesem Überfluß? Wer tut diese ursprüngliche Arbeit, und wer regt sie an? Die Winde erheben sich im Norden und blasen nach Ost und West. Andere steigen wirbelnd in die Höhe. Wessen Atem bewegt sie? Wer läßt sie ohne Mühe blasen? Was ist die Ursache? (Kap. XIV)

Um diese Fragen beantworten, haben die chinesischen Philosophen viele Theorien aufgestellt. Die erste ist die anthropomorphe Vorstellung eines Universums, das von einem persönlichen Gott gelenkt wird. Forschungen der letzten Jahrzehnte anhand von Aufschriften auf alten Orakelknochen und der Bronzen der Shang-Zeit (1766–1122 v. Chr.) und der Chou-Zeit (1122–255 v. Chr.), sowie eine Neubetrachtung der frühesten chinesischen Klassiker haben ergeben, daß es sich bei den Begriffen *Ti* und

*T'ien* um zwei verschiedene Vorstellungen von Gott handelt. *Ti* ist ein Symbol, das sowohl ›Gott‹ als auch ›Urahn‹ darstellt. *T'ien* oder Himmel repräsentiert die höhere Macht einer zuerst persönlichen, später unpersönlichen Gottheit. Diese beiden Vorstellungen von Gott bereiteten den Weg für die späteren chinesischen Schulen der Religion und der Philosophie.

Einer der wichtigsten chinesischen Beiträge der letzten fünfzig Jahre zur Erforschung alter Kulturen war die Entdeckung der Orakelknochen. Obwohl diese Knochen ursprünglich dem Zweck der Weissagung dienten, tragen sie doch auch Aufzeichnungen über die Kultur des chinesischen Volkes während einer fast dreihundertjährigen Periode. Sie offenbaren uns die religiösen, politischen, sozialen und ökonomischen Aktivitäten des chinesischen Volkes vor mehr als dreitausend Jahren. In diesen alten Aufzeichnungen finden sich wiederholt Hinweise auf religiöse Aktivitäten wie Opfer und Weissagungen. Das Wort für Gott oder *Ti* ist gleichbedeutend mit dem für den Urahn des Volkes von Shang. Alle möglichen Probleme, wie zum Beispiel die Ausführung einer Schlacht, Wetter und Ernte, Fischen und Jagd, Krankheit und Träume und Schicksal und Schicksalsschläge des Einzelnen wurden ihm vorgetragen. So finden wir zum Beispiel die Passage: »Während der nächsten zwei Monate wird *Ti* (oder Gott) es nicht für uns regnen lassen.« An anderer Stelle: »Der König möchte eine Hauptstadt bauen lassen, und *Ti* hat versprochen, daß es geschehen soll.« Nach den chinesischen Etymologen war das Symbol *Ti* das Bild des Kelches und Fruchtknotens einer Blüte, aus der viele Generationen von neuen Blüten, Früchten und Pflanzen entstehen werden. Das Symbol *Ti* ist also eine deutliche Repräsentation des Urahns des Volkes von Shang. Der Name dieses *Ti* war *Kuei*, ein Ahn, dessen Name wiederholt sowohl auf den Orakelknochen als auch in den frühesten Klassikern auftaucht. Er ist der ›Herrscher Droben‹, mit Allmacht in der Welt der Menschen. Er kann der Menschheit Segen gewähren, wie auch Katastrophe und Bestrafung senden. In der späteren Shang Dynastie bezeichnet man diesen Gott als den ›Herrscher Droben‹ oder den ›Höchsten Herrscher‹. Was die Ahnenverehrung angeht, so opferten die Menschen von Shang außer dem Urahn, *Ti* oder *Kuei*, auch den erst kürzlich verstorbenen Verwandten: Großeltern, Eltern, gestorbenen Geschwistern und anderen. Diese Ahnen sollten Einfluß auf den Urahn *(Ti)* haben, da sie mit ihm zusammen im Himmel lebten. Anstatt den Urahn direkt zu bitten, wendet man sich deshalb manchmal mit der Bitte um Hilfe auch an nahe Verwandte. Auf einer frühen Inschrift lesen wir: »Erbitte Regen von der Großmutter Yi.« So war das Opfern für die Ahnen (und für Gott) eine der Hauptbeschäftigungen des Volkes von Shang. Jährlich wurden achtzehn verschiedene Opfer für sie durchgeführt. Diese Vorstellung von Gott ist anthropomorph. Es ist wohl nicht falsch zu sagen, daß die Verehrung Gottes in China ursprünglich eine Ausdehnung der Ahnenverehrung war und diese wiederum eine Erweiterung der interpersonalen Beziehungen zwischen den Menschen. Der Gott des frühesten China, vor dem zwölften Jahrhundert v. Chr., war also eine anthropomorphe Gottheit.

Der Begriff *T'ien* oder Himmel repräsentiert die grundlegende religiöse Vorstellung der Chou Dynastie, welche auf die Shang Zeit folgte. Die Konzeption des *T'ien* läßt den allmählichen Übergang von der Vorstellung eines persönlichen Gottes zu einem unpersönlichen höheren Wesen erkennen. Die früheste geschriebene Form des Wortes *T'ien* erscheint auf den Orakelknochen nach Meinung der Etymologen einfach in der Bedeutung von ›Himmel‹ (Firmament) oder ›groß‹. Als der Gründer der Chou Dynastie die Shang Herrscher ablöste, übernahm das Volk zusammen mit der Praxis der Ahnenverehrung aus dem vorhergehenden Zeitalter auch die Vorstellung von *T'ien*, dem Himmel, als einer Repräsentation des Höchsten Wesens. Dieses höchste Wesen herrschte, im Gegensatz zu *Ti*, dem Urahn der Shang Linie, über alle Stämme im Land. Obwohl er kein Schöpfer im Sinne der hebräischen Gottesvorstellung war, war er doch eine große und wohlwollende Macht, die nach vernünftigen Maßstäben das Schicksal der Menschheit regierte. Er bewahrte Ruhe und Ordnung in der weltlichen Sphäre, verursachte aber auch Katastrophen und strafte den Menschen. Im »Buch der Lieder« lesen wir: »Erlaucht war das Haus von Chou, und die Gebote des Himmels kamen zur rechten Zeit. König Wen steigt auf und steigt herab links und rechts von Gott . . . Die Zahl der Nachfahren der Herrscher von Shang betrug mehrere Hunderttausend. Aber als Gott es befahl, wurden sie Untertanen von Chou.« Diese Passage zeigt, daß man *T'ien* als einen anthropomorphen Gott ansehen kann, dem mehr Macht als dem *Ti* der Shang Zeit zugeschrieben wurde. Die Konzeption des *T'ien*, von den Begründern der Chou Dynastie als die eines persönlichen Gottes entwickelt, enthielt auch die Vorstellung von Gott als einem unpersönlichen Wesen. Der unpersönliche Charakter dieser Gottesvorstellung hat zwei Aspekte: Einmal war diese Konzeption nicht allein von dem geheiligten Kontext des Opferns und des Orakelnehmens abhängig, wie diese von der Shang Bevölkerung geübt wurden. Das höchste Wesen wird nur jenen offenbar, die ihre Tugend (oder ihren Lebenswandel) kultivieren und eine harmonische soziale Ordnung bilden. Im Buch der Lieder und im Buch der Geschichte finden sich wiederholt Warnungen wie diese: »Auf himmlischen Befehl darf man sich nicht verlassen.« oder »Pflege deine Tugenden, um den Erwartungen des Himmels zu entsprechen. Segen muß man sich selbst verdienen.« Zum andern enthielt *T'ien* die Vorstellung, daß das Gottgegebene ist, was wir die »menschliche Natur« nennen würden. Das Gesetz unserer Natur zu erfüllen, heißt, das Himmlisch-Göttliche zu offenbaren. Im Buch der Lieder lesen wir: »Als der Himmel die Menschheit hervorbrachte, gab er jeder Fähigkeit und jeder Beziehung sein Gesetz. Der Mensch, der dieses Wesen besitzt, sollte danach streben, seine Gabe zur höchsten Vollendung auszubilden.« Damit wird die Pflege der inneren Stille im Menschen zu einem Teil der kosmischen Ordnung. Diese Vorstellung ist sehr wichtig, da sie den Weg bereitet für viele weitere Entwicklungen in der Philosophie, insbesondere bezüglich der Frage der schöpferischen Kraft.

Neben den mit dem Gedanken der schöpferischen Kraft verbundenen Begriffen *Ti* und *T'ien*, gibt es noch dieVorstellung des *Ch'i*. *Ch'i* ist ein Wort, für das es viele verschiedene Übersetzungen gibt. Es bedeutet Äther, Atem, Dunst, Dampf oder »Masse-Energie«. Die Schule des *Ch'i* verwarf den anthropmorphen Gottesbegriff und unternahm eine materialistische

Erklärung des Universums mit den Kategorien einer ursprünglichen Eigenschaft des Seins. Es war das *Ch'i*, das kondensierte, sich zu den vielfältigen Erscheinungen des Universums verdichtete und so auch den Menschen bildete.

Diese pseudo-wissenschaftliche Linie des Denkens zieht sich mit einigen Weiterentwicklungen durch die gesamte Geschichte des chinesischen spekulativen Denkens. Im neunten und zehnten Jahrhundert erfuhr sie in jener intellektuellen Springflut, die wir Neo-Konfuzianismus nennen, eine kräftige Neubelebung. Chang Tsai (1020–1077), der Neo-Konfuzianer der Sung Zeit, spricht für diese fortdauernde Schule des Denkens, wenn er die Harmonie des Universums des *Ch'i* so formuliert: »Durch die Kondensation und Verteilung des Äthers drängt das Universum auf hundert verschiedenen Wegen vorwärts; das Prinzip, nach dem es fortschreitet, ist geordnet und wirklich.«

»Die Große Leere muß zwangsläufig aus Äther bestehen; dieser Äther muß zwangsläufig kondensieren, um alle Dinge zu bilden; und diese Dinge müssen zwangsläufig zerstreut werden, um wiederum die Große Leere herzustellen. Die Fortdauer dieser Bewegungen in einem Zyklus ist damit unvermeidlich.«

Diese einfache materialistische Konzeption von Chang Tsai wird auf alles Leben angewendet:

Das Sein der Tiere kommt vom Himmel. Ihr Fortschritt durch aufeinanderfolgende Stufen von Wachstum und Verfall ist abhängig vom Einziehen und Ausstoßen des Atems. Das Sein der Pflanzen kommt von der Erde. Ihr Fortschritt durch aufeinanderfolgende Stufen von Wachstum und Verfall ist abhängig von der steigenden und fallenden Bewegung des *Yin* und *Yang*. Wird ein Lebewesen geboren, so tritt Tag für Tag Äther in es ein und nimmt dort zu. Wenn dieses Lebewesen seine Reife überschritten hat, dann entzieht sich ihm allmählich der Äther und verweht. Sein Eintritt, während er zunimmt, ist von der Art des *Geistes*. Sein Ausströmen, wenn er zu seiner Quelle zurückkehrt, ist von der Art der Geister.

Wir dürfen uns nicht durch die Erwähnung von solchen Begriffen wie *Geist* und Himmel täuschen lassen. Die gesamte Ausrichtung der Schule des *Ch'i* ist rein materialistisch.

Bis in die Zeit von Chang Tsai, den ich oben erwähnt habe, betrachtete man die Schöpfung in rein materialistischer Sicht als eine Angelegenheit der Entstehung der Ursubstanz, d. h. in Begriffen des *Ch'i* oder Äthers. Später gaben sich die Philosophen mit dieser Sicht der Schöpfung jedoch nicht zufrieden. Chen Yi und Chu Hsi aus dem elften und zwölften Jahrhundert glaubten, hinter dem Materialismus des *Ch'i* müsse es noch ein letztes Prinzip geben, welches seinen schöpferischen Charakter bestimmt. Dieses Prinzip bezeichneten sie als *Li*.

Chu Hsi sagt: »Die Schöpfung des Menschen hängt einfach ab von der Vereinung des Prinzips mit dem Äther. Wahrlich, das Himmlische Prinzip *(T'ien Li)* ist endlos und unerschöpflich. Alles menschliche Vermögen der Sprache, Bewegung, des Denkens und Handelns stammt allein vom Äther her. Und doch ist diesem Äther das Prinzip inhärent.« *Li* ist die formale Ursache, *Ch'i* die materielle Ursache. In der metaphysischen Welt, jenseits von Substanz, ist *Li* oder Prinzip. Alle Dinge, der Mensch eingeschlossen, müssen im Augenblick ihrer Schöpfung *Li* empfangen, um ihr einzigartiges Wesen zu begründen.

Die Welt des Prinzips ist endlos und rein, aber leer. Sie ist in sich selbst gestalt- und formlos, obwohl sie alle Form hervorbringt. Sie ist ohne Wille oder Macht. Nur in Verbindung mit der materiellen Welt des *Ch'i* manifestiert sie sich in der Welt der Sinne. Prinzip ist ewig und transzendiert Zeit und Raum. Baut man ein Haus, so wird es aus substantiellen Gegenständen zusammengesetzt, aus Ziegeln, Holz und Mörtel. Aber es muß einen Plan geben, der diese Substanzen zu einem sinnvollen Ganzen versammelt. Das Material ist *Ch'i*, der Plan ist *Li*. Wenn das Haus dem Plan entsprechend gebaut ist, dann manifestiert es *Li* in seiner konkreten Form.

Prinzip besteht vor seiner Objektivierung. Bevor der Wagen oder das Schiff existieren, besteht also schon das Prinzip ihres Seins. Erfindung ist damit nichts anderes als die Entdeckung eines bereits bestehenden Prinzips. Die geschaffene Aktualität muß dem Prinzip entsprechen. Sie wird damit zu der physischen Verkörperung der ewigen Idee. Für jede Möglichkeit, die tatsächlich besteht, muß es ein ewiges Konzept in der Welt des Prinzips geben. Die Welt des Prinzips selbst ist deshalb vollständig und vollkommen.

Die taoistische Konzeption der schöpferischen Kraft ist die einer

Selbstverwirklichung, die keiner äußeren Mittel bedarf, um den inneren Prozeß zu bewirken. *Tao* ist die innere Wirklichkeit aller Dinge. Es ist weder von einem äußeren Gott, noch von einer konkreten Substanz noch von einem abstrakten Prinzip abhängig, wie sie andere Schulen der chinesischen Philosophie postulieren. Das würde nämlich eine Abgrenzung des *Tao* implizieren, und *Tao* ist grenzenlos. Chuang Tzu illustriert das so:

> ... jene, die Kurvenlineal und Richtschnur, Zirkel und Richtscheit benutzen, um rechte Formen zu machen, vergewaltigen den natürlichen Bau der Dinge. Jene, die Schnüre zum Binden und Leim zum Zusammenfügen brauchen, stören den natürlichen Charakter der Dinge ... Es gibt eine letzte Wirklichkeit der Dinge. In ihrer letzten Wirklichkeit sind die Dinge gekurvt ohne Lineal, gerade ohne Richtschnur, rund ohne Zirkel und rechteckig ohne Richtscheit ... Auf diese Art schaffen sich alle Dinge selbst aus ihrer eigenen inneren Reflektion, und niemand vermag zu sagen, wie es dazu kommt. (Kap. VIII)

Findet innere Reflektion statt, so vollbringt sie den Prozeß der Manifestation letzter Wirklichkeit. Dieser Prozeß ist direkt, unmittelbar und spontan. Der Bogen reflektiert einfach seine Gekurvtheit, die Linie ihre Geradheit. Die Blume blüht im Frühling, und der Mond scheint nachts auf den See. Es ist wie bei den Wildgänsen, von denen ich am Anfang des Kapitels gesprochen habe. Sie werfen ganz ohne Absicht ihr Bild auf das Wasser. Solche spontane Reflektion ist die schöpferische Kraft des *Tao*. Das *Tao* selbst bleibt jedoch immer unsichtbar und unergründlich. Was wir ergreifen, was wir sehen, ist nur eine Manifestation durch Reflektion. Lao Tzu sagt: »*Tao* handelt nie, und doch bleibt nichts ungetan ... Alle Dinge schaffen sich selbst.« (Kap. XXXVII)

Whitehead erklärt diese Vorstellung der Selbsterschaffung in westlichen Begriffen: »Kreativität ist ohne eigenen Charakter ... Es ist der letzte Begriff der höchsten Allgemeinheit am Grund der Aktualität. Sie kann nicht charakterisiert werden, da jede Eigenschaft spezifischer ist als sie selbst. Aber Kreativität findet sich immer unter Bedingungen und als bedingt beschrieben.«[4]

Dies ist, was die Taoisten als Selbsterschaffung bezeichnen würden. Wir sehen die schöpferische Kraft nur in ihren Manifestationen, immer als bedingt. »*Tao* handelt nie, und doch bleibt nichts ungetan.« »Wandlungen finden statt von selbst, ganz ohne Bewegung; die Dinge offenbaren sich von selbst, ohne daß sie ausgestellt würden.« Der Zen-Buddhist sagt es noch lebendiger: »Solange es in sich selbst bleibt, ist alles still. Der Berg bleibt ein Berg, der sich auftürmt gegen den Himmel. Der Fluß strömt dahin als Fluß und singt seinen Weg hinab ins Meer. Aber sobald ein winziges Wolkenfleckchen im Blau erscheint, breitet es sich aus und hüllt das ganze Universum ein, Blitz und Donner speiend.«[5] An dieser Stelle, aufgeladen mit dem schöpferischen *élan vital*, verliert ihn menschliche Intellektualität oft aus den Augen und irrt verblüfft, verwirrt und voller ängstlicher Gedanken umher. Von der Verwirrung durch äußere Bedingungen frei zu sein, die Zweifel des Lebens hinter sich gelassen zu haben, ganz aufgeladen zu sein mit der ursprünglichen schöpferischen Kraft, das heißt, *Tao* verwirklicht zu haben.

Im vorangegangenen Kapitel habe ich *Tao* als Sympathie diskutiert. *Tao* ist, um es nochmals zu sagen, die große Mutter, das Grenzenlose, frei von den Bedingungen von Zeit und Raum. Von diesem Gesichtspunkt aus ist es das Eine-ohne-Gegenteil, das Nichts, die höhere Einheit. Das heißt, *Tao* als die Vereinung von unendlicher Möglichkeit und unendlicher Kraft. Es ist die Einheit der Vielfältigkeiten. Hier haben wir die ontologische Grundlage für die Erfüllung der großen Sympathie.

Aber um schöpferische Kraft als Prozeß zu verstehen, müssen wir *Tao* aus entgegengesetzter Richtung angehen. Wir müssen *Tao* als etwas sehen, das in die unendlichen Vielfältigkeiten und vielfältigen Verschiedenheiten der Existenz vorgedrungen ist. Sympathie bewegt sich von den Vielen zum Einen, schöpferische Kraft vom Einen zu den Vielen. Ohne Sympathie gibt es kein grundlegendes Potential, den schöpferischen Prozeß zu stützen. Ohne den schöpferischen Prozeß gibt es kein Mittel der Aktualität, Sympathie zu offenbaren. Sympathie und schöpferische Kraft bewegen sich gemeinsam, Hand in Hand. In der Einheit liegt die unbegrenzte gegenseitige Durchdringung der Verschiedenheiten, aber in jeder Verschiedenheit findet sich wieder das totale Potential der Einheit.

Kuo Hsiang, der Neo-Taoist des vierzehnten Jahrhunderts, verdeutlicht diesen Gedanken folgendermaßen: »Der Mensch wird von Geburt nicht mehr als sechs Fuß groß ... Wie unbedeutend sein Körper auch sein mag, es braucht doch das gesamte Universum, um ihn zu erhalten.« Der Gedanke der Einheit in der Vielfalt wird auch durch ein Beispiel der chinesischen Buddhisten erhellt: »Der Löwe, zusammen mit allen seinen Haaren, ist gleichzeitig in einem einzigen Haar zu finden.« Der Löwe mit allen seinen Haaren steht für die Einheit und das einzelne Haar für die Besonderheit in der Vielfalt. Die Einheit in der Vielfalt zu sehen heißt, unendliches Potential in jeder Besonderheit manifestiert zu sehen.Diese Erkenntnis ist der taoistische Beitrag zum Verständnis der schöpferischen Kraft.

Sehen wir uns diese Grundlage der schöpferischen Kraft – die Einheit in der Vielfalt – noch etwas genauer an. Nach den Taoisten sind wir nur in der Welt, die sich den Sinnen manifestiert, mit Gegensätzlichkeiten und Vielfältigkeiten konfrontiert. Im absoluten Bereich sind diese Gegensätze und Verschiedenheiten vollkommen miteinander verschmolzen und identisch. Chuang Tzu sagt: »Sehen wir die Dinge vom Standpunkt der Verschiedenheit, dann sind sogar unsere inneren Organe so weit voneinander entfernt, wie die Staaten Ch'u und Yüeh. Doch sehen wir die Dinge vom Standpunkt ihrer Gleichheit, dann sind alle Dinge Eins« (Kap. II). Die Dinge relativ zu betrachten, heißt, sie in ihrer Verschiedenheit zu erkennen, aber in einem absoluten Sinn sind die Verschiedenheiten in die Einheit zusammengefaßt. Jene repräsentieren das Alles, diese das Eine.

Chuang Tzu verdeutlicht diesen Gedanken durch das Beispiel des Tausendfüßlers. Vom relativen Standpunkt hat das Insekt natürlich seine ›tausend‹ Beine. Aber der höhere Gesichtspunkt zeigt die Einheit der Vielfalt. Die koordinierte Bewegung aller Beine ist eine Manifestation der Einheit. Durch diese Einheit sehen wir den Tausendfüßler als Ganzes. Das Alles durchdringt das Eine. Und die Bewegung all der Beine ist eine Durchdringung des Einen in das Alles. Diese gegenseitige Durchdringung des Einen und des Alles wird auch durch die berühmte buddhistische Theorie der ›Welt von Indras Netz‹[6] verdeutlicht und wurde weiterhin sehr erfindungsreich von dem chinesischen Buddhisten Fa-tsang dargestellt, den wir früher schon erwähnt haben. In der ›Sung Zeit Sammlung der Biographien bedeutender buddhistischer Mönche‹ steht geschrieben, daß Fa-tsang zehn Spiegel aufstellte, acht an den acht Kompaßpunkten und zwei weitere darunter und darüber, alle Spiegel einander zugewandt. In die Mitte stellte er eine kleine Buddhastatue und erleuchtete sie, so daß ihr Bild in jeden Spiegel geworfen wurde. Jeder Spiegel reflektierte natürlich auch das Bild jedes anderen Spiegels, so daß ein jeder endlos immer wieder das Bild jedes anderen verdoppelte. Ein Spiegel enthält so die neun anderen Spiegel und die neun anderen enthalten gleichzeitig den einen. In anderen Worten: Einer ist in Allen und Alle sind in Einem. Sobald einer die Anderen aufnimmt, dringt das Eine in das Alles ein. Sobald Alle den Einen aufnehmen, dringt das Alles in das Eine ein. Die Schlußfolgerung ist, daß nicht nur das Alles in Allem und das Eine im Einen ist, sondern daß auch Alles in Einem und Eins in Allem ist. Auf diese Weise ist die innere Wirklichkeit der Vielfalt vollständig und vollkommen miteinander verschmolzen und einsgeworden. In Chuang Tzu's Worten: »Alle Dinge und ich sind Eins.« Er sagt weiterhin: »Nur jene, die verstehen, daß Durchdringung Einswerdung ist, können Nichthandeln üben und unwissend bleiben. Unwissend sein heißt die Aktion, die Durchdringung bedeutet« (Kap. II). Dieser Gedanke der Durchdringung wird besser dargestellt durch die Formulierung Hua Yen's, das *shih shih wu ai* oder die ›ungehinderte vollständige Durchdringung‹. Das bedeutet, daß jedes einzelne Geschehnis innerhalb der Welt des Geschehens gleichzeitig ungehindert eindringt, einbezieht, umfaßt und umfaßt wird. Es wird damit auf das unendlich komplizierte Zusammenspiel aller Besonderheiten in der Welt des Geschehens hingewiesen.

Wenn alle Besonderheiten in das Eine aufgehen, dann umfaßt jede Besonderheit jede andere Besonderheit, mit der zusammen sie in das Eine aufgeht. Dieser Prozeß der Verdoppelung und Wiederverdoppelung stellt ontologisch die Große Sympathie dar. Wenn Eins in Alles eindringt, dann umfaßt Eins alle Besonderheiten und geht in jeder Besonderheit auf. Dieser Prozeß stellt wiederum das Wirken des großen schöpferischen Prozesses dar, der vom gesamten Potential der Sympathie getragen wird. Die Buddhisten sagen: »In vielen Haaren ist eine unendliche Zahl von Löwen; und diese Unzahl von Löwen der vielen Haare ist wiederum in jedem einzelnen Haar enthalten.« Wenn sich die schöpferische Kraft manifestiert, denn tritt das Potential der Unzahl von Besonderheiten in jede einzelne Besonderheit ein. Lao Tzu sagt: »Das Eine erlangend, wurde der Himmel klar. Das Eine erlangend, wurde die Erde fest. Das Eine erlangend, wurden die Götter mächtig. Das Eine erlangend, wurden die Täler voll. Das Eine erlangend, lebten und wuchsen alle Dinge« (Kap. XXXIX). Das Eine ist die Quelle der schöpferischen Kraft. Aus dem großen Einen sind alle Wunder der Welt geschaffen.

Im Verlauf des schöpferischen Prozesses behält jede Besonderheit das Potential der Einheit. Da das menschliche Auge diese Einheit nicht sieht, entdeckt es nur ihre Manifestationen in der Vielfalt. »Alle Dinge«, so sagt der Taoist, »erschaffen sich selbst.« Aber in jedem einzelnen Fall der Schöpfung ist das unendliche Potential der Einheit. »Himmel und Erde sind nichts als ein Finger, und die Zehntausend Dinge sind nichts als ein Pferd«, sagt Chuang Tzu. Das gleiche meint der Zen-Buddhist, der, seinen Finger hebend, erfährt wie sich das ganze Universum damit bewegt. Das Heben des Fingers – die winzigste Geste – doch sieht man sie von der Warte des absoluten Aubenblicks, dann enthüllt sie die Macht des Göttlichen und offenbart schöpferische Vitalität.

Die Einheit in der Vielfalt zu sehen, ist *eine* Möglichkeit, schöpferisches Geschehen zu begreifen. Es gibt eine andere Möglichkeit des Zuganges, die unmittelbar und untrennbar damit verbunden ist. Einheit kann nie statisch bleiben. Sie ist zugleich statisch und dynamisch. In ihrem statischen Aspekt sehen wir sie als das Unveränderliche. In Bewegung sehen wir sie als Wandel. Wir dürfen nicht nur die Einheit in der Vielfalt sehen, sondern müssen uns auch bemühen, das Unveränderliche im ewigen Wandel zu erkennen. Bevor wir das nicht getan haben, können wir die Macht der großen schöpferischen Kraft nicht begreifen.

Wenn die Einheit in sich selbst verweilt, dann ist sie unveränderlich. Wenn sie sich spiegelt, dann ist sie schöpferisch, und Wandlungen zeigen sich. Um den gesamten schöpferischen Prozeß zu verstehen, müssen wir auch die Vorstellung des Unveränderlichen im ewigen Wandel verstehen.

Die Dialektiker der Zeit des Chuang Tzu sagten: »Es gibt einen Zeitpunkt, in dem die Spitze eines fliegenden Pfeils sich weder bewegt, noch stillsteht.« Der Kommentator erklärt das so: »Wenn in einem Zeitpunkt ein Objekt an zwei Orten ist, dann ist es in Bewegung. Wenn ein Objekt in dem Intervall zwischen zwei Zeitpunkten an einem Ort ist, heißt das, es ist nicht in Bewegung. Wenn ein Objekt aber zu einem Zeitpunkt an einem Ort ist, so heißt das, daß es sich weder bewegt, noch nichtbewegt.« Diese scharfsinnige Interpretation ist natürlich eine rein logische. Der Taoist würde sagen, daß der fliegende Pfeil das Unveränderliche im ewigen Wandel darstellt. In einem relativen Sinn, unter den Bedingungen von Raum und Zeit, bewegt sich der Pfeil von Ort zu Ort und von einem Zeitpunkt zum anderen. So erkennen wir seine Bewegung. Aber vom absoluten Gesichtspunkt her, der frei ist von zeitlichen und räumlichen Begrenzungen, gibt es überhaupt keine Bewegung. So sehen wir seine Unveränderlichkeit. Der Pfeil ist die ganze Zeit in Bewegung, aber gleichzeitig bewegt er sich überhaupt nicht. Um die Buddhisten zu zitieren: »Obwohl die Dinge sich bewegen, sind sie für immer bewegungslos; obwohl die Dinge bewegungslos sind, hören sie nicht auf, sich zu bewegen.«

Lao Tzu sagt, das *Tao* erschuf das Eine. Aus dem Einen erhebt sich die Zwei und schließlich die Zehntausend Dinge. Diese Zahlen deuten Wandlungen an, aber durch die Wandlungen zieht sich der Faden des Unveränderlichen, das *Tao*, das bewegungslos ist. In Erscheinungen sehen wir Wandel. Im Absoluten sehen wir das Unveränderliche. In diesem Zusammenhang fällt mir der Ausspruch von Seng Chao, dem philosophischen Mönch des vierten Jahrhunderts ein: »Wenn Himmel und Erde sich auf den Kopf stellen, dann heißt das nicht, daß sie nicht unbeweglich sind. Wenn Brecher bis an den Himmel aufschäumen, dann gibt es keinen Grund zu glauben, daß sie sich bewegen.«

BILDTAFEL 1

*Wu Wei (1459–1508)*
*Ast mit Pflaumenblüten*

Dieses Bild hat der Künstler mit dem Pseudonym *Hsiao hsien Tzu*, oder »Der Meister, der den Unsterblichen gleicht« signiert. Er will damit sagen, daß die Spontaneität und Einfachheit seiner Pinselstriche einem Werk der Unsterblichen gleichkommt. Als man einmal von Hofe nach ihm sandte, weil er dort ein Bild von »Kiefern und reißendem Bach« malen sollte, hatte er seinen Rausch noch nicht ganz ausgeschlafen. Vor dem Kaiser sitzend, stieß er versehentlich den Tuschebehälter um, und einige Tusche spritzte auf die Malseide. Er aber benutzte die Tintenkleckse und machte ein herrliches Gemälde daraus. Der Kaiser, der ihm voller Bewunderung zusah, seufzte und sagte: »Das ist fürwahr der Strich eines Unsterblichen.«

*Huang Kung-wang (1268–1354)*
*Orchideenhaus*

Die Aufschrift in der oberen linken Ecke ist ein Gedicht, das vom Kaiser Ch'ien-lung (1736–1796) der Ch'ing Dynastie verfaßt und geschrieben wurde. Darin vergleicht der Kaiser Huang Kung-wang's Gemälde mit den Gedichten von Tu Fu.

*Oft bewundere ich die Gedichte von Tu Fu,*
*In denen er die tiefste Wahrheit offenbart.*
*Oh, wie liebe ich unseres alten Genius' Talente,*
*Doch überseh auch nicht die Größe späterer Künstler.*
*Tai-ch'ih* der schätzt die Männer mit Begabung sehr.*
*Es müssen seine Ansichten den meinen gleichen,*
*Da er das Orchideenhaus*
*Als Zeichen seiner Hochachtung der Freundschaft malte.*

Huang Kung-wang wanderte oft tagelang weit in den Bergen umher und beobachtete das Spiel von Licht und Schatten auf den Felsen und Gipfeln am Morgen und am Abend. Manchmal meditierte er im Dunkel des Bambushains, dann wieder nahe der donnernden Brandung der See. Da er in das Wesen der Dinge eingedrungen war, vermochte er ihre letzte Wirklichkeit in seinen Bilden widerzuspiegeln.
Die Inschrift des Künstlers besagt, daß die ›Große Unschuld‹ – der Taoist Huang Kung-wang – dieses Bild malte, während er sich im Jahre 1342 in der ›Hsuan-chen Tao Tang‹, der ›Geheimnisvollen und Wahren Taoistischen Halle‹ in Yün-chien aufhielt.

* Tai-ch'ih ist der Künstlername von Huang Kung-wang; er bedeutet ›Große Unschuld‹.

BILDTAFEL 3

*Mi Fei (1051–1107) zugeschrieben*
*Dunstige Landschaft: Runde Berggipfel und Bäume*

Diese dunstige Landschaft wird Mi Fei zugeschrieben. Der Künstler hat die traditionellen Regeln durchbrochen, indem er fast ausschließlich verwaschene Tusche benutzt, um die objektive Wirklichkeit der Berge, Bäume und des Dunstes wiederzugeben. Nur wenige leichte Pinselstriche wurden für das Tempeldach gebraucht. Obwohl Mi Fei's ›verwaschene Tusche‹ aus der Tusche-Klecks-Technik von Wang Hsia entwickelt wurde, unterscheidet sich sein Stil doch von dem der Zen-Meister. In deren Werken finden wir zuweilen eine Überbetonung der Erscheinung, die von den chinesischen Kritikern *pa han*, oder ›überwältigende Gewagtheit‹ genannt wird. Yin Yü-ch'ien zum Beispiel gibt uns mit seinen starken rauhen Strichen ein Gefühl übersprudelnder Kraft und Raschheit. Versenken wir uns in die Betrachtung der verwaschenen Tusche von Mi Fei, so drängt sich uns das Gefühl auf, daß etwas Unfaßbares aus der Spannung zwischen Form und Formlosem, zwischen Bild und Abbildlosem emporquillt. Die unfaßbare, flüchtige Qualität dieser verwaschenen Tusche erzeugt jene ›seltenere Atmosphäre‹, wie Laurence Binyon sie nennt, in der die innere Ruhe des Künstlers Ausdruck findet.

Man sagt, daß Mi Fei seine Kleidung öffnete und den Gürtel lockerte, wenn er malte – selbst in Gegenwart des Kaisers. Er benutzte nicht nur den Haarpinsel, sondern auch das schwammige Innere der Lotosfrucht, manchmal sogar ein Stück ausgepreßtes Zuckerrohr.

*Mu ch'i (aktiv Mitte 13. Jh., Schüler des Priesters Wu-chun, starb 1249)*
*Sechs Persimonen*

Mu ch'i ist das Pseudonym von Fa chang, einem Zen-Mönch aus Szechuan. Er wurde im frühen dreizehnten Jahrhundert geboren. Später lebte er im Liu-t'ung Tempel bei Hangchow in der Nähe des schönen Westlichen Sees. Seine Landschaftsgemälde sind in verwaschener Tusche ausgeführt, ähnlich dem Stil von Mi Fei, aber ganz verschieden von den Bildern mit verwaschener Tusche von Yin Yü-chien.

Dieses Bild der sechs Persimonen ist eines der bedeutendsten Werke, die je von chinesischen Künstlern geschaffen wurden. Bevor Mu ch'i den Pinsel zur Hand nahm, befand er sich im Zustand der Gedankenleere. So ist dieses Bild eine Manifestation der ursprünglichen Unbestimmtheit des Unbehauenen Klotzes. Was sein Bewußtsein reflektierte, das führte sein Pinsel im gleichen Augenblick aus. Zuerst zwei tiefschwarze Konturen, und dann zu ihrer Linken zwei graue Konturen. Auf der äußersten linken und rechten Seite dann zwei einfache weiße Konturen. Die verwaschene Tusche der beiden ersten Konturen ist tiefdunkel und ohne jede Schattierung, und die beiden Konturen zur Linken sind grau, mit nur leichter Differenzierung. Die beiden äußeren Konturen sind rein weiß. Die Schattierungen der verwaschenen Tusche von Schwarz zu Grau und von Grau zu Weiß entsprechen dem inneren Prozeß, der sich im Maler vollzieht. Noch in der Tiefe des Vorbewußten versunken, findet die Dichte seiner schöpferischen Nacht Ausdruck in zwei schwarzen Konturen. Mit dem Erwachen seiner Bewußtheit verliert die innere Dunkelheit an Dichte und manifestiert sich in zwei grauen Konturen. Bei gänzlich erwachtem Geist enthüllt sich seine schöpferische Unschuld vollkommen. Zwei weiße Konturen sind ihr Ausdruck. Was sich im Bild ausdrückt entspricht dem, was sich in seinem Bewußtsein vollzog. Anhand der Spuren seines Pinsels lassen sich die verschiedenen Zustände seines Geistes verfolgen, von der ursprünglichen Unbestimmtheit des Unbehauenen Klotzes zur Transparenz.

Bedenken wir, daß Mu ch'i vor allem ein Zen-Mönch war, so verstehen wir seine überragende Leistung auf dem Gebiet der Kunst, die weit über reine technische Perfektion hinausgeht.

*Shih t'ao (1641–1717)*
*Bäume und felsiges Ufer*

Dieses Bild wurde für den Neffen von Shih t'ao gemalt, einen hoffnungsvollen jungen Künstler. Die Aufschrift führt aus, daß der Meister das erste Prinzip der Malerei darlegte, welches auf der zen-buddhistischen Philosophie basiert, und es dann durch eine Malerei des baren Wesentlichen verdeutlichte. Der Ausdruck das »bare Wesentliche« (bare essentials) stammt von einem Freund, der dieses Bild zu schätzen wußte. Durch dieses bare Wesentliche offenbart sich die ursprüngliche Unbestimmtheit.
Das folgende Gedicht spiegelt Shih t'ao's innere Ruhe:

*Mein ursprüngliches Wesen liebt das Leben in den Städten nicht,*
*Um dem Getriebe fern zu sein, baute ich eine strohgedeckte Hütte.*
*Weit weg und tief in den Bergen*
*Wandere ich umher, hege keinen Gedanken.*
*Kommt der Frühling, schaue ich den Vögeln zu;*
*Des Sommers bade ich im reißenden Bach;*
*Im Herbst erklimme ich die höchsten Gipfel;*
*Wärme mich winters in der Sonne.*
*So freu ich mich der wahren Stimmung jeder Jahreszeit,*
*Lasse Sonne und Mond von selbst in ihren Bahnen ziehn.*
*Habe ich Muße, lese ich in den Sutren,*
*Bin ich müde, so schlafe ich auf meiner Strohmatte.*
*Fragt ihr, wen ich in meinen Träumen treffe,*
*So möcht ich antworten: »Den Gelben Kaiser.«* *
*Er hat mir die geheimnisvolle Lehre übermittelt,*
*Die ich euch allerdings nicht weitergeben darf.*
*Nun trage ich den schwarzen Umhang schon jahrzehntelang;*
*Der Lehre Sinn ist tief und endlos wie der Ozean,*
*Enthüllt man sie in einem Bild, ist sein Verdienst unendlich.*
*Doch sollte ich versuchen, die geheime Lehre zu erklären,*
*Würde – so fürchte ich – der schwere Berg hinweggeweht.*

* Der sagenhafte erste Kaiser der taoistischen Überlieferung.

論画者如論禪相似貴不
存知解入第一義方為
高手否則即落第二義
矣絕非歛手兩腳亦耕
隱徑論画者書此紙 石濤濟

*Ni Tsan (1301–1374)*
*Bambuszweig*

Ni Tsan malte dieses Bild am sechsten Tag des zweiten Monats im Jahre ›chia yin‹ (1374), dem letzten Jahr seines Lebens. Er schenkte es Wu hsüeh, dem Abt des Klosters, in dem er lebte. In der oberen rechten Ecke steht ein Gedicht eines Freundes, der zu dem Bambus bemerkt:

*Er gleicht verstreuten Regentropfen, die vor dem Renster rangeln*
*Oder den blauen Wolken, welche aus den Felsen aufsteigen.*
*Wer außer Meister Ni Tsan kann solche Reinheit schaffen?*

Osvald Siren bemerkt folgendes zu dem Werk von Ni Tsan:
»Ni Tsan stützte sich nicht im gleichen Ausmaß wie seine Zeitgenossen auf die Vorbilder der frühen Sung Zeit. Er wurde auch nicht der Begründer einer Schule oder das Haupt einer lokalen Gruppe. Im Lauf der Jahre jedoch gewann seine höchst individualistische Kunst beträchtlichen Einfluß auf spätere Generationen von Landschaftsmalern. Die führenden Kritiker am Ende der Ming und zu Beginn der Ch'ing Zeit wurden nicht müde, ihn als primus inter pares zu preisen, d. h. als den vortrefflichsten und feinsinnigsten aller Yüan Meister.
Das Geheimnis der Bedeutung seiner Kunst war nach Meinung dieser Kommentatoren etwas, das sich nicht treffend mit Worten beschreiben läßt und das keine Kopie – wie gekonnt sie auch gemacht ist – wiedergeben kann. Ni Tsan's Werke sind so reizvoll durch ihre offensichtliche Einfachheit und Freiheit von allen traditionellen Elementen dekorativer Schönheit und Raffinesse. Irgendwie scheinen sie einen einzigartig anziehenden und doch unerreichbaren Geist der Losgelöstheit zu vermitteln, den eines Genies, für das die Steine, die Bäume und die Bergzüge jenseits des stillen Wassers nur Symbole seiner meditativen Stimmungen und seiner tiefsten Gedanken sind.
Nichts könnte anspruchsloser, erholsamer und stiller sein als Ni Tsan's Flußansichten mit ein paar kahlen Bäumen oder Bambusstämmen auf einem felsigen Ufer oder Inselchen. Und doch vermitteln sie einen Zustand meditativer Ruhe und einer Einsicht in die Seele der Natur, den niemand sonst mit so einfachen Mitteln hervorrufen konnte. Er übte eine einzigartige Anziehung auf verwandte Talente unter späteren Malern ähnlicher Veranlagung aus, die ihr äußerstes versuchten, um Ni Tsan's scheinbar simple und kunstlose Werke zu imitieren, denen es aber so gut wie nie gelang, ihre innerste Schönheit und ihre geistigen Schwingungen zu erreichen.« (Chinese Painting, Band IV, S. 79)

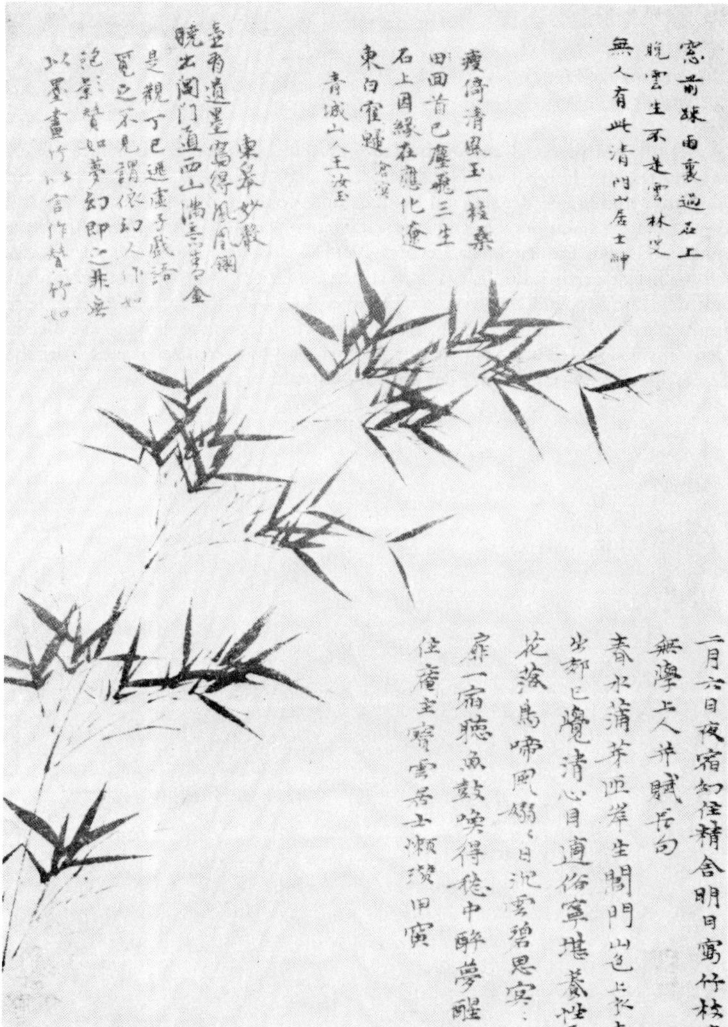

窓前疏雨裏過石上
晚雲生不是雲林叟
無人有此清 門山居士
瘦倚清風玉一枝桑
田回首已塵飛三生
石上因緣在應化淹
東白霍踵
青城山人王汝玉
二月六日夜宿幻住精舍明日寫竹枝遺
無學上人并賦長句
春水蒲芽匝岸生閉門山色上衣青
出却已覺清心目適俗寧堪養性靈
花落鳥啼風嫋々日沉雲碧思冥々禪
扉一宿聽魚鼓喚得穩中醉夢醒無
住庵主寶雲居士瀬瓚甲寅

BILDTAFEL 7

*T'ang Mi (1668–1739)*
*Bambus*

Dieses Bild wurde von T'ang Mi im Jahre 1726 in Nantung gemalt, in der Stadt neben den fünf Hügeln am Nordufer des Yangtse Flusses. T'ang Mi war ein Gelehrter und Maler, der sich auf Bambus und Vögel spezialisierte. Er verstand es, die Wirklichkeit der Dinge herauszuarbeiten. Dieses wunderbare Bild vermittelt uns den Eindruck, daß echter Bambus aus den Felsen hervorwächst. Obwohl sich Zartheit und Eleganz in seinen Bildern finden, sind sie doch nicht mit den Bambusgemälden von Ni Tsan vergleichbar, die in der Atmosphäre innerer Stille leben und gedeihen. T'ang Mi's peinlich genaue Arbeit, wie hier in den feinverzweigten und verwobenen Ästchen und Blättern, zeigt seine Vorliebe für die getreue Nachahmung der äußeren Gestalt.

BILDTAFEL 8

*Wang Tseng-tsu*
*Bambus*

Für den Chinesen ist der Bambus wegen seiner aufrechten äußeren Gestalt und seiner inneren Leere, die er als Demut interpretiert, ein Symbol des Edelmannes. Der Tradition nach gibt es drei Freunde unter den Bäumen, die gemeinsam die klirrende Kälte des späten Winters ertragen: Kiefer, Bambus und Pflaumenbaum.
Dies Gemälde ist das Werk eines weniger bekannten Künstlers, eines Bambus-Spezialisten. Es zeigt die Pflanze aufrecht in einem schweren Schneesturm stehend, der schon einen Ast abgebrochen und die übrigen mit Schnee bedeckt hat. Man kann dieses Bild als symbolischen Ausdruck der subjektiven Ideale des Malers ansehen.

*Shih t'ao*
*Dichter und Kiefern*

Dieses Bild spiegelt Shih t'ao's innere Stille wider. Der Dichter, der auf der Hügelkuppe unter den Kiefernnadeln daherschlendert, ist sein symbolisiertes Selbst.
Das Gedicht in der oberen linken Ecke zeigt seine innere Ruhe:

*Was treibt der alte Meister hier?*
*Nahe den Felsen spürt er nach einem neuen Vers.*
*Plötzlich weht eine kühle Brise aus den Kiefern,*
*Reinigt in aller Stille ihm Geist und Gedanken.*

In der Einfachheit der Kiefernäste und der Gestalt des Dichters spüren wir die Transparenz von Shih t'ao's Malerei.

*Pa-ta Shan-jen (ca. 1626–1701)*
*Blume in einer Vase*

Dieses Gemälde ist in breiten, raschen Strichen ausgeführt. Der Pinselstrich des Künstlers, in seiner Aktion ungehindert von der Einengung konventioneller Regeln, ist unbekümmert und heiter. Schönheit und elegante Form sind nicht angestrebt; nur die elementaren Grundformen der Gegenstände werden gegeben. Hier sehen wir den vollendeten Ausdruck der Unschuld oder der Eigenart des Unbehauenen Klotzes. Was im Inneren ist, manifestiert sich auch außen.
In einer seiner Kalligraphien sagt Pa-ta Shan-jen:
»Ist dein Geist transparent und klar wie die Reflektion auf einer spiegelgleichen Wasserfläche, dann gibt es nichts in dieser Welt, das dir mißfallen könnte. Ist er heiter und gelassen, wie eine leichte Brise im Sonnenschein, dann gibt es niemanden, den du lieber vergessen möchtest.«
Hier ein Abschnitt aus einem Brief, den ihm Shih t'ao schrieb:
»Meister, Ihr seid nun den Vierundsiebzig nahe, und immer noch erklettert Ihr die Berge, als ob Ihr Flügel hättet. Ihr seid gewiß einer der Unsterblichen. Darf ich Euch darum bitten, mir eine Rolle zu malen, etwa drei Fuß mal ein Fuß groß. Bitte malt doch ein paar kleine Häuser am Hang eines Hügels, umgeben von alten Bäumen. In einem der Häuschen einen alten Mann, der mich in meiner strohgedeckten Hütte darstellt. Sollte noch etwas Raum für eine Aufschrift bleiben, so fügt doch bitte eine Eurer Kalligraphien hinzu. Das Ganze würde einer meiner teuersten Schätze werden.«
Bei seinen Kalligraphien folgte Pa-ta Shan-jen dem Stil von Mi Fei, der, wie bereits erwähnt, einer der großen taoistischen Maler war.

*Ch'i Pai-shih (1861–1957)*
*Kuh und Weidenbäume*

Einige lange, verschlungene Linien, eine monochrome Kontur und ein paar kleine, leichte Pinselstriche sind die Bestandteile der Komposition dieses Bildes. Die langen welligen Linien stellen Weidenbäume dar. Wir fühlen ihre schwankende Bewegung in der Sommerbrise. Im Kontrast zu dieser unbekümmerten Bewegung findet sich Ruhe, konzentriert im monochromen Umriß der Kuh. Die Augen, Hörner und das Maul sind mit dunklen Strichen wiedergegeben. Das einfache und ruhige Wesen der Kuh ist treffend ausgedrückt. Mit großen unschuldigen Augen starrt sie in die Ferne. Der Schwanz, eine einzige dicke schwarze Linie, deutet eine leichte Bewegung des Körpers der Kuh an. Die kleinen horizontalen Striche sind Schwalben, die vergnügt am Himmel spielen.
In diesem Bild haben wir eine wohlausgewogene Kombination von Bewegung und Ruhe. Die gesamte Atmosphäre ist von einer seltenen Durchsichtigkeit. Als der Künstler den Pinsel führte, muß sein innerstes Wesen still und heiter gewesen sein.

*Ch'i Pai-shih (1861–1957)*
*Bambuszweig*

Dieses Bambusgemälde hat ganz eigene Qualitäten, die es deutlich von den drei vorausgegangenen Bambusbildern abheben.
Auf der Bildtafel 7 fängt T'ang Mi die tatsächliche Schönheit des Bambus ein, seine zarte Eleganz, die das Auge erfreut. Bildtafel 8 zeigt eine Anzahl starker Pinselstriche, die die Stärke und Ausdauer betonen, welche dem Bambus traditionellerweise zugeschrieben werden. Es handelt sich hier um eine Projektion der Ideale des Malers in das gemalte Objekt. Bildtafel 6 von Ni Tsan ist von einem Himmlischen Leuchten durchdrungen. Die zarten Äste und die weiten Abstände zwischen den Blättern vermitteln ein Gefühl der Leichtigkeit.
In diesem Bild finden wir weder objektive Schönheit, noch subjektive Ideale, noch Himmlisches Leuchten. Statt dessen ist hier die Eigenart des Unbehauenen Klotzes ganz offensichtlich. Die einfachen rauhen Striche entspringen direkt dem Unbewußten. Da der Maler aus dessen Tiefen schöpfte, schuf er ein hervorragendes Werk. Betrachten wir zum Beispiel sein Bild eines leeren Tellers, das nur aus drei Kreisen besteht, bekommen wir tatsächlich eine Ahnung von der Leere, und wir können die Voraussage der Inschrift verstehen: »Von jenen, denen dieses Bild gefällt, wird man in der Zukunft hören.«

阿芝

BILDTAFEL 13

*Kalligraphie des Kaisers Sung Li-tsung*
*Zwei Zeilen aus einem Gedicht von Wang Wei*

Hier haben wir ein Beispiel für den Einfluß, den die chinesische Dichtung über Generationen hinweg auf chinesische Maler oder- wie in diesem Falle – Kalligraphen ausübte. Diese Zeilen sind bis heute, vor allem unter den Zen-Buddhisten, hochgeschätzt. (Eine vollständige Übersetzung des Gedichtes finden sie auf Seite 157) In taoistisch-zenbuddhistischer Symbolik und in außergewöhnlicher poetischer Dichte enthalten sie eine Beschreibung des erleuchteten Zustandes:

*Dort angekommen, wo das Wasser aufhört,*
*Sitz ich und schaue, wie die Wolken aufsteigen.*

Chuang Tzu sagt: »Das Dasein der Dinge gleicht einem gallop-pierenden Pferd. Mit jeder Bewegung ändert es sich. Jede Sekunde wird es verwandelt« (Kap. XVII). Und an anderer Stelle sagt er: »Zehntausend Dinge sind im Keim enthalten, aber sie wandeln sich von einer Form zur anderen. Ihr Anfang und Ende sind wie ein Kreis, auf dem kein Punkt der gleiche ist wie die andern Punkte« (Kap. XXVII). Der Keim ist das Symbol des Unveränderlichen. Die Formen der Zehntausend Dinge stehen für den Wandel. Ohne den Keim, das Unveränderliche, gibt es keine Erscheinung. Unsere Erkenntnis dieser Tatsache muß intuitiv kommen, nicht auf logischem Weg. Lao Tzu lehrt uns, wie schon erwähnt, diesen intuitiven Weg der Annäherung. Bei ihm lesen wir in Kapitel XVI:

Alle Dinge sind zusammen in Aktion, doch ich schaue ihre Nichtaktion. Denn die Dinge sind stets in Bewegung, ruhelos, und doch kehrt ein jedes zurück in seinen Ursprung. Zum Ursprung zurückkehren, das ist Stille. Stille heißt Für-sich-sein. Für-sich-sein ist das sich ewig wandelnde Unveränderliche. Das sich ewig wandelnde Unveränderliche zu verstehen heißt, erleuchtet zu sein.

Sind wir erleuchtet, dann verstehen wir das sich ewig wandelnde Unveränderliche. Wir sehen Wandlungen als eine Anhäufung von (Maß-)Einheiten, oder Monaden, oder als einen endlosen Prozeß der Wiederholung und Hinzufügung von Dingen; das Unveränderliche jedoch ist ein unsichtbares, undefinierbares, vollkommenes Einssein. Innerhalb des Unveränderlichen gibt es keine Unterscheidung von Teil und Ganzem. Chuang Tzu sagt dazu: »Die Weisen kontemplieren zehntausend Jahre und betrachten sie als eine reine vollständige Einheit« (Kap. II). Der Wissende also hält sich nicht starr an die Einzelheiten, sondern verschmilzt mit dem Ganzen, der Einheit der zehntausend Jahre. Er wird eins mit jeder Wandlung. So integriert er sich selbst und wandelt in Solidarität. Er ist ein Vereiner der Verschiedenheiten. Alle Unterscheidungen werden bedeutungsvoll. Jede Wandlung erscheint in der neuen Situation voll von Bedeutung. Wandlungen allerdings bedeuten Differenzierung und Bestimmung. Das Unveränderliche jedoch, als reine vollständige Einheit, sollte frei sein von Bestimmung und Differenzierung. Durch Selbst-Versenkung ist das Unveränderliche stets bestrebt, seine eigene Identität zu bewahren, und doch setzt es sich der unendlichen Möglichkeit und dem unendlichen Potential aus. Verweilt das Unveränderliche in sich selbst und bei sich selbst, dann ist es Kontinuum, Stille, Einssein. Wenn es sich dem Wandel aussetzt, dann wird es schöpferisch. Wandel ist nicht etwas, das ihm aufgezwungen wird – das muß man ganz klar sehen –, sondern ein Produkt der Selbsterzeugung. Vom Unveränderlichen kommen wir zum Reservoir der schöpferischen Kraft. In den Manifestationen des Unveränderlichen sehen wir seine Reflektion. Diese Reflektion stammt aus der Grenzenlosigkeit des Raumes und der Unendlichkeit der Zeit. Die Grenzenlosigkeit des Raumes und die Unendlichkeit der Zeit verweisen auf die letzte Realität aller Dinge, die Einheit in der Vielfalt. Schöpferische Kraft zeigt sich als Prozeß des Überganges vom Unveränderlichen zum ewig sich Wandelnden, und als Prozeß des miteinander Verwachsens von Einheit und Vielfalt. Sowohl Verwachsen als auch Übergang sind Bestandteil dessen, was Whitehead »den schöpferischen Vorstoß zum Neuen« nennt. Tatsächlich ist Verwachsen im Übergang und Übergang im Verwachsen. Im absoluten Bereich der schöpferischen Kraft sind sie identisch.

Bei ihrer Erklärung des schöpferischen Prozesses sind sich die Neo-Konfuzianer durchaus darüber im Klaren, daß miteinander Verwachsen und Übergang eins sind. Dieser Gedanke läßt sich durch das *T'ai-chi Tu*, das Diagramm des Höchsten Gesetzes von Chou Tun-yi illustrieren. Der Charakter von Chou Tun-yi wurde von dessen Anhängern hochgeschätzt, und man beschrieb ihn als einen Mann, dessen Gefühle »frei und ungezwungen wie ein frischer Wind und das helle Mondlicht im unbewölkten Himmel« seien.

In den Erklärungen zum Diagramm sagt Chou:

Das, was das Unbedingte (Eigenschaftslose) ist, ist auch das Höchste Gesetz.[7] Das Weltgesetz bewegt sich und schafft das *yang*. Wenn die Bewegung ihr Äußerstes erreicht hat, kehrt sie zurück zur Stille. Stille schafft das *yin*. Wenn die Stille ihr Äußerstes erreicht hat, kehrt sie zurück zur Bewegung. Bewegung und Stille wechseln sich ab und erzeugen einander. Wenn *yin* und *yang* gesondert wirken, dann sind zwei Kräfte klar erkennbar. Durch die Vereinigung von *yin* und *yang* wandeln sie sich um in Feuer, Wasser, Holz, Metall und Erde ... (in Wirklichkeit) sind die fünf Elemente dasselbe wie *yin* und *yang*; *yin* und *yang* sind dasselbe wie das Höchste Gesetz. Das Höchste Gesetz ist ursprünglich das Unbedingte (Eigenschaftslose). Wenn die fünf Elemente hervorgebracht werden, dann besitzt jedes seine spezifische Natur. Die Wirklichkeit des Unbedingten (Eigenschaftslosen), die Essenzen der beiden Kräfte und die fünf Elemente bilden zusammen auf wunderbare Weise eine Einheit. Das *ch'ien* Prinzip wird zum Männlichen, und das *k'un* Prinzip wird zum Weiblichen. Durch Verschmelzung erschaffen die beiden Kräfte die Zehntausend Dinge. Durch ihre ständige Produktion und Reproduktion verwandeln sich die Zehntausend Dinge und gehen nie zuende.

In diesem Prozeß vom Unbedingten (Eigenschaftslosen) zum Weltgesetz, von der Stille zur Bewegung, von *yin* und *yang* zu den fünf Elementen und von den Prinzipien *ch'ien* und *k'un* zu allen Dingen sehen wir den Übergang: das ewig sich Wandelnde im Unveränderlichen. In der Einheit der beiden Kräfte, der fünf Elemente, der *chi'ien* und *k'un* Prinzipien sowie der Essenz aller Formen und aller Elemente, sehen wir den Prozeß des Verwachsens: die Einheit in der Vielfalt. Das Unveränderliche und die Einheit sind dasselbe im Bereich dessen, was Chou das »Unbedingte« genannt hat.
Aus taoistischer Sicht findet sich ein Abbild der Unbedingtheit des Universums im Menschen. Der Erleuchtete verwirklicht diese Unbedingtheit. In seiner Kontemplation sieht er die Zehntausend Dinge als reine vollkommene Einheit. Durch Intuition erkennt er das Unveränderliche im ewigen Wandel und wird mit beidem eins. Er sieht die Vielfalt und die Verschiedenheit in ihrer essentiellen Einheit. Er erfährt Himmel, Erde und alle Dinge als Eins. Wer beide Prozesse, den der Einheit in der Vielfalt und den des Unveränderlichen im ewigen Wandel begreift und ein integraler Bestandteil beider Prozesse wird, hat Erleuchtung erreicht. Als Erleuchteter ist er frei von jeder Verwicklung in die Zeit und vom Haften an Dingen. Dennoch identifiziert er sich mit allem, das zeitlich und räumlich ist, hat die Essenz damit gemein. »Die Nahrung kommt mir von der Großen Mutter«, wie Lao Tzu es ausdrückt. Diese Verschmelzung und Einswerdung von Selbst und Nichtselbst ist die Quelle allen Potentials und aller Möglichkeit; sie strömt im Bereich der absoluten Wirklichkeit. Deshalb ist die Reflektion des Erleuchteten voll des schöp-

ferischen *Geistes*, der alle Dinge belebt. Solches Handeln kann nicht künstlich sein. Es ist eine reine, unmittelbare Reflektion der letzten Wirklichkeit. Wir nennen es den schöpferischen Prozeß. Befindet sich ein Mensch in diesem schöpferischen Prozeß, dann ist er wirklich ichlos: so ichlos wie der Mond und die Sterne.

Eine der großen Leistungen der chinesischen Philosophie ist die Theorie, daß der Mensch sich durch die Pflege seines ichlosen Selbst vervollkommnet. Die Lehren sowohl der Taoisten als auch der Buddhisten basieren auf dieser Theorie. Selbst die konfuzianische Schule stimmt mit dieser Vorstellung überein, sicherlich mehr in einem ethischen als einem metaphysischen Sinn, aber doch mit Implikationen, die über ethische Erwägungen hinausgehen. Konfuzius zum Beispiel wurde als ein Mann beschrieben, der sich von den vier großen Hindernissen befreit hatte, von Meinungen, Voreingenommenheit, Starrsinn und Selbstsucht.[8] Der Neo-Konfuzianismus nahm diese Andeutung auf, entwickelte sie bis in alle Einzelheiten weiter und lehrte eine Theorie, die die Verwandlung des Ego zum Selbst anstrebte. Der Faden dieses Denkens zieht sich durch die gesamte chinesische Philosophie.

Keiner von uns ist ohne die höheren Eigenschaften des Selbst. Viele von uns lehnen es jedoch ab, den Drang dieser höheren spirituellen Strebungen zu akzeptieren. Sie sind tief begraben unter Eigenwillen, Leidenschaften, Stolz und Scheinverständnis. Das Ziel der chinesischen Philosophie ist, hervorzubringen, was im Inneren verborgen liegt. Sie ist darauf gerichtet, dem Ruf unserer höheren inneren Eigenschaften zu folgen.

Es gibt zwei Hauptmethoden der Freisetzung dieser höheren Eigenschaften des Selbst und des Vordringens zur Quelle der schöpferischen Kraft. Vertreter dieser beiden Schulen lagen in ständigem Streit über die jeweiligen Verdienste ihrer Methoden. Die beiden Methoden sind die von Trennung und Unterscheidung im Gegensatz zu Nichttrennung und Nichtunterscheidung. In China sind diese beiden Ansichten durch die konfuzianische und die taoistische Schule des Denkens repräsentiert.

Betrachten wir zuerst die konfuzianische Methode. Eine Voraussetzung steht immer hinter dem konfuzianischen Denken: Bewußtes Wissen und seine Mittel sind der Schlüssel zur himmlischen Ordnung. Der Konfuzianer strebt mit dem Intellekt, das rationale Prinzip der Dinge aufzuspüren, das *li* genannt wird. Für den Konfuzianer hat jedes Ding im Universum sein eigenes Prinzip, aber all die Zehntausend Prinzipien existieren gleichzeitig im Universum, sind dem menschlichen Geist eingeboren. Durch das erschöpfende Studium der unzähligen äußerlichen Dinge gewinnt der Mensch Zugang zum Verständnis des Wesens des menschlichen Geistes. Sobald er den äußersten Punkt seiner erschöpfenden Studien erreicht hat, hat er auch vollkommene Erleuchtung erreicht. Dann ist ihm die ganze Vielzahl der Dinge, ob »äußerlich oder innerlich«, ob »fein oder grob«, im Licht seines eigenen Wesens klar einsichtig. Das Ziel des Konfuzianers ist *ch'eng*, das als Geradheit, Vollkommenheit, Echtheit übersetzt wurde. Im »Buch von der rechten Mitte« wird *ch'eng* als der Weg des Himmels und als Anfang und Ende aller Dinge bezeichnet. Die Erlangung von *ch'eng* ist der Weg des Menschen. Ein Mensch des *ch'eng* ist jener, der ohne Bemühen trifft, was recht ist. Der Prozeß des Erlangens von *ch'eng* ist im *I Ching* folgendermaßen umrissen: »Durch das erschöpfende Studium der Prinzipien erfüllt man seine eigene Natur. Die äußerste Erfüllung der eigenen Natur reicht an die Himmlische Ordnung heran.«

Indem er sich um Analyse und Unterscheidung bemüht, ist der Mensch – so sagt der Konfuzianer – in der Lage, sein bewußtes Wissen bis zur Stufe der Erfüllung seiner Natur zu entwickeln. Da der Konfuzianer das Universum als eine bewußte Wesenheit ansieht, muß der Mensch der Ordnung des Universums nacheifern und, indem er sich mit seinem rationalen Sinn identifiziert, damit einswerden. Diese Vorstellung wird im Detail von der konfuzianischen ›Schule der Prinzipien‹ dargelegt, die durch Chu Hsi (1130–1200) trefflich repräsentiert wurde. Hier ist die Theorie, wie Chu Hsi sie darstellt:

Keine menschliche Intelligenz ist völlig ohne bewußtes Wissen. Und nichts in der Welt ist ohne seine Ursache, sein Prinzip. Aber da der Mensch die Erforschung des Prinzips der Dinge noch nicht völlig erschöpft hat, ist sein Verstehen noch unvollständig. Die erste Lektion der Großen Wissenschaft unterweist den Studenten, von jenen Prinzipien, die er versteht, zum weiteren Verständnis der Prinzipien fortzuschreiten, die noch jenweits seiner Auffassungskraft liegen. Nur durch lange Bemühung wird er endlich zu vollem Verständnis gelangen. Aber dann, mit dem vollen Verständnis der Vielzahl der Dinge ... wird der Geist der Erleuchtung geöffnet.[9]

Chu Hsi befürwortet also die Analyse der Dinge als den Pfad zur Erleuchtung. Sein Streben arbeitet mit dem bewußten Wissen. Zeitgenossen von Chu Hsi und auch moderne chinesische Denker haben sich gegen diese Ansicht gewandt. Sie ist der der Taoisten natürlich diametral entgegengesetzt, die ganz im Gegensatz dazu immer die Notwendigkeit der Verminderung bewußten Wissens betont haben. Sie pflegten dafür die intuitive Erkenntnis oder *chih*, um Erleuchtung zu erlangen. Es ist dies das Wissen des Nichtwissens oder wahre Erkenntnis, wie Chuang Tzu sie nennt.

Ein Zeitgenosse von Konfuzius namens Wang T'ai war zu seiner Zeit im Staate Lu berühmt, wo er genau wie Konfuzius als großer Meister gepriesen wurde. Wang T'ai war von einer körperlichen Verunstaltung gezeichnet; er hatte ein Bein verloren. Dennoch hatte er nicht weniger Schüler als Konfuzius. Chuang Tzu erklärt im 10. Kapitel seines Werks, sein Geist sei so fest, daß er sich nicht rühren würde, selbst wenn Himmel und Erde über ihm zusammenbrächen. Er versteht den Sinn der Wandlungen und hält nicht an Äußerlichkeiten fest, sondern sieht ihre innere Wirklichkeit. Er schaut die Dinge vom Standpunkt ihres Eins-Seins, sieht sie in ihrer Einheit und nicht in ihren Unvollkommenheiten. Wang T'ai, so sagt Chuang Tzu, besitzt wahre Erkenntnis und verwandelt sein Ich dadurch zum Selbst. Den Prozeß, der dazu führt, beschreibt er so: »Mit der Selbstschulung durch wahre Erkenntnis (d. h. das Wissen des Nichtwissens) verwirklicht der Mensch seinen Geist (das Bewußtsein der Harmonie). Durch dieses Bewußtsein erlangt er das absolute Bewußtsein.« Chang T'ai-yen, ein berühmter Kommentator, setzt das Wort Geist in diesem Abschnitt mit dem buddhistischen Begriff des *ālaya*, der achten Bewußtseinsstufe gleich, die der Speicher des Unbewußten ist. Absolutes Bewußtsein ist für Chang T'ai-yen gleichbedeutend mit *agada* oder reinem Bewußtsein. Absolutes oder reines Bewußtsein ist vollkommen ohne Inhalt, fleckenlos und unverblendet. Es wird oft als das Himmlische Licht bezeichnet. Der taoistische Prozeß der Transformation des Ich zum Selbst geht also über das Wissen des Nichtwissens oder die Nichtunterscheidung, um das unbewußte Speicherbewußtsein zu erreichen. Aus dem *ālaya* strahlt reines Bewußtsein oder das Himmlische Licht aus.

Nach Meinung der Taoisten führt die Analyse der Dinge nur zu einer Trennung des analysierten Objekts und des analysierenden Subjekts. Werden der Analysierende und das Analysierte als zwei gesehen, dann besteht das Ich in seiner Funktion des Unterscheidens weiter und verhindert das Hervortreten des großen Selbst. Nichtunterscheidung jedoch, oder das Wissen des Nichtwissens, will die Abgrenzungen zwischen dem Analysierenden als Subjekt und dem Analysierten als Objekt niederreißen. Die gegenseitige Durchdringung der beiden läßt das Bewußtsein der Harmonie hervortreten. Dieses Bewußtsein der Harmonie läßt sich, wie gesagt, mit *ālaya*, dem Reservoir des Lebens vergleichen. Aus diesem unbewußten Speicher strahlt reines Bewußtsein oder Licht aus. So tritt Erleuchtung ein, und des Menschen Selbst wird verwandelt. Der Taoist sieht das Ich als einen harten Kern, der nur durch die Energie des Unbewußten aufgebrochen werden kann. Das Unbewußte dringt in ihn ein und kehrt sein Inneres nach Außen. Nur so kann das große Selbst freigesetzt werden. Diese Herleitung des Lichtes aus den tiefen Schichten des Unbewußten ist kein analytischer Prozeß. Logisches Verstehen hat in der Tat nichts damit zu tun.

Kehren wir für einen Moment zu der konfuzianischen Methode der Selbstumwandlung und Verwirklichung der schöpferischen Kraft zurück. Die konfuzianische Methode war im wesentlichen intellektuell, aber selbst unter den frühen Konfuzianern gab es eine gegensätzliche Theorie, die das sogenannte *chih chü* betonte oder die Auseinandersetzung mit dem »Verkrümmten und Gebogenen«. Dies ist der Gedanke der Erfahrung des dunklen Schattens oder der Schattenseite. Im »Buch von der rechten Mitte«, also bereits im vierten Jahrhundert vor Christus, gab es die Vorstellung, daß man neben der Erfüllung seiner eigenen rationalen Natur auch nach innen sehen solle, um sich dem »Verkrümmten und Gebogenen« zu stellen. Wir lesen: »Im Verkrümmten und Gebogenen ist *ch'eng*, Echtheit. Da es echt ist, wird es sichtbar. Wenn es offensichtlich ist, führt es zum klaren Bewußtsein. Wenn es klar bewußt ist, wird es zur Erleuchtung.« Wenn die frühen chinesischen Konfuzianer auch die Erfüllung der eigenen rationalen Natur durch rationale Analyse betonten, so sahen auch sie doch auch sehr deutlich die Wichtigkeit der Auseinandersetzung mit der Schattenseite. Durch rationale Analyse allein, ohne sich auch der Schattenseite zu stellen, läßt sich Erleuchtung und Selbstverwandlung nicht erreichen. Obwohl Chu Hsi behauptet, die Erleuchtung werde durch einen analytischen Prozeß erreicht, übersieht er jedoch nicht vollständig die Tiefe des Unbewußten, der man mit Nichtunterscheidung gegenübertreten muß. Er sagt in einem Gedicht:

Wir studieren die Wandlungen (I Ching), nachdem die Linien zusammengestellt sind.
Können wir den Geist nicht auf das richten, was schon bestand, ehe ein Strich gezogen ward?

Die neo-konfuzianische »Schule des Geistes«, die von Lu Hsiang-shan (1139–1193) gegründet wurde, war gegen die Analyse von Prinzipien und das Aufhäufen von rationalem Wissen. Die Schule des Geistes befürwortete den Abbau des Wissens, das Ablassen von allem rationalen Wissen. Wenn das geschieht, so sagt Lu, dann ist »alles, was zurückbleibt, mein Geist und ich als Mensch«. Der Geist, auf den er sich bezieht, ist der ursprüngliche Geist. Der Mensch, den er meint, ist der erleuchtete Mensch. Lu beschreibt sich selbst als erleuchtet: »Ich hebe meinen Kopf und greife nach dem Großen Wagen. Ich wende meinen Körper und bin in der Gesellschaft des Nordsterns. Mit erhobenem Haupt sehe ich über die Himmel hinaus. Es gibt keinen Menschen wie mich.« Lu leugnet seine Existenz nicht ab, er identifiziert sich vielmehr mit dem Himmel. Er hat tatsächlich Erleuchtung durch die Methode der Nichtunterscheidung erlangt. Man erzählt, daß er eines Tages einen alten Text las, in dem er auf folgende Passage stieß: »Die vier Himmelsrichtungen und alles was oben und unten ist, ergeben das, was *yü* genannt wird. Die Vergangenheit, die Gegenwart und die Zukunft machen aus, was man *Chou* nennt.« Als er diese Worte las, erfuhr Lu plötzlich sein Eins-Sein mit dem Universum im absoluten Punkt des »Hier-Jetzt«. »Alle Angelegenheiten des Universums fallen in den Bereich meiner Verantwortung«, erklärte er darauf. »Meine Verantwortung schließt alle Angelegenheiten des Universums ein.« Er sagte auch: »Das Universum ist mein Geist; mein Geist ist das Universum.«[10] Man kann Lu's Methode als das Begreifen des Wesentlichen bezeichnen; das bedeutet, Reduktion des Wissens und Vertrauen ins eigene Selbst. Wie er es einmal ausdrückte: »Wenn ein Mann beim Lernen das Wesentliche begreift, dann sind die Sechs Klassiker nur noch Anmerkungen für ihn.«[11] Wenn man auf sein Selbst vertraut, dann wird man plötzlich durch Selbst-Erkenntnis erleuchtet. Es ist nicht nötig, Zeit und Energie auf endlose Analyse zu verschwenden.

Ich habe die Biographien der führenden Köpfe beider Schulen studiert – der Schule der Prinzipien und der Schule des Geistes – und ich finde die Erfahrung der Erleuchtung nur unter denen, die der Schule des Geistes angehörten. Die beiden folgenden Geschichten mögen ebenfalls bestätigen, daß die Erleuchtung durch unmittelbare intuitive Nichtunterscheidung und Nichttrennung kommen muß.

Die erste stammt aus der Biographie von Yang Chien:

Ungefähr im Jahre 1169 wurde Yang Chien zum stellvertretenden Präfekten von Fu-yang ernannt. Er hatte Lu Hsiang-shan oft vom ursprünglichen Geist sprechen gehört. Eines Abends richtete er in wohlüberlegter Form eine Frage an Lu Hsiang-shan: »Was ist mit dem Ausdruck ›der Ursprüngliche Geist‹ gemeint?« An diesem Tag hatte Yang ein paar Stunden zuvor bei Gericht die Klage eines Fächerverkäufers angehört. Nun antwortete Lu ihm laut: »Im Falle des Fächerhändlers warst du fähig zu sehen, wer im Recht und wer im Unrecht war, und konntest deshalb dein Urteil sprechen. Was ist dies denn, wenn nicht Wissen, das aus dem ursprünglichen Geist kommt?« Als Yang dies hörte, erfuhr sein Geist plötzlich Erleuchtung.

Dies ist ein Beispiel der plötzlichen Erleuchtung eines Konfuzianers. Obwohl Yang in dieser Geschichte den Intellekt anzusprechen scheint – es geht um den Unterschied von Recht und Unrecht bei einer Urteilsfindung – ist das, was Yang tatsächlich durchdringt, der unvermittelte intuitive Zugang zur Wurzel seiner Gedanken, aus der die Fähigkeit zur Unterscheidung von Recht und Unrecht kommt. Nicht Unterscheidung verursacht Yang's Erleuchtung. Es handelt sich vielmehr um eine direkte spontane Antwort aus seinem innersten Sein in einem jähen Aufblitzen. In Yang's eigenen Schriften finden wir folgende Passage: »Als ich Meister Lu über die Bedeutung des ursprünglichen Geistes befragte, erklärte er als Antwort die Frage von Recht oder Unrecht in einem Gerichtsfall vom gleichen Tag, dem Fall eines Fächerhhändlers. Da wurde mein Geist plötzlich erleuchtet, und ich erfuhr, daß mein Geist weder Anfang noch Ende hat und alles durchdringt.« In Yang's Werk mit dem Titel »Vom Selbst und den Wandlungen« gibt es eine weitere Erklärung: »Das, was Himmel ist, ist ein Symbol in meinem eigenen Wesen; das, was Erde ist, ist eine Form in meinem eigenen Wesen . . . Ununterschieden durchdringt sich alles gegenseitig. Indem ich eine einzige Linie im Hexagramm betrachte, wird die Bedeutung des Selbst plötzlich offenbar.« Dies läßt erkennen, wie Yang zu seiner plötzlichen Erleuchtung kommen konnte. Von der einzelnen Linie gelangte er zur Vereinung der Vielfalt, der Einswerdung von Mensch und allen Dingen. Diese eine einzige Linie ist die Einheit oder Nichtunterscheidung.
Ein anderer Bericht über die Erfahrung plötzlicher Erleuchtung durch einen Neo-Konfuzianer ist in der Biographie von Wang Yang-ming (1472–1529) aufgezeichnet. Hier der für uns interessante Abschnitt:

Im dritten Jahr der Cheng-te Periode (1508), im Alter von siebenunddreißig Jahren, wurde Meister Wang im dritten Frühlingsmonat in den Lung-tsan Bezirk in den Bergen der Kuei Chou Provinz verbannt. Es war eine rauhe Gegend, bevölkert von Schlangen, Skorpionen, wilden Tieren und noch wilderen Menschen, die kaum die chinesische Sprache verstanden. Die einzigen, mit denen er sprechen konnte, waren ebenfalls Verbannte. Hier jedoch kam er zu der Erkenntnis, daß alle Ehre und aller Ruhm, sowie auch all die Beleidigungen und Verächtlichmachungen, denen er ausgesetzt gewesen war, nicht die geringste Bedeutung hatten . . . Er mußte Holz hacken, Wasser schleppen, kochen und jede erdenkliche körperliche Arbeit tun. Nebenbei schrieb er Gedichte, die zu den lokalen Volksmelodien vorgetragen werden konnten, und bemühte sich darum, das Leid unter seinen Anhängern zu lindern. Während dieser Zeit grübelte er oft darüber nach, was wohl ein Weiser unter ähnlichen Umständen tun würde. Plötzlich, mitten in der Nacht, erfuhr er Erleuchtung. Ohne es zu wissen, schrie er auf und sprang aus dem Bett. Seine Anhänger waren höchst erstaunt. Doch von jenem Moment an wußte Wang, daß alles, was die Weisen uns lehren, ganz aus sich selbst immer schon in uns vorhanden ist. Seine frühere Suche durch analytische Prinzipien war irreführend.

Betrachten wir diesen Fall einer plötzlichen Erleuchtung genauer, so sehen wir, daß im Kampf gegen die Not, die Tatsachen des Lebens Wang's innerstes Sein durchdrangen. In seinem Geist gab es nun keine Unterscheidung mehr: Ruhm und Vergeblichkeit, Gewinn und Verlust, Selbst und Nichtselbst wurden nicht mehr als verschieden empfunden. In dieser extremen Situation erfuhr er plötzlich Erleuchtung. Er selbst bezeichnet seine frühere Methode der Erforschung der Prinzipien der Dinge durch Analyse als irreführend. Wir können mit Sicherheit annehmen, daß seine Erleuchtung durch unmittelbare Selbst-Erkenntnis zustande kam. Die hier angeführten Beispiele machen ersichtlich, daß Erleuchtung und die Umwandlung des Ich zum Selbst mit Nichtunterscheidung beginnen muß.

Die Methode der Nichtunterscheidung wurde schon in sehr früher Zeit, nämlich im *I Ching* umrissen: »Wandlung bedeutet: kein Gedanke und keine Furcht. *Es* ist still und unbeweglich. Wenn es sich bewegt, dann dringt es in alle Dinge des Universums vor.« So glaubt auch der vom Taoismus beeinflußte Autor dieses Textes, daß unser Wesen seine höchste Entwicklung nur dann erreicht, wenn wir uns selbst spirituell bis zu jenem Punkt schulen, an dem wir die Einswerdung mit allen Dingen erreichen. Diesen Prozeß beschreibt Cheng Hao (1032–1085) folgendermaßen: »Durch das erschöpfende Studium des Prinzips und die Weiterentwicklung des eigenen Wesens bis zum Äußersten erreicht man die Himmlische Ordnung. Alle drei werden zur gleichen Zeit erreicht. Grundsätzlich gibt es keine Reihenfolge bei ihrer Verwirklichung. Das erschöpfende Studium des Prinzips kann nicht als zum Bereich des Wissens gehörend betrachtet werden.« Dieses Prinzip ist das der Nichtunterscheidung. Der Mensch und das Universum sind Eins.

Betrachten wir schließlich noch die Geistesverfassung eines Menschen, der dieses wahre Wissen des Nichtwissen erlangt hat. Ich werde Lieh Tzu, einen Zeitgenossen von Chuang Tzu, für sich selbst sprechen lassen:

Nach neunjährigen Bemühungen kann ich meinen Geist nun vollkommen freisetzen und meine Worte beim Sprechen ungezwungen hervorströmen lassen. Ich weiß nicht, ob wahr oder falsch, Gewinn oder Verlust mein oder dein sind. Ich bin mir dessen nicht bewußt, daß der alte Meister Shang Tzu mein Meister und daß Pai-kao mein Freund ist. Mein Selbst, sowohl innen als auch außen, ist verwandelt. Alles um mich ist Eins. Mein Auge wird mein Ohr, mein Ohr wird meine Nase, meine Nase wird mein Mund. Mein Geist ist aufs Höchste integriert, und mein Körper löst sich auf. Meine Knochen und mein Fleisch schmelzen hinweg. Ich kann nicht sagen, wodurch mein Körper aufrecht gehalten wird und worauf meine Füße schreiten. Ich wehe umher nach Osten und Westen wie ein trockenes Blatt, das vom Baum losgerissen ist. Ich weiß nicht einmal, ob der Wind auf mir reitet, oder ob ich auf dem Wind reite.[12]

Wenn Lieh Tzu sich nicht bewußt ist, ob er auf dem Wind reitet oder der Wind auf ihm, dann ist er ganz Spiegelung, von keiner Äußerlichkeit bedingt. Sein Geist ist frei wie die glatte Oberfläche des Sees, die das Bild der wilden Gänse spontan reflektiert. In dieser reinen Reflektion gibt es keinen dazwischentretenden Moment der Überlegung oder der Analyse mit den Mitteln des Intellekts. Sie ist ein Lichtblitz, ein Funke von einem Feuerstein. Sie benötigt keinen Zeitablauf, ist unmittelbar, ohne Absicht. Sie läßt weder Hypothese noch Schlußfolgerung zu. Sie ist ein Echo aus dem Tal des angeschlagenen Gongs. Sie ist das Vorüberhuschen eines Schattens, das Spiel des Lichts auf dem See, der Wind, der die Blätter dahinweht. Kurz gesagt, sie ist Nichtaktion, die unvermittelt Aktion hervortreten läßt. Man könnte auch sagen, sie ist absolute Nichtaktion, die nicht in Gegensatz zur Aktion steht. Auf dieser Stufe ist man nicht länger an Aktion und Nichtaktion gebunden, man transzendiert die Vorstellung, die man gewöhnlich von beiden hat. Der Geist erfährt Erleuchtung und ist vollkommen frei. In seiner schöpferischen Funktion ist er ein heller Spiegel. Jene, die frei und fleckenlos widerspiegeln, so wie die Natur die flüchtigen Stimmungen des Tages spiegelt, haben das Licht des *Tao* als die große schöpferische Kraft erlangt. Es gibt eine Geschichte über Liang-chieh (807–869), der mit einem älteren Freund einen Fluß durchwatet. Liang-chieh fragt seinen Freund bei dieser Gelegenheit: »Wie sollte man einen Fluß durchwaten?« »Ohne sich die Füße naßzumachen«, antwortet dieser. Einen Fluß zu durchwaten, ohne sich die Füße naßzumachen, das ist die Art, die Dinge zu tun, ohne ihnen verhaftet zu sein. Oder mit den Worten von Lao Tzu gesagt: »Du verstehst *Tao*, als ob du es nicht verstündest.« Von allen Verwicklungen des Äußeren und des Inneren frei zu sein, das ist es, was der Taoist das »Wunder des *Tao*« nennt, die ursprüngliche Quelle der schöpferischen Kraft.

ANMERKUNGEN

1 Mi Fei (1051–1107); Ni Tsan (1301–1374).
2 T'ao Ch'ien (373–427).
3 Alfred North Whitehead, Process and Reality, 1929, S. 11.
4 Whitehead, Process and Reality, S. 47.
5 Daisetz T. Suzuki, Eranos Jahrbuch 1954, Band XXIII, S. 280.
6 Dieses Netz ist eine Metapher welche die ungehinderte völlige Verschmelzung aller Besonderheiten in die Universalität darstellen soll. Eine Perle in jeder einzelnen Masche des Netzes stellt jeweils eine Besonderheit dar; das ganze Netz ist die Universalität. Jede Perle spiegelt jede andere Perle wider und wird gleichzeitig von jeder anderen Perle gespiegelt. So besteht in der Welt des Netzes eine unendliche Spiegelung und gegenseitige Durchdringung aller Besonderheiten.
7 Die Bedeutung des chinesischen Originaltextes, *(Wu chi erh T'ai chi)*, ist durchaus nicht eindeutig. Die Passage läßt sich auf zwei verschiedene Weisen interpretieren: (1) *Wu chi*, das doch selbst auch *T'ai chi* ist, also das Unbedingte, welches zugleich auch die Letzte Bedingung (das Höchste Gesetz) ist; (2) aus *Wu chi* dann *T'ai chi*, was bedeutet: aus dem Unbedingten entsteht die letzte Bedingung. Diese beiden konkurrierenden Interpretationen führten zu einem ernsten Streit zwischen den beiden führenden Neo-Konfuzianern Chu Hsi und Lu Hsiang-shan. Chu Hsi behauptete, das Unbedingte sei dasselbe wie die Letzte Bedingung. Er beabsichtigte damit, das philosophische System des Chou Tun-yi gegen den Vorwurf einer Beeinflussung durch Taoismus oder Buddhismus in Schutz zu nehmen. Da Lu Hsiang-shan das Diagramm angriff, das vom Denken des Lao Tzu beeinflußt war, lautete seine Interpretation, die Letzte Bedingung entsteht aus dem Unbedingten. Tatsächlich war Chou Tun-yi tief vom Buddhismus beeinflußt, und bei Lao Tzu

lesen wir: »Die Zehntausend Dinge entstehen aus dem Sein; das Sein entsteht aus dem Nichts.« (Tao Te Ching, Kap. 40) Im vorliegenden Kapitel wird der zweite Standpunkt vertreten. Der Autor stimmt jedoch nicht mit der Kritik Lu's an Lao Tzu und Chou Tun-yi überein.

8 K'ung Tzu (Konfuzius), *Lun Yü*, Buch IX-4.

9 *Ta Hsüeh* (Die Große Wissenschaft), Kap. 5.

10 Gesammelte Werke des Lu Hsiang-shan, Band XXXIII.

11 ebenda, Band XXXIV.

12 *Lieh Tzu* (Liä Dsi), Kap. 2.

# Kapitel 3
# Friede als Einswerdung von Wirklichkeit und Erscheinung

Das Wort Friede heißt im Chinesischen *ho p'ing*, was genauer gesagt Harmonie und Stille bedeutet. In einem relativen Sinn ist es das Gegenteil von Zwietracht. In ihrer polaren Beziehung interagieren Harmonie und Zwietracht wechselseitig und unablässig und schaffen so die Geschichte der Menschheit und den Fortschritt der Welt. Friede im höchsten Sinn ist das, was wir mit Whiteheads Worten »eine tiefe zugrundeliegende Harmonie« nennen können, die dem Menschen und dem Universum inhärent ist. Aus diesem Grund aller Harmonien strahlt die All-entfaltende Energie aus, die ständig ein neues Universum erschafft. Ohne diese Harmonie wäre keine Wirklichkeit möglich. Sie ist unsichtbar und unergründlich, jenseits des Bereiches diskursiven Denkens. Sie kann nur erfahren werden als ein tiefes inneres Gefühl, eine unmittelbare Reflektion metaphysischer Erkenntnis, die nicht verbalisiert und doch folgenschwer in ihrem Wirken ist. Wir können sie nicht definieren und nicht mit dem Finger darauf zeigen, aber wir können vielleicht auf das Echo aus der inneren Welt jener Menschen hören, die diese Art des Friedens erreicht haben, wenn wir ihre Gedichte lesen oder vortragen. Versuchen wir etwas von der inneren Stimme einiger der großen Dichter zu vermitteln. Als Ersten hören wir Li Po (701–762):

*Ihr fragt zu welchem Zweck ich denn*
*in blauen Bergen lebe,*
*Ich lächle doch, entgegne nichts,*
*das Herz voll Seelenruh.*
*Die Pfirsichblüten treiben auf dem Strom*
*Davon in weite Ferne,*
*Andere Himmel gibts und Erden*
*als die der Welt der Sterblichen.*

Des Dichters Gefühl der Freude läßt sich nicht in Worte fassen. Es ist die tiefe zugrundeliegende Harmonie, in der es nicht um einen Bericht über das Aufblühen und Vergehen der Pfirsichblüten geht, oder gar um eine Klage über die symbolische Bedeutung des niemals wiederkehrenden Stromes, so wie Konfuzius sie einmal aussprach, als er an einem Flußufer stand: »So strömt er davon, unablässig, Tag und Nacht.« Die unmittelbare Reflektion des Friedens im höchsten Sinne darf man weder als intellektuelles Verstehen noch als sentimentale Gemütsbewegung auffassen; sie ist vielmehr eine plötzliche Erkenntnis der Wirklichkeit, die mit einem Gefühl unendlichen Glücks verbunden ist, während wir sie erfahren. Sie ist unser absoluter Geist, der alle Unterscheidungen vereint und nicht von irgendwelchen Dichotomien und Gegensätzlichkeiten bedingt ist. Das Gedicht von Li Po könnte jedoch nicht als *kung an* (japanisch: *koan*) im Sinne der Zen-Lehre gebraucht werden. Einerseits nämlich lächelt der Poet und gibt uns keine Antwort; andererseits jedoch erzählt er uns, wie seelenruhig sein Herz ist und wie köstlich verschieden die Welt, in der er lebt, von der Welt der ›Sterblichen‹ ist. Sein Geist bewahrt noch eine gewisse Bezauberung, ist noch nicht vollkommen frei davon. Das folgende Gedicht von Wang Wei (699–759) mag als Beispiel dafür dienen, wie unbeschreiblich der absolute Geist ist.

*Ich widme mich in letzter Zeit nur noch der Stille,*
*Der Welt Geschäfte kümmern meinen Sinn nicht mehr.*
. . .
. . .
*Wind aus den Kiefern bläht mein offenes Gewand,*
*Der Berg-Mond scheint auf meine Zither.*
*Ihr fragt nach Gründen für Versagen und Erfolg?*
*Des Fischers Lied dringt weit das Flußufer herauf.*

Sich auf die Streitfrage der Dichotomie von Versagen und Erfolg einzulassen, heißt, sich in endlosen Verwicklungen zu verfangen. So antwortet unser Dichter einfach irgendetwas anderes, ohne auf die gestellte Frage einzugehen. Er sagt zwar nicht, daß sein

Herz voll Frieden ist, und daß die Welt, in der er lebt, von der der Sterblichen verschieden sei, und doch fühlen wir, daß die Entfaltung seiner inneren Welt fleckenlos und frei von jeder Bedingung ist. Seine Antwort ohne Antwort ist wie der Schatten eines Bambus, der über die Steinstufen wischt, ohne den Staub aufzuwirbeln. Es ist diese irrelevante Antwort, die die Tiefe der zugrundeliegenden Harmonie verrät und den Geist anderer Menschen öffnet.

Wenden wir uns von der Dichtung einer anderen Kunstform zu; vielleicht finden wir die tiefe zugrundeliegende Harmonie auch in der Malerei. Tatsächlich finden wir auch hier ein konkretes und direktes Begreifen der Macht des Friedens im höchsten Sinn. Wenn ein Künstler eine gewisse Subtilität der Form und der Farbe in das Chaos unzusammenhängender Fragmente bringt und sie damit zu einer existenziellen Einheit verwebt, vermittelt uns ein solcher Prozeß der Ausbildung die Erfahrung sinnlich wahrnehmbarer Werte und Gefühle. Unser ästhetisches Vergnügen rührt jedoch von einem rein raum-zeitlichen Muster von Sinneswahrnehmungen her. Die Harmonie, die ein ›Muster von Sinneswahrnehmungen‹ vermittelt, ist eine ›qualitative Harmonie‹, eine Harmonie niederer Bedeutung, welche von objektiven Situationen bedingt ist. Außerhalb der Form oder des Musters, das der Künstler uns vorsetzt, ist diese relative Harmonie dauernd dem Wandel und der Verwirrung unterworfen. In einem zen-buddhistischen oder taoistischen Gemälde dagegen vermitteln der gerade Strich eines Bambus oder die verschlungenen Striche einer Kiefer nicht allein einen visuellen Eindruck oder erregen eine physische Empfindung. Ihre Einfachheit und Direktheit, ihre Vollständigkeit und Bewegungen strömen vielmehr aus dem Bild hervor und dringen ein in unser innerstes Sein. Stehen wir vor den Gemälden von Liang Chiai, Ma Yuan, Mu ch'i oder Mi Fei, so haben wir kein Bedürfnis, Komponenten der Wahrnehmung zu analysieren, sondern unsere Aufmerksamkeit wird nach innen gezogen und wir fühlen, wie etwas in uns das Geheimnis unseres Herzens entfaltet. Mit welchen Mitteln legt der Künstler die Geheimnisse unseres Herzens frei? Wir mögen keine besondere Schönheit in dem Bild finden, aber es enthält eine Ganzheit, eine Freiheit der Bewegung und eine Freiheit des Ausdrucks, die überströmen und das sich gegenseitig ausschließende Gegenüberstehen von Gemälde und Betrachter aufheben. So geben wir unser ganzes Sein in die Schönheit und folgen ihrer Bewegung. Als Beispiel für dieses Gefühl wollen wir Laurence Binyon's persönliche Erfahrung zu uns sprechen lassen:

Ich erinnere mich an ein kleines Gemälde ungewissen Entstehungsdatums, das aber von einem Gedicht des Dichter-Malers Wang Wei aus dem achten Jahrhundert inspiriert war. Das Motiv ist einfach ein lichter Wald von verkrüppelten Bäumen auf einer flachen Landzunge, dunstiges Wasser und stiller Himmel. Nichts von dem, was nach gewöhnlichen Maßstäben als besonders schön bezeichnet wird. Und doch war in dieser Szene etwas seltsam Bewegendes, weil der Maler die Verlassenheit der Bäume und des Wassers in sich selbst aufgenommen hatte. Er hatte sie sozusagen innerlich gemalt, nicht als etwas Fremdes oder von außen Gesehenes . . . Für die Chinesen spielt der Raum oft die Hauptrolle in der Komposition eines Gemäldes. Es ist kein endgültiger Friede, sondern selbst eine Aktivität, die aus dem Bild in unseren Geist überströmt und uns in eine seltenere Atmosphäre hineinzieht. Sie ist beruhigend, aber noch viel mehr erquickend.[1]

Die Aktivität der Landschaft auf dem Bild berührt den Geist des Beschauers und zieht ihn unvermittelt in eine seltenere Atmosphäre. Es mag in etwa die gleiche Atmosphäre sein, aus der der Maler die Verlassenheit des Wassers, der Bäume und des Himmels in sich aufnahm: die Atmosphäre, die er von innen wiedergab. Man könnte also sagen, daß sich der Künstler selbst befreit hat, indem er in dieser selteneren Atmosphäre aufging. Das Gleiche gilt auch für den wahren Bewunderer des Gemäldes, der mit der Atmosphäre des Bildes verschmilzt.

Was ist diese Atmosphäre, die von den gemalten Objekten auf den Maler selbst übergeht, und dann vom Gemälde auf den Betrachter? Es ist die Bewegung der tiefen zugrundeliegenden Harmonie, welche die Menschen untereinander und Menschen und Dinge einander durchdringen und miteinander verschmelzen läßt. Es gibt einen Zen-Spruch: »Weiden sind grün und Blumen sind rot.« Aber zur gleichen Zeit wird gesagt: »Blumen sind rot und doch nicht rot; Weiden sind grün und doch nicht grün.« Die erste, affirmative Aussage zeigt die Tatsachen unserer Erfahrung, die als »So-sein« akzeptiert werden. Das ist die unmittelbare Reflektion. Die zweite Aussage enthält sowohl Bejahung als auch Verneinung, aber beide widersprechen einander nicht. Sie hilft uns, in den Bereich der absoluten Wirklichkeit einzutreten, da es in diesem Bereich kein Bedürfnis nach dem Prozeß rationaler Analyse und diskursiven Denkens gibt. Bejahung ist Verneinung, und Verneinung ist Bejahung. Das gilt auch auf einer so elementaren Ebene wie der der Blumen und der Weiden. Beide sind rot und nicht-rot; beide sind grün und nicht-grün. Mit solchen ganz einfachen Schritten erschließen wir das Wesen der grenzenlosen Unendlichkeit und treten in es ein, auf diese Weise unser Ego-Selbst verlierend. In dieser Richtung liegt die Pflege der spirituellen Intuition und die Erlangung absoluter Freiheit.

Was der Maler zeigt, ist die absolute Realität der Objekte, wie er sie durch das freie Spiel der Intuition erfuhr. So ist im Gemälde das Motiv von innen her ausgedrückt – lichter Wald, stiller Himmel, dunstiges Wasser – nichts besonders Schönes für das Alltagsbewußtsein. Und doch ist die absolute Realität, die von dieser einfachen Formung des Raumes durch das Medium des ›inneren Pinsels‹ des Malers ausstrahlt, etwas, das mit absoluter Direktheit und Macht in den Geist des Betrachters eindringt. Binyon sagt: »Was er (der Maler) in sein Bild hineingab, strömt aus ihm hervor und fließt in unseren Geist über. Wir erfahren etwas, das nicht allein intellektuell, nicht allein sinnlich, nicht allein emotional genannt werden kann; es ist eine Ganzheit des *Geistes*, die frei und furchtlos auf eine Ganzheit des Universums hinausläuft.«[2]

Diese Ganzheit des Universums meint er, wenn er von einer selteneren Atmosphäre spricht. Whitehead nennt das Gleiche die zugrundeliegende Harmonie. Und die Bewegung vom gemalten Objekt zum Maler und vom Gemälde zum Betrachter ist, um den buddhistischen Wortschatz zu gebrauchen, *Yuan yung wu ai*, oder »vollkommene und ungehinderte gegenseitige Durchdringung« der Dinge, eine Manifestation der geheimnisvollen Fähigkeit der Natur zu wechselseitiger Verschmelzung und Durchdringung. Es ist die gleiche Atmosphäre, die die Dichter Li Po und Wang Wei als nicht in Worte faßbar erfahren.

In der Geschichte der chinesischen Malerei gibt es zahlreiche Bilder, die diese Art spiritueller Intuition erkennen lassen, jene »Ganzheit des Geistes«, die frei und furchtlos zu einer »Ganzheit des Universums« im Sinne von Laurence Binyon wird. Vielleicht wird uns eine weitere Illustration helfen. Es handelt sich um die wohl radikalste Geschichte ihrer Art.

Während des achten Jahrhunderts vollendete Wu Tao-tzu (starb 792) sein letztes Meisterwerk für den Kaiserhof. Es war eine Landschaft, die er auf eine Wand bei Hofe malte. Tao-tzu arbeitete geduldig und von anderen Menschen abgeschlossen daran und hielt das Werk verhüllt, bis der Kaiser zu seiner Enthüllung erschien. Wu Tao-tzu zog den Vorhang beiseite, und der Kaiser schaute mit großen Augen eine endlos weite, majestätische Landschaft mit allen herrlichen Einzelheiten: Wälder, Berge, grenzenlose Himmelsweiten, übersät mit Wolken und Vögeln und sogar Menschen in den Hügeln. »Seht«, sagte der Meister und zeigte mit dem Finger, »hier wohnt ein Geist in einer Berghöhle.« Er klatschte in die Hände und sofort sprang das Tor der Höhle auf. Der Künstler trat hinein, wandte sich um und sagte: »Das Innere ist sogar noch schöner. Es ist über alle Beschreibung schön. Laßt mich vorausgehen!« Aber bevor der Kaiser ihm folgen oder auch nur ein Wort hervorbringen konnte, verblaßten und verschwanden das Tor, der Künstler und das ganze Gemälde. Vor dem Kaiser verblieb nur die nackte Wand, ohne die kleinste Spur eines Pinselstriches.

Diese bezaubernde Geschichte soll uns ganz direkt zeigen, daß innerhalb der äußeren Erscheinungsformen aller Schönheit die seltenere Atmosphäre liegt, oder die »Hintergrundseinheit«, wie Binyon sie an anderer Stelle nennt, welche die letzte Wirklichkeit aller Erscheinung darstellt. Durch diese letzte Wirklichkeit wird unser Bewußtsein geöffnet, so daß wir die Ganzheit unseres *Geistes* sehen und in die Ganzheit des Universums eintreten können, in die tiefe zugrundeliegende Harmonie aller Dinge.

Nach Meinung der Taoisten gewinnt unser tägliches Leben seine Bedeutung dadurch, daß es in jener tiefen zugrundeliegenden Harmonie oder der letzten Wirklichkeit wurzelt. So lange wir noch von der Welt der Wirklichkeit abweichen, können wir niemals wahren Frieden finden. Was wir können, und bisweilen auch tun, ist, eine Art Pseudo-Harmonie zu erreichen, die wir dann mit der Wirklichkeit verwechseln. Nur wenn die absolute Wirklichkeit in unserem täglichen Leben lebhaft zum Ausdruck kommt – das heißt durch unsere Aktivitäten – dann gewinnt unser Leben seinen wahren Wert. Nur auf diese Art können wir unser Leben in innerer Harmonie und tiefem Frieden ordnen. Im zweiten Kapitel des *Chuang Tzu* finden wir eine Metapher, welche die innere Harmonie zwischen absoluter Wirklichkeit und äußerlichen Aktivitäten veranschaulicht:

Einst fragte das Halbdunkel den Schatten: »Zuvor bist du herumgelaufen, und nun hältst du an; zuvor hast du gesessen, und nun stehst du auf. Warum diese Wankelmütigkeit?« Der Schatten antwortete: »Das kommt, weil mein Tun mit den Bewegungen eines Anderen übereinstimmt ... Meine Übereinstimmung mit den Bewegungen von etwas anderem ist wie die Übereinstimmung der Schlange mit ihrer Schuppenhaut oder die Übereinstimmung der Zikade mit ihren Flügeln. Wie könnte ich denn wissen, warum ich das eine und nicht das andre tue?«

Die Aktionen des Schattens, in der Bewegung und in Ruhe, beim Hinsetzen und beim Aufstehen, sind die verschiedenen Erscheinungen von etwas anderem, das die letzte Wirklichkeit ist. Erscheinung muß zur Wirklichkeit gehören, ja, sie ist ein Ausdruck der Wirklichkeit. Erscheinung, das werden wir sehen, muß mit der Wirklichkeit eins sein.
Genau das ist es, was Lao Tzu im ersten Kapitel des *Tao Te Ching* sagt:

*Oft ohne Absicht schaue ich das Wunder des Tao.*
*Oft mit Absicht sehe ich seine Manifestationen.*
*Diese beiden sind im Ursprung Eins;*
*Nach ihrem Hervortreten unterscheidet man sie mit Namen.*
*Ihre Einheit nennt man das Geheimnis.*
*Von Geheimnis zu weiterem Geheimnis, dort ist der Zugang zu allen Wundern.*

Um das Geheimnis der Einswerdung von Erscheinung und Wirklichkeit zu erklären, mag es uns helfen, einige der grundlegenden Vorstellungen der *Hua yen* Schule des chinesischen

Buddhismus zu betrachten, die ich bereits kurz in dem Kapitel über schöpferische Kraft erwähnte.
Die beiden Schlüsselbegriffe der Philosophie der *Hua yen* Schule sind *Shih* und *Li*. *Shih* heißt Ereignis oder auch Form. Im gewöhnlichen Sinn bezeichnet ›Ereignis‹ ein Geschehen. Im Buch der Wandlungen *(I Ching)* lesen wir jedoch: »Das, was von den Wandlungen gelöst wird, ist *Shih*« (Hsi T'su). Diese Definition von *Shih* ähnelt einer Konzeption, die von Whitehead vertreten wird. »Ein Molekül«, so sagt Whitehead, »ist eine historische Bahn tatsächlicher Situationen, und eine solche Bahn ist ein Ereignis.«[3] Das will sagen, daß ein Ereignis gerade seine Tatsächlichkeit im Prozeß der Bewegung ist. Ein Ereignis ist mehr, als sein statischer Zustand. Das sich ewig wandelnde Ereignis wird *Shih* genannt. Es ist Besonderheit in Aktion.
*Li* ist im gewöhnlichen Sinn Ursache oder Prinzip. Von der *Hua yen* Schule wird es jedoch oft im ontologischen Sinn mit der Bedeutung von absoluter Wirklichkeit, manchmal auch von Leere oder Nichts gebraucht. Es steht immer im Kontrast zu *Shih* und ist deshalb Universalität in Aktion, allumfassend und alldurchdringend. In seiner »Abhandlung über die Neue Reine Vorstellung« bezeichnet der bekannte chinesische Philosoph Hsuang Shih-li das *Li* als die Essenz der Wirklichkeit, die aus Leere und Stille besteht. Leere heißt nicht Nichtsein in dem Sinne, daß etwas einmal war und nun nicht mehr ist. Leere ist die ontologische Grundlage, aus der sich Ereignis oder Form manifestieren. *Li* und *Shih* existieren deshalb nicht voneinander getrennt, sondern sie sind vollkommen miteinander verschmolzen. Deshalb ist *Li* auch *Shih* und *Shih* ist *Li*. Ch'eng kuan (ca. 738–839) verdeutlicht das mit dem Beispiel von Welle und Wasser. Er sagt, es gibt keine Welle, die nicht Wasser ist; und es gibt kein Wasser, das nicht Welle sein könnte. Genauso ist auch der Geist des Weisen und der Geist des gewöhnlichen Mannes. Buddha und Lebewesen gehen gegenseitig ineinander auf. Die Vertreter der *Hua yen* Schule behaupten auch: »*Li* löst sich nicht in *Shih* auf; denn das, was rein ist (Absolute Wirklichkeit), ist ewig gemischt (Erscheinung). Genauso enthält *Shih* das *Li* in seiner Gesamtheit; denn was gemischt ist, ist ewig rein. *Li* und *Shih* existieren ganz selb-

nung erweist die Existenz der Wirklichkeit. Das Gold und der Löwe koexistieren harmonisch; sie sind miteinander vereint, aber das hält keines von beiden irgendwie davon ab, es selbst zu sein. Jedes ist vollständig und genügend für sich und an sich. Das Gold und der Löwe bleiben in sich verschieden. Sieht man auf den Löwen, so sieht man ihn als Löwen; der Löwe ist offensichtlich, das Gold tritt zurück. Sieht man das Gold, so ist dieses offensichtlich, und der Löwe wird unserem Blick verschleiert. Manchmal sieht man beides; manchmal sieht man auch keines von beiden.

Wenn die gegenseitige Konditionierung von Gold und Löwe in völliger Harmonie ist, dann ist die Dichotomie von *Li* und *Shih* verschwunden. Worte werden überflüssig, und der Geist ist in absoluter Ruhe. Wirklichkeit ist Erscheinung; Erscheinung ist Wirklichkeit. Das Gold ist der Löwe; der Löwe ist das Gold. Werden Erscheinung und Wirklichkeit völlig eins, so kann diese Einswerdung nicht in Worte gefaßt werden: unser Geist ist ganz einfach und plötzlich erleuchtet. Dieses meint Chuang Tzu mit seiner »Himmlischen Einheit«. »Himmlische Einheit« wird von Lao tzu das »Geheimnis« genannt; jenen gleichen Ursprung von Wirklichkeit und Erscheinung nennt Whitehead die tiefe zugrundeliegende Harmonie.

Es ist dieses »Geheimnis«, welches die chinesischen Maler und Dichter so erfolgreich in ihrem Werk verarbeiten. Der »lichte Wald, der stille Himmel und das dunstige Wasser«, die nach Binyon so meisterhaft die seltenere Atmosphäre des Gemäldes zeigen, haben ihre Parallele in der Geschichte vom Goldenen Löwen. Die atmosphärische Wirklichkeit des Gemäldes durchdringt vollkommen die Form von Baum, Himmel und Wasser, genauso wie das Gold völlig vom Löwen aufgenommen wird. Baum, Himmel und Wasser sind die seltenere Atmosphäre des Gemäldes; die seltenere Atmosphäre ist Baum, Himmel und Wasser. Kurz gesagt, Erscheinung und Wirklichkeit sind völlig identisch, und nichts hindert ihre gegenseitige Durchdringung. Obwohl die Formen von Baum, Himmel und Wasser nach gewöhnlichem Verständnis nicht als besonders schön bezeichnet werden können, werden wir doch, wie Binyon es erklärt, durch

ihre Ganzheit des *Geistes* dazu geführt, die Harmonie der Harmonien, den Ursprung aller Schönheit zu sehen.
Wir haben versucht, uns darüber klar zu werden, was der Taoist meint, wenn er von der zugrundeliegenden Harmonie der Wirklichkeit spricht. Dieses Unterfangen ist schwierig, besonders wenn wir beginnen zu erkennen, daß es unmöglich ist, diese Harmonie in Worte zu fassen, und daß man sich ihr am ehesten durch indirekte Andeutung nähern kann. Zum besseren Verständnis sollten wir wohl noch einmal kurz auf Bradleys Spekulationen über das Wesen der Wirklichkeit zurückkommen. Natürlich ist Bradleys Methode hauptsächlich rational und analytisch. Es wäre ganz offensichtlich absurd, den britischen Idealismus mit dem chinesischen Taoismus gleichzusetzen. Bradley ist das Problem jedoch auf eine Art und Weise angegangen, die für unseren Fortschritt auf einem so grundverschiedenen Weg doch recht bedeutsam sein kann.
Nach vielen haarspaltenden Analysen des Wesens der Wahrheit und des Denkens erkennt Bradley, genau wie die Taoisten, die Beschränktheit des Denkens, wenn es darum geht, Wirklichkeit zu erfassen. In dem Werk »Erscheinung und Wirklichkeit« sagt er als Antwort auf seine Kritiker ganz deutlich: »Wirklichkeit ist jenseits des Denkens und jenseits aller Teilaspekte des Seins, doch schließt sie alle ein. Jedes von diesen vervollständigt sich selbst, indem es sich mit anderen vereint und so die Vollkommenheit des Ganzen ergibt. Und dieses Ganze ist Erfahrung, denn alles andere als Erfahrung ist sinnlos.«[6] Bradley versucht, die Wirklichkeit durch intellektuelle Analyse zu erreichen, aber er entdeckt, daß dem diskursiven und rationalen Denken eine Begrenzung seiner Möglichkeiten inhärent ist. Er sagt, Denken sei ein notwendiger Schritt zur Erreichung der Wirklichkeit; die Wirklichkeit selbst jedoch sei jenseits des Denkens und jenseits aller Teilaspekte des Seins. Ihr Wesen wird vielmehr, so behauptet er, durch Erfahrung oder, wie er es an anderer Stelle nennt, durch eine höhere Unmittelbarkeit erfaßt. Diese höhere Unmittelbarkeit ist die Ganzheit der Erfahrung, die, nach seiner Meinung, unmittelbar sein muß wie das Gefühl, die jedoch nicht wie das Gefühl auf einer Ebene unmittelbar unter Unterscheidung

und Beziehung liegen darf. Während des Prozesses der Annäherung an die Wirklichkeit erreichen wir unvermeidlich ein Stadium, das jenseits des Denkens liegt, in dem reine Verstandestätigkeit hilflos wird, und wir die Wirklichkeit nur intuitiv erfahren können. Als Schlußfolgerung seines Werkes »Erscheinung und Wirklichkeit« bekennt er deshalb offen, daß Wirklichkeit spirituell ist. Er sagt: »Wirklichkeit ist *eine* Erfahrung, selbstdurchdringend und reinen Relationen überlegen. Ihr Charakter ist das Gegenteil des legendären Extrems, welches bloß materialistisch ist, und ist am Ende die einzige vollkommene Verwirklichung des Geistes. Es ist also ein angemessener Abschluß dieses Werkes, zu behaupten, daß Wirklichkeit spirituell ist.« Was ist diese Erkenntnis der Spiritualität, von der Bradley spricht. Ist es nicht der Prozeß des Erwachens eines neuen Bewußtseins? In der chinesischen Philosophie wird das neue Bewußtsein durchaus nicht als neu empfunden. Es ist die Selbst-Bewußtheit, die bis zu ihrer ganzen Tiefe verwirklicht werden soll; das heißt, es ist Bewußtsein, das sich nach innen sich selbst zuwendet. Mit den Worten des Zen gesagt: Es ist das Schauen des eigenen »ursprünglichen Angesichts«, bevor man geboren wurde. Die Erkenntnis der Spiritualität als »*eine* Erfahrung« oder das Erwachen eines neuen Bewußtseins ist deshalb einfach das Bewußtsein, welches zu seinem Unbewußten kommt. In taoistischer Terminologie ist jenes *T'ai Chi*, das Höchste Gesetz, und dieses *Wu Chi*, das Unbedingte (Eigenschaftslose). Die völlige Verwirklichung der Spiritualität als *eine* Erfahrung wird von Lao Tzu als »Rückkehr zum Unbedingten« bezeichnet.

In diesem Zusammenhang muß ich darauf hinweisen, daß wir weder Bradley's System von Wirklichkeit und Denken mit dem System des chinesischen Taoismus gleichsetzen wollen, noch daß wir die inneren Widersprüche in seiner Diskussion der Wirklichkeit, welche von seinen Kritikern aufgezeigt wurden, übersehen dürfen. Worauf ich nur hinweisen wollte, ist, daß Bradley jenseits der Begrenzung der intellektuellen Analyse vom Denken zur Gedankenleere »jenseits des Denkens« fortschreitet, sowie vom rationalen Verstehen zur höheren Unmittelbarkeit oder der »*einen* Erfahrung«.

Es verlangt eine große geistige Anstrengung von uns, wollen wir alle Dinge mit ihren Unähnlichkeiten und Beziehungen als *einen* Gedanken sehen. Dieser Gedanke ist der Gedanke des Nicht-Gedankens, der selbstverständlich keine Begrenzung, Unterscheidung und Trennung kennt. Er ist spirituell, »eine einzige vollkommene Verwirklichung des Geistes«. Wenn das Bewußtsein seine gewöhnliche Ausrichtung umkehrt, und statt sich selbst äußerlich aufzuteilen, zu seiner inneren Einheit zurückkehrt, dann hat es begonnen, zu einem Zustand zurückzukehren, den wir »Ein-Gedanken-Sehen« nennen können. Unser Alltagsbewußtsein ist ja viel zu sehr dem Denken und der Analyse gewidmet. Unser Denkprozeß tendiert dazu, die Wirklichkeit zu zerstückeln, um sie besser verstehen zu können. Wollte man diese Stückchen auch zu einem Ganzen wiederversammeln, so gewinnen sie doch niemals wieder ihre innere Einheit. Sie sind nicht mehr Teile des gleichen Eins-Seins.

Nur wenn das Eins-Sein – »*ein* Gedanke« – erreicht ist, dann ist Erleuchtung erreicht. Diese ist unsere innere Bewußtheit der letzten Wirklichkeit, kein Wissen, das intellektuell erlangt wurde. Unser Intellekt ist notwendig dualistisch, da er immer Subjekt und Objekt voraussetzt. Durchbrechen wir jedoch die Begrenzungen relativen Wissens, und sind in der Lage, die Zehntausend Dinge in *einem* Gedanken zu sehen, dann besteht keine Trennung zwischen dem Wissenden und dem Gewußten mehr. Auch Bradley sagt hierzu, daß unmittelbare Erfahrung den einen Weg zur Lösung der letzten Probleme öffnet. Er ist Wissen und Sein in Einem, eine direkte Bewußtheit, die nicht-relativ und weder erklärbar noch beschreibbar ist. Was also ist dieses nicht-relative und unbeschreibliche Eins-Sein? Es ist der Ursprung aller Schönheit, aller Wahrheit und aller Fortentwicklung. Diese Zusammenschau aller Eigenschaften in einem Gedanken, die endgültig das hoffnungslos verstrickende logische Netz durchschneidet, indem sie alle Verschiedenheit und Ähnlichkeit zur absoluten Einheit verschmilzt, wird im *Tao Te Ching* immer wieder betont. In Kapitel 39 lesen wir:

*In alten Zeiten gab es jene, die das Eine erlangt hatten.*
*Das Eine erlangend, wurde der Himmel klar.*
*Das Eine erlangend, wurde die Erde fest.*
*Das Eine erlangend, wurden die Götter mächtig.*
*Das Eine erlangend, wurden die Täler voll.*
*Das Eine erlangend, lebten und wuchsen alle Dinge ...*
*Sie alle wurden so durch das Eine.*

*Ohne Reinheit würde der Himmel erzittern.*
*Ohne Festigkeit würde die Erde erbeben.*
*Ohne Macht würden die Götter fallen.*
*Ohne Erfüllung würden die Täler bersten.*
*Ohne Wachstums-Kraft würden alle Dinge vergehn.*

Einheit, wie Lao Tzu sie sah, war der Urquell aller Dinge, die Mutter der Welt. Sie ist die Harmonie der Harmonien, Friede im höchsten Sinn, unsichtbar und unergründlich. Lao Tzu beschreibt sie im 21. Kapitel folgendermaßen.

*Der Großen Vollendung Ausdruck*
*ist einfach Manifestation des Tao.*
*Das, was Tao genannt wird,*
*ist dunkel und unaussprechlich.*
*Dunkel und unaussprechlich,*
*sind doch in ihm Formen.*
*Unaussprechlich, dunkel,*
*sind doch in ihm Dinge.*
*Unergündlich, ungesehen,*
*ist doch Wesenheit darin.*
*Die Wesenheit ist ganz wirklich,*
*In ihr besteht die lebendige Wahrheit.*
*Von alten Zeiten bis zur Gegenwart*
*hat das, was Tao genannt wird, nicht aufgehört zu sein.*
*Durch es sehen wir aller Wunder Manifestation.*
*Wie verstehen wir das, wodurch die Wunder wunderbar werden?*
*Eben durch Tao.*

*Tao* ist die Wirklichkeit, aus der alle Wunder manifest werden. In ihm sind Formen, Dinge, Wesenheit latent enthalten, es selbst jedoch ist ohne Form und Abbild. Wir können es nur durch unmittelbare Intuition, nicht mit dem Verstand begreifen. Wenn wir die Erklärung von Whitehead heranziehen, können wir diese alte Vorstellung besser verstehen. Whitehead sagt:

> Da gibt es eine tiefe zugrundeliegende Harmonie der Natur, so wie ein flüssiges anpassungsfähiges Fundament; und auf seiner Oberfläche schwingen die Wellen sozialer Anstrengungen zusammen oder klatschen gegeneinander, im Lauf der Suche nach Mitteln der Befriedigung . . . mitten im Vorüberziehen von so viel Schönheit, so viel Heldentum, so viel Wagemut. Friede ist die Intuition des Unvergänglichen.

An anderer Stelle sagt Whitehead:

> Das Wesen des Friedens ist, daß das Individuum, dessen Kraft der Erfahrung auf dieser höchsten Intuition gründet, dadurch den Einfluß der Quelle jeder Ordnung vermittelt.[7]

Wir sehen also, daß sowohl östliche als auch westliche Philosophen uns zeigen wollen, daß jene letzte Wahrheit, welcher die Verwirklichung des Friedens bedarf, die Übereinstimmung von Erscheinung und Wirklichkeit ist. Dies ist die absolute Wirklichkeit, aus der alle Vielfalt entspringt. Darüberhinaus erklärt Bradley, Wirklichkeit sei jenseits des Denkens und könne nicht durch rationale Analyse, sondern nur durch unmittelbare Intuition erreicht werden. Whitehead vertritt die gleiche Meinung. Dementsprechend haben wir die taoistische Philosophie der plötzlichen Erleuchtung, die von den Zen-Buddhisten weiterentwickelt wurde.

Nach Lao Tzu und Chuang Tzu ist Erleuchtung die Freisetzung bislang unbekannter Kräfte des Geistes. Für sie ist, wie bereits erwähnt, dieses Aufbrechen des Geistes einem plötzlich aufwallenden Gelächter vergleichbar. In unserem Geist gibt es unbekannte Tiefen, die jenseits der Schwelle der begrifflich zusammensetzenden Bewußtheit liegen. Plötzliche Erleuchtung ist ein Einsturz der begrifflichen Struktur des Bewußtseins, der die in den Tiefen des Unbewußten begrabenen Kräfte freisetzt.

Solange es einem Menschen nicht gelingt, die in seinem Innersten verborgenen Kraftreserven zu befreien, steht er gespalten sich selbst gegenüber. Statt den Schlüssel zum Geheimnis der Schöpfung zu ergreifen, ist sein Geist hoffnungslos unter der Oberflächlichkeit der Dinge begraben. Erst wenn er sich aus dem Ge-

fängnis intellektuellen Scheinverständnisses befreit hat, ist es ihm möglich, den Menschen und das Universum in ontologischer Intuition zu schauen. Im Kapitel »Der unsichtbare Grund der Sympathie« habe ich kurz eine der klassischen Geschichten über ein Treffen zwischen Lao Tzu und Konfuzius zitiert. Ich möchte jetzt etwas vollständiger darauf eingehen: Als Konfuzius, der das *Tao* noch nicht verwirklicht hatte, nach Süden ging, um Lao Tzu zu treffen, fragte ihn dieser: »Ich höre, Ihr seid ein Weiser aus dem Norden. Habt Ihr auch das *Tao* empfangen?« »Noch nicht«, antwortete Konfuzius. Der andere fragte: »Wie habt Ihr es gesucht?« Konfuzius entgegnete: »Ich habe in Riten und Regeln gesucht, und nach fünf Jahren hatte ich es noch nicht erreicht.« – »Und wie habt Ihr es dann gesucht?« Konfuzius sagte: »Ich habe es in den Prinzipien von *yin* und *yang* gesucht, aber nach zwölf Jahren hatte ich es noch immer nicht erreicht.« Da erklärte Lao Tzu: »Dies ist der Grund, warum das *Tao* nicht einem anderen übertragen werden kann: Wo es im Inneren kein beherrschendes Zentrum gibt, da wird es nicht verweilen.« Und Lao Tzu fuhr fort: »Nur gut, daß Ihr nie mit einem Machthaber zusammengetroffen seid, der die Welt hätte beherrschen können. Die Sechs Klassiker, die Ihr erwähntet, sind nur die ausgetretenen Fußstapfen der Weisen der Vergangenheit. Die Fußstapfen stammen von Schuhen, doch sie sind nicht die Schuhe selbst. Die Falken starren einander an, und ohne daß sie ihre Augen rührten, kommen ihre Jungen zustande. Es gibt ein männliches Insekt, das in den Wind zirpt, und das Weibchen zirpt gegen den Wind, und so entstehen ihre Jungen. Es gibt auch hermaphroditische Tiere, die unabhängig voneinander Junge hervorbringen.« Konfuzius soll drei Monate lang über die Bemerkungen des Lao Tzu nachgedacht haben. Dann kehrte er zurück und sagte: »Die Elstern und ihre Art brüten die Jungen aus Eiern aus. Fische erhalten ihre Art, indem sie den Rogen befruchten. Die Wespe entsteht durch den Prozeß der Metamorphose. Wird der jüngere Bruder geboren, so weint der ältere Bruder.« Lao Tzu war so erfreut über diese Antwort, daß er entgegnete: »Sehr gut, fürwahr! Ihr habt das *Tao* erfaßt.« (*Chuang Tzu*, Kap. XVI)
Dieser Dialog, den Lao Tzu benutzte, um den Geist des lernbe-

gierigen Gastes aus dem Norden zu öffnen, und in dem dieser seine Prüfung besteht, erscheint uns unlogisch und unsinnig. Und doch wurde, Chuang Tzu's Geschichte nach, der Geist des Konfuzius durch diesen Dialog zum vollen Aufblühen der Erleuchtung entfaltet. Seine frühere Methode des Lernens – die Sechs Klassiker, Riten und Regeln der Vergangenheit, die Unterschiede der *yin* und *yang* Prinzipien – dies alles war auf logischer Basis aufgebaut und der Vernunft zugängig, aber es half ihm kein bißchen bei seiner spirituellen Suche. Lao Tzu sah ganz deutlich, was Konfuzius noch nicht erkannt hatte: daß er hoffnungslos im Bereich der Relativität und Oberflächlichkeit gefangen saß und nicht freizügig in jene verborgenen Bereiche seines Geistes hinabtauchen konnte, zu denen keine logische Analyse jemals vorzudringen vermochte. Deshalb wollte der Meister in ihrem Gespräch alle möglichen Wege der Rationalisierung im Geist des Konfuzius versperren. Es brauchte eine eiserne Wand, um jegliche intellektuelle Bemühung zu blockieren. So wurde der Ablauf der Gedanken, der für das frühere Bewußtsein des Konfuzius typisch war, plötzlich ausgeschlossen. Erregt und in die Enge getrieben, wollte er die Wand durchbrechen. Indem er mit ganzem Einsatz das Letzte aus den tiefen Kraftquellen seines Wesens herausholte, öffnete sich unvermutet eine bisher unbekannte Region seines Geistes. Es war die Geburt eines neuen Bewußtseins, welches wirklich über rein intellektuelles Verstehen hinausging. Nach drei Monaten der Selbst-Schulung kehrte Konfuzius zu Lao Tzu zurück und entgegnete ihm mit einer Aussage, die genauso unkonventionell war, wie die seines Meisters: »Wird der jüngere Bruder geboren, so weint der ältere Bruder.«

Dieses direkte Aufbrechen des innersten Seins eines Menschen vollzieht sich inmitten unlogischer und ungewöhnlicher Formulierungen. Solch ein direkter Weg des Erweckens einer neuen Bewußtheit ist für die intellektuelle Analyse vollkommen unzugänglich. Das »Geheimnis« findet sich nicht in intellektueller Abstraktion und metaphysischen Spitzfindigkeiten; die Wahrheit des *Tao* liegt in den konkreten Realitäten unseres alltäglichen Handelns.

Diesen Gedanken der Natürlichkeit wendeten auch die Neo-Konfuzianer auf die zwischenmenschlichen Beziehungen an. Wang Yang-ming aus dem fünfzehnten Jahrhundert sagte: »Die Konfuzianer meinen, zwischen Vater und Sohn findet man Liebe, zwischen Herrscher und Untertan Gerechtigkeit, und in der Beziehung zwischen Ehegatten kommt ein jeder seinen Verpflichtungen nach. Wie könnte man sagen, daß eine so natürliche Beziehung, wie die zwischen Vater und Sohn, Herrscher und Untertan, Mann und Frau eine Bindung darstellt?« Diese Konzeption der Natürlichkeit wurde ganz besonders von den taoistischen Philosophen betont.

Eine einfache und amüsante Geschichte mag uns eine grundsätzliche Lektion erteilen. Ein Zen-Schüler trat eines morgens mit der Frage an seinen Meister heran: »Was ist das Wesen des Zen?« Der Meister fragte zurück: »Hast du dein Frühstück beendet?« – »Ja«, war die Antwort. »Dann«, sagte der Meister, »geh und wasche dein Eßgeschirr.«

Der Meister war durchaus nicht leichtfertig oder uninteressiert. Er sagte einfach, daß Natürlichkeit der Weg zur Erleuchtung ist. Wie Kuo Hsiang, der neo-taoistische Philosoph des dritten Jahrhunderts es einmal sagte: »Das Universum hat alle Dinge zum Gehalt, und alle Dinge müssen das Selbst-so-sein zu ihrer Norm machen. Was ganz spontan so ist und nicht so gemacht wurde, das ist Natürlichkeit.« Im *Tao Te Ching* lesen wir: »Der Mensch richtet sich nach der Erde; die Erde richtet sich nach dem Himmel; der Himmel richtet sich nach Tzu-Jan (dem Selbst-so-sein).« Durch Selbst-so-sein erlangt ein Mensch *Tao* und findet Erleuchtung. Selbst-so-sein ist der Schlüssel zum Frieden im höchsten Sinn.

Ich möchte diesen Gedanken durch die folgende Analogie aus dem zweiten Kapitel des Chuang Tzu noch weiter verdeutlichen. Es handelt sich dabei um den Dialog zwischen zwei Taoisten, Tzu Ch'i und Tzu Yu, die gerade über die Große Harmonie der Musik des Himmels diskutierten.

»Den Atem des Himmels«, sagte Tzu Ch'i, »nennt man Wind. Manchmal bleibt er einfach inaktiv. Wenn er jedoch in Aktion tritt, dann erklingen die zehntausend Höhlungen der Erde mit mächtigem Geheul. Hast du es noch nie gehört beim Ausbruch eines Sturmes? Auf dem bewaldeten Bergrücken sind die Höhlungen der großen Bäume wie Nasenlöcher, Münder und Ohren. Andere sind wie die Winkel eines Dachgestühls, wie Becher, wie Mörser, wie Tümpel und Pfützen. Der Wind wirbelt durch sie hindurch wie sausende Sturzbäche schwirrender Pfeile. Das heult und schreit und trillert und klagt, das stöhnt und röhrt und murmelt . . . Endlich ist der Sturm vorbei, und alle Höhlungen verstummen wieder . . .«

»So sagt Ihr also«, fragte Tzu Yu, »die Musik der Erde sei der Klang der Löcher und Höhlungen, und die Musik des Menschen sei die aus Bambuspfeifen und Flöten. Darf ich fragen, was dann die Musik des Himmels ist?« – »Die Himmlische Musik«, entgegnete Tzu Ch'i, »bläst auf den zehntausend Öffnungen, und zwar auf jeder anders. Jede von ihnen zeigt sich ganz von selbst. Was brauchten sie noch eine treibende Kraft?«

Was also ist die Musik des Himmels? Es ist nichts anderes als die Musik der Erde und die Musik der Menschen, die sich ganz von selbst behaupten. Im relativen Sinn sehen wir einen Unterschied zwischen der Musik der Erde und der Musik des Menschen und zwischen den verschiedenen Öffnungen. Aber im höchsten Sinn besteht da eine Einheit, eine Harmonie zwischen der Musik der Erde und der Musik der Menschen. Wenn jede Öffnung – ob im Bereich der Erde oder der Menschen – spontan ihre natürlichen Möglichkeiten verwirklicht, dann ist die Große Harmonie erreicht. Das ist die Musik des Himmels. Die Musik des Himmels ist also die Selbst-Behauptung jeder Öffnung der Musik der Erde und jeden Instruments der Musik des Menschen. Selbst-Behauptung geht einher mit Verschiedenheit, und doch ist in aller Verschiedenheit die Einheit. Einheit ist unsichtbar, nur Verschiedenheit ist greifbar. Doch ohne die Verschiedenheiten gäbe es keinen Ausdruck der Einheit. Ohne die unsichtbare Einheit wäre die Große Harmonie nicht möglich. Whitehead sagt: »Die Große Harmonie ist die Harmonie der fortdauernden Individualitäten, die in der Hintergrundseinheit verbunden sind. Aus diesem Grund werden die höheren Zivilisationen vom Gedanken der Freiheit verfolgt. Denn in jeder ihrer vielen Interpretationen ist Freiheit der Anspruch auf energische Selbst-Behauptung.«[8] Was Whitehead die »energische Selbst-Behauptung der Freiheit« nennt, das meint auch Chuang Tzu, wenn er von der Musik der Erde und der Musik der Menschen als Reflektion der »Hintergrundseinheit« der Musik des Himmels spricht.

Betrachten wir noch einmal Chuang Tzu's Analogie, daß die letzte Wirklichkeit die »Musik des Himmels« sei. Diese Parabel des Chuang Tzu ist oft mißverstanden worden. Ein deutender Kommentar des großen Gelehrten Yao-Nai aus dem siebzehnten Jahrhundert vermittelt uns jedoch eine erhellende Einsicht: »Für einen Menschen, der das Selbst des Nicht-Selbst verwirklicht hat, ist alle Musik – sei es die Musik von Pfeifen und Flöten oder die Musik des Windes auf den Öffnungen der Natur – die Musik des Himmels. Doch der Mensch, der das Nicht-Selbst nicht verwirklicht hat, hört diese Klänge noch als die Musik der Menschen und die Musik der Erde.«

Der gleiche springende Punkt findet sich in einer Anekdote aus der Geschichte des Zen-Buddhismus. Sie erzählt von einem jungen Mönch, der viele Jahre lang über den Ausspruch eines berühmten Zen-Mönches grübelte. Dieser Mönch sollte gesagt haben: »Sein und Nichtsein sind eine Efeu-Ranke, die sich um einen Baum windet.« Schließlich machte der junge Mann die weite Reise zu diesem Mönch, um von ihm die Wahrheit über diesen Spruch zu erfahren. Als er endlich bei dem alten Meister ankam, war der gerade dabei, einen Erdwall zu bauen. Atemlos fragte er ihn, ob er wirklich jene Bemerkung über das Wesen von Sein und Nichtsein gemacht habe. Der alte Mönch bestätigte dies und wollte wissen, warum der junge Mann sich danach erkundige. »Was geschieht denn dann«, fragte der Junge naiv, »wenn der Baum umfällt und die Ranke verdorrt und stirbt?« Der alte Mönch lachte herzhaft, ging davon und ließ den jungen Mann stehen. Vorher versicherte er ihm jedoch noch, daß er eines Tages seinen zweiten Lehrer treffen und dann verstehen würde. Viele Jahre später traf der Schüler seinen zweiten Lehrer, der als der Einäugige Drache bekannt war, und erzählte ihm von der früheren Begegnung. Der Einäugige Drache versicherte ihm, daß die Lehrmethode des Alten fraglos die wahre gewesen sei. – »Er hat

in dir nur jemanden vermißt, der ihn wirklich verstanden hätte.« – »Aber was«, fragte der Schüler weiter, »was ist denn die Lehre? Was geschieht, wenn der Baum umstürzt und die Ranke verdorrt und stirbt?« – »Du machst deinen alten Meister noch einmal lachen«, entgegnete der Einäugige Drache lächelnd. Da plötzlich verstand der Schüler endlich und rief aus: »Es war also doch ein Dolch in dem Gelächter des Alten!«
Diese Geschichte zeigt deutlich, daß innere Erfahrung nicht von einem Menschen auf den anderen übertragen werden kann. Voraussetzung für das Verstehen ist, daß beide die gleiche Art von Erfahrung teilen. Im ersten Fall, als der Schüler das Gelächter seines Lehrers hört, ist sein Geist noch voll von Vorstellungen über Sein und Nichtsein, Bäume und Efeuranken, Reiseaufwendungen und Entfernungen. Ja, er steckt geradezu in einem Gefängnis von Begriffen und Doktrinen. Sein eigenes Wesen ist tief unter all diesen Dingen begraben, und er ist nicht in der Lage, unmittelbar die Wirklichkeit vor seinen Augen zu erfassen. Er begriff nicht, was in dem Lachen steckte. Er verstand das Lachen nur als ein Gelächter. Der Taoist würde sagen, er hörte die Musik der Erde als die »Musik der Erde«. Als er jedoch die rätselhafte Bestätigung des ersten Lehrers durch den zweiten wiederum als ein Lachen vernahm, öffnete sich sein Bewußtsein plötzlich, und die gleiche Antwort wurde unvermittelt zum Medium der Mitteilung einer erleuchteten Sicht. Diesmal verstand er, daß es mit dem Lachen mehr auf sich hatte, als er zuerst glaubte. In den Worten der Taoisten: Er hörte die Musik des Himmels in der Musik der Erde. Dieses Hören der Musik des Himmels in der Musik der Erde wird im Zen-Buddhismus poetisch so ausgedrückt:

*Wenn die Vögel ihr Lied von den Baumwipfeln singen,*
*Übermitteln sie die Lehre aller Patriarchen.*
*Wenn die Bergblumen erblühen,*
*Offenbart ihr Duft den Wahren-Sinn.*

Der Wahre-Sinn im Duft der Blüten und die Lehre der Patriarchen im Lied der Vögel sind stets gegenwärtig. Aber der Mensch, dessen Geist verschlossen ist, ist sich dessen nicht bewußt. Nur bei einem Menschen, dessen Geist vorbereitet ist, kann der Duft der Blüten und das Lied der Vögel zum Erwachen führen. In diesem Erwachen ereignet sich die völlige Einswerdung von subjektiver und objektiver Wirklichkeit. Subjektivität ist Objektivität, und Objektivität ist Subjektivität. Zwischen ihnen besteht vollkommene ungehinderte zugrundeliegende Harmonie. Vom Standpunkt der Subjektivität besteht darüberhinaus weder ein Haften an Subjektivität noch an Objektivität. Sich völlig mit der Objektivität zu identifizieren und dennoch vollkommen frei davon zu sein, das ist das Nicht-Haften sowohl an Form als auch an Leere.

Um das Nicht-Haften zu erreichen, wurde die Technik des »jenseits der Unterschiede« angewendet. Diese konkrete Methode wurde von den Zen-Buddhisten in der Form des *kung-an* (jap.: *koan*) weiterentwickelt: Eines Tages kam ein Mönch in einem Kloster an. Der Meister fragte ihn, ob er schon einmal hier gewesen sei. Die Antwort war »Nein«. Der Meister sagte: »Trink eine Tasse Tee.« Später kam ein anderer Mönch, um den Meister zu sehen. Es stellte sich heraus, daß dieser schon einmal im Kloster gewesen war. Wieder sagte der Meister: »Trink eine Tasse Tee.« Da fragte ein Mönch aus dem Kloster: »Warum gebt Ihr ohne Rücksicht auf die verschiedenen Umstände diesen beiden Männern die gleiche Antwort? Für den, der schon einmal hier war, und für den, der noch nie hier war, lautet die Antwort, ›Trink eine Tasse Tee‹.« Da rief der Meister den Mönch beim Namen und sagte: »Trink eine Tasse Tee.«

»Trink eine Tasse Tee« wird gleichermaßen auf die ganz unterschiedlichen Bedingungen, unter denen sich die drei Fragesteller befinden, angewendet. Diese Technik des »jenseits der Unterschiede« transzendiert die Dichotomie des ›dies‹ und ›das‹ und dringt direkt in den Kern des Seins vor.

Das augenblickliche Aufbrechen des Bewußtseins durch ein Koan ist jedoch oft nicht kontrollierbar; man mag damit Erfolg haben oder auch nicht. Deshalb gibt es neben dieser direkten konkreten Methode zur Erreichung der Selbst-Verwirklichung sowohl im Taoismus als auch im Buddhismus eine Methode des schrittweisen Vorgehens. Dies ist der logische Prozeß der Negation der Negation, welcher schrittweise zu einem tieferen Verständnis führt. Er kann jedoch das Aufbrechen des Bewußtseins nicht garantieren. Wir wollen uns Chuang Tzu's Stellungnahme zur Verneinung der Verneinung ansehen:

Es gibt einen Anfang; es gibt keinen Anfang. Es gibt keinen Nicht-Anfang. Es gibt Sein; es gibt Nichtsein. Es gibt kein Nichtsein. Ist da plötzlich eine Unterscheidung zwischen Sein und Nichtsein, dann weiß ich nicht, was nun wirklich Sein und was wirklich Nichtsein ist. Ich habe soeben eine Feststellung gemacht, aber ich weiß nicht, ob etwas wirklich festgestellt oder nichtfestgestellt wurde. (*Chuang Tzu*, Kap. II)

Im ersten Teil dieses Abschnitts wird der logische Prozeß der Negation der Negation beschrieben, der mit Lao Tzu's Worten der Prozeß des »Verlierens und Verlierens« ist. Der zweite Teil weist auf die Erfahrung des Nichthaftens sowohl an Sein als auch an Nichtsein, sowohl an Feststellung als auch an Nichtfeststellung hin. Dies ist der Mittlere Weg. Wie der erste Teil klar sagt, wird dieser Mittlere Weg durch die Verneinung der Verneinung erreicht. Wenn man die zweite Verneinung erreicht hat, ist man nicht nur von der Verhaftung an das Sein, sondern auch vom Haften am Nichtsein frei. Erfährt man diese Befreiung sowohl von Sein als auch von Nichtsein, anstatt sie nur intellektuell zu verstehen, dann ist man erleuchtet.
Es ist interessant, diesen Prozeß der Verneinung der Verneinung mit dem System der »Doppelten Wahrheit auf drei Ebenen« des großen Buddhisten Chi Tsang aus dem sechsten Jahrhundert zu vergleichen. Durch schrittweise Negation führt uns Chi Tsang von der gewöhnlichen Wahrheit zur letzten Wahrheit und damit schließlich zur Erleuchtung.

Die gewöhnlichen Leute halten alle Dinge für *yu* (Sein) und wissen nichts vom *wu* (Nichtsein). Aber die Buddhisten haben ihnen gesagt, daß alle Dinge *wu* und leer sind. Auf dieser Ebene also ist die Behauptung, daß alle Dinge *yu* sind, die gewöhnliche Wahrheit, und die Behauptung, daß alle Dinge *wu* sind, ist eine höhere Form der Wahrheit.
Steigen wir zur zweiten Ebene auf, dann bedeutet die Aussage, daß alles *yu* sei, die Dinge einseitig zu sehen. Aber zu behaupten, alle Dinge seien *wu*, ist genauso einseitig. In Wirklichkeit ist das, was *yu* ist, gleichzeitig auch *wu*. Auf dieser zweiten Ebene der doppelten Wahrheit ist es also ebenso gewöhnliches Verständnis zu sagen, alle Dinge seien *yu*, wie zu sagen, alle Dinge seien *wu*. Nun müßte man sagen, daß ein »nicht-einseitiger Mittlerer Weg« darin besteht, zu

verstehen, daß die Dinge weder *yu* noch *wu* sind. Dies wird jetzt die höhere Form der Wahrheit.
Auf der dritten Ebene jedoch machen wir, wenn wir sagen, die absolute Wahrheit bestehe in dem, was nicht-einseitig ist, Unterscheidungen, und alle Unterscheidungen sind ihrem Wesen nach einseitig. Deshalb ist auf dieser Ebene die Aussage, die Dinge seien weder *yu* noch *wu*, einfach gewöhnliches Verständnis. Die höhere Wahrheit besteht darin zu sagen, daß die Dinge weder *yu* noch *wu*, weder nicht-*yu* noch nicht-*wu* sind, und daß die absolute Wahrheit weder einseitig noch nicht-einseitig ist.[9]

Die absolute Wahrheit wird durch die Verneinung der Verneinung erreicht. Die Wahrheit der ersten Ebene wird auf der zweiten Ebene negiert. Die Wahrheit der zweiten Ebene wird wiederum auf der dritten Ebene verneint. Die absolute Wahrheit der dritten Ebene ist weder einseitig noch nicht-einseitig, weder Feststellung noch Nichtfeststellung. Erleuchtung wird also auf dem Mittleren Weg erlangt. Die »Doppelte Wahrheit auf drei Ebenen« des Chi Tsang ist mehr systematisiert als die »Verneinung der Verneinung« in Chuang Tzu's einfacher Aussage. Aber beide dieser logischen Vorgehensweisen führen zum Mittleren Weg. Und hören wir die Buddhisten sagen, Nichtsein ist Sein und Sein ist Nichtsein, dann sehen wir, wie sich bei der Formulierung der letzten Wahrheiten die großen Geister des Buddhismus und des Taoismus treffen.
Der Prozeß der Verneinung der Verneinung wurde nicht nur von der buddhistischen Schule des Mittleren Weges, sondern auch von der Schule der Reinen Vorstellung *(Wei-shih)* benutzt, um Erleuchtung zu erreichen. Diese Schule klassifizierte die psychischen Funktionen nach verschiedenen Arten des Bewußtseins, den sogenannten *vijnānas,* deren Läuterung nach ihrer Ansicht zur Erleuchtung führt. Dieser Prozeß der Läuterung ist eigentlich ein Prozeß der Verneinung: zuerst werden das innerliche Ego und die äußerlichen Dinge verneint, schließlich sogar die Existenz eines Bewußtseins. Die Schule der Reinen Vorstellung entwickelte folgendes System:
*Wei-shih* kategorisiert unsere mentale Hierarchie nach acht Arten des Bewußtseins *(vijnānas),* denen jeweils eine bestimmte Funktion zugeschrieben wird. Was wir normalerweise erfahren, wird uns über die Wahrnehmung der fünf Sinne und die sechste

Bewußtheit vermittelt. Die fünf Sinne sind Sehvermögen, Gehör, Geruchs-, Geschmacks- und Tastsinn. Der sechste Sinn oder *mano vijnāna* entspricht dem Intellekt. Seine Funktion ist, zu analysieren und synthetisieren, was zuerst durch die fünf Sinne wahrgenommen wurde. Die siebente Art des Bewußtseins, *mana vijnāna*, ist am schwierigsten zu definieren. Einerseits funktioniert sie als Ich-Bewußtsein und dient als Vermittler zwischen dem sechsten Bewußtsein und dem achten Bewußtsein, oder zwischen *mano vijnāna* und *ālaya vijnāna*. Andererseits besitzt das siebente Bewußtsein die Funktion des kosmischen Bewußtseins; es ist das reine Bewußtsein, welches manchmal auch *agada* oder das neunte Bewußtsein genannt wird. Kurz gesagt, das siebente *vijnāna* ist begrifflich im Bereich des Faßbaren und eigenschaftslos im Bereich des Unfaßbaren. Das achte Bewußtsein, *ālaya vijnāna*, ist der Speicher der vorhergehenden sieben und enthält ununterschieden alle Bewußtseinsstufen; es wird mit der Metapher der zwei Arten von Keimen beschrieben: den Keimen des Befleckten und den Keimen des Makellosen. Diese Keime werden von allen sieben anderen Bewußtseinsstufen hervorgebracht oder stimuliert, und diese Keime wiederum machen deren siebenfache Funktionen möglich. Aus den Keimen des Befleckten entstehen befleckte *dharmas*, welche wiederum befleckte Keime hervorbringen. Wegen dieses Kreislaufes von Ursache und Wirkung ist das menschliche Leben in jenem endlosen Wirbel gefangen, in dem die Harmonie im höchsten Sinn zu verwirklichen, unmöglich scheint. Die Schule der reinen Vorstellung versuchte, das Problem dieser mißlichen Lage der Menschheit durch die Umwandlung befleckter Keime in makellose Keime zu lösen und machte den Bereich des *ālaya vijnāna* damit unendlich und erhaben.

Die bekannten fünf fortschreitenden Stadien auf dem Weg zur vollkommenen Erleuchtung der Schule der Reinen Vorstellung sehen folgendermaßen aus: Die Befreiung des Menschen vom Weltwahn beginnt mit der Verneinung des inneren Ego und der äußeren Dinge. In der Berichtigung des dualistischen Glaubens an ein Ich und ein Universum sehen wir die Übernahme des Standpunktes der *Mahayana* Philosophie; diese behauptet, daß es kein wirkliches Ich oder Universum außerhalb unseres Bewußtseins gibt. Alles was wirklich erscheint, ist von unserem Bewußtsein untrennbar. Im zweiten Stadium wird das intellektuelle Verständnis der Reinen Vorstellung ausgeweitet, und die Nichtexistenz von Ich und Universum wird in detaillierterer Form bestätigt. Im dritten Stadium erfährt man die Unmittelbarkeit der Nichtunterscheidung und verweilt im wahren und transzendenten Wesen des reinen Bewußtseins. Das Bewußtsein ist von der Unterscheidung von Subjekt und Objekt befreit. Im vierten Stadium werden durch die ständige Pflege der Nichtunterscheidung die befleckten Keime in unbefleckte Keime umgewandelt. So erreicht man vollkommene Erleuchtung und tritt in das Nirvana ein. Das fünfte Stadium stellt die Ernte aus allen makellosen Keimen nach der völligen Umwandlung dar. Was im *ālaya,* im Speicherbewußtsein enthalten ist, ist erhaben und unendlich. Da alle befleckten Elemente für immer beseitigt sind, sind nun alle acht Bewußtseinsarten vollkommen umgewandelt und geläutert, und mit dieser Läuterung ist die Erleuchtung verwirklicht.

Die fünf Stadien, die von der Schule der Reinen Vorstellung beschrieben werden, stellen im Wesentlichen einen Prozeß der Negation der Negation dar, und führen schließlich zur Nichtunterscheidung, der letzten Wirklichkeit zwischen Sein und Nichtsein, welche der Mittlere Weg ist. Im zweiten Kapitel des *Tao Te Ching* lesen wir: »Sein und Nichtsein erzeugen einander ... deshalb übt der Weise das Nichteingreifen und lehrt das wortlose Nichthaften (an beiden Seiten).« Dies bedeutet, es ist der Mittlere Weg, der zum inneren Frieden führt. Um den Mittleren Weg zu verwirklichen, muß man sich von Sein und Nichtsein, Leben und Tod, Aufbau und Zerstörung befreien. Hierzu möchte ich noch einmal eine Passage aus dem *Chuang Tzu* zitieren:

Non-po Tzu-kuei fragte Nu-yü: »Ihr seid in hohem Alter und habt doch das Aussehen eines Kindes. Wie erreicht man das?« Nu-yü antwortete: »Ich habe das *Tao* verwirklicht.« Zur weiteren Erläuterung erzählte er ihm folgendes: »Da gab es den Po Liang-I; er hatte die Begabungen eines Genies, aber es fehlte ihm das *Tao*, um vollkommen zu sein ... Ich versuchte, ihn zu lehren, damit er die

Vollendung erreiche. Innerhalb von drei Tagen war es ihm möglich, sich von der Welt zu befreien. Nach weiteren sieben Tagen war er von allen Äußerlichkeiten frei. Und in weiteren neun Tagen war er frei von seiner eigenen Existenz. Von seiner Existenz befreit, hatte er eine Vision der aufgehenden Sonne. Daraufhin konnte er die Einheit erfahren. Als nächstes gab es keine Unterscheidung von Vergangenheit und Gegenwart mehr für ihn. Dann erreichte er den Zustand jenseits von Leben und Tod. So wußte er, daß die Zerstörung des Lebens nicht den Tod bedeutet, und daß die Geburt nicht Leben bedeutet. Er ging mit allen Dingen um und nahm alle Dinge an. Alle Dinge schreiten fort zur Zerstörung und alle Dinge schreiten fort zum Aufbau. Dies nennt man die Beruhigung in der Verwirrung. Beruhigung in der Verwirrung bedeutet die Verwirklichung durch das Chaos« (Kap. VI).

Diese Geschichte ist Chuang Tzu's Art und Weise zu sagen, daß die Emanzipation von den Bindungen der Welt des ewigen Wandels, vom relativen Wert der äußerlichen Dinge und von der unstabilen und flüchtigen Existenz durch die Verneinung der Verneinung verwirklicht wird. Wenn man von allen Bedingungen frei ist, dann hat man den absoluten Augenblick erreicht – den Mittleren Weg, in dem die »Zerstörung des Lebens nicht den Tod«, und »Geburt nicht Leben bedeutet«, in dem Zerstörung Aufbau und Aufbau Zerstörung ist.
Vergleichen wir die Schritte, die Chuang Tzu beschreibt, mit den vier *dhyanas* des buddhistischen *Lankavatara Sutra*: Das erste *dhyana* lehrt das Ablassen von der Welt, da diese vergänglich, verblendet und voller Leiden ist. Das zweite *dhyana* verlangt vom Menschen, die äußeren Dinge durch kontemplative Überprüfung zu transzendieren, da sie wechselseitig bedingt sind. Nach dem dritten *dhyana* muß sich der Mensch von den beiden Formen des Nicht-Atman (Atman = das eigenschaftslose SELBST; Anm. d. Übs.), dem Ego der Person und dem Ego der Dinge befreien, um die Einheit zu erreichen. Im letzten *dhyana* wird der selige Zustand des *Boddhi* (= vollkommene Erleuchtung) erreicht, und man geht auf in der Arbeit zum Heil aller lebenden Wesen. Die Erklärungen der Dhyanas in dem buddhistischen System stimmen nicht genau mit den Schritten überein, die Chuang Tzu aufzählt. Aber sowohl Taoisten als auch Buddhisten wenden bei ihrer Suche nach der letzten Wahrheit den Prozeß der Negation der Negation an. Wir dürfen die Tatsache jedoch nicht aus den den verlieren, daß der letzte Durchbruch nur

durch die uns allen eigene allerfundamentalste Fähigkeit zustande kommt. Erst wenn wir uns vollkommen von aller Bedingung und aller Begrenzung befreit haben, können wir »die aufgehende Sonne« sehen.

Die aufgehende Sonne zu sehen, das bedeutet, die Erleuchtung zu erfahren, in der das gesamte Sein eines Menschen verwandelt und neugeformt wird.

Psychologisch gesprochen, ist Erleuchtung die Umwandlung von einem Bewußtsein, das in der Ego-Form begrenzt ist, in die Form des »nicht-ichhaften Selbst«. Wir wollen uns C. G. Jungs Erklärung anhören:

Die Illusion bezüglich der Natur des Selbst ist die vulgäre Verwechslung von Ich und Selbst . . . Pa Shan, welcher sagte: »Der Mond des Geistes (mind) schließt das ganze Universum ein in seinem Lichte«, fügte hinzu: »Es ist kosmisches Leben und kosmischer Geist (spirit) und zugleich individuelles Leben und individueller Geist (spirit).«

Wie man das Selbst immer definieren mag, so ist es etwas anderes als das Ich, und insofern eine höhere Einsicht vom Ich überleitet zum Selbst, so ist letzteres ein Umfänglicheres, welches die Erfahrung des Ich in sich schließt und dieses daher überragt. Gleichwie das Ich eine gewisse Erfahrung meiner selbst ist, so ist das Selbst eine Erfahrung meines Ich, welche aber nicht mehr in Form eines erweiterten oder höheren Ich, sondern in Form eines Nicht-Ich erlebt wird.

. . . Der Vorgang ist gedeutet und formuliert als ein Durchbruch eines in der Ichform beschränkten Bewußtseins in die Form des nicht-ichhaften Selbst. Diese Auffassung entspricht dem Wesen des Zen . . .[10]

Die Umwandlung des Selbst von der Ichform zur nicht-ichhaften Form ist das fundamentale Ziel sowohl des Taoismus als auch des Buddhismus, und *satori* (im Japanischen) oder *wu* (auf Chinesisch) sind der Ausdruck des inneren Erwachens und der Umwandlung. Die traditionelle Interpretation dieser inneren Erfahrung, wie eindringlich und direkt sie auch sein mag, überschreitet oft unser Verstehen. Der oben gegebene Erklärungsversuch basiert auf subjektiver innerer Erfahrung und wird durch eine wissenschaftliche Beschreibung objektiver Beobachtungen vermittelt. Diese wissenschaftliche Darstellung stellt den wahren Wert der von den alten chinesischen Philosophen gelehrten Selbst-Umwandlung heraus, die viele tausend Jahre lang unerklärt geblieben ist.

Das alltägliche Leben der Menschen, die eine solche innere Erfahrung, die Erleuchtung, erlebt haben, unterscheidet sich nicht von dem gewöhnlicher Menschen. Der gewöhnliche Mensch trägt seine Kleider und ißt seine Mahlzeiten, und genau das tut auch der Erleuchtete. Nach Lao Tzu wird er keine nihilistische Haltung den weltlichen Aktivitäten gegenüber einnehmen.

*Beim Wohnen schätzt man den geeigneten Platz.*
*Am Geist schätzt man die Tiefe.*
*Am Freund schätzt man die Freundlichkeit.*
*An Worten schätzt man die Ehrlichkeit.*
*An der Regierung schätzt man die Ordnung.*
*Bei Geschäften schätzt man die Fähigkeit.*
*Am Handeln schätzt man die Zeitgerechtheit.* *(Kap. VIII)*

Die Grundeinstellung des Taoisten ist also nicht im geringsten nihilistisch; sie ist eine der Situation gemäße Anpassung, die aus der höchsten Ebene inneren Friedens nach der Umwandlung des gesamten eigenen Seins entspringt. Ja, es ist dieser innere Friede des nicht-ichhaften Selbst, aus dem alle Wunder dieser Welt entspringen, die von den unbegrenzten Möglichkeiten des Menschen Zeugnis ablegen. Im Bereich des nicht-ichhaften Selbst ist die wechselseitige Bedingung von Gold und Löwe in vollkommener Harmonie, und die Dichotomie von Wirklichkeit und Erscheinung besteht nicht mehr. Mit anderen Worten: der Mensch hat den Grund erreicht, aus dem alle große Schöpfungskraft entspringt. Wenn wir uns dieser »tiefen zugrundeliegenden Harmonie« bewußt werden, dann erst werden wir wirklich den großen Beitrag verstehen, den die Taoisten zum Leben und der Kultur der östlichen Welt geliefert haben.

ANMERKUNGEN

1 Laurence Binyon, The Spirit of Man in Asian Art, S. 98.
2 L. Binyon, The Spirit of Man in Asian Art, S. 99.
3 Alfred N. Whitehead, Process and Reality, S. 124.
4 *Hua-yen Yi-hai Pai-men*, S. 630.
5 F. H. Bradley, Appearance and Reality, S. 489.

ständig, und doch gibt es kein Hindernis zwischen dem, was rein, und dem, was gemischt ist.«[4] Die Theorie, daß *Li* und *Shih*, oder Wirklichkeit und Erscheinung, wesentlich eins sind, wurde auch von Francis Herbert Bradley formuliert: »Die Wirklichkeit ist keineswegs verschieden von Erscheinung . . . Wirklichkeit erscheint in ihren Erscheinungen, und diese sind ihre Offenbarung, anderenfalls könnte sie selbst niemals irgendetwas sein.«[5] So können zwei Elemente, *Li* und *Shih*, oder Wirklichkeit und Erscheinung, beide notwendige Aspekte des einen Seins, in Wahrheit niemals getrennte Wesenheiten sein. Sie können auch nicht haargenau untersucht oder voneinander getrennt werden, ohne daß man ihr Wesen verschleiert. Die Welt der Wirklichkeit ist tatsächlich nichts anderes als die Welt der Sinne und des Intellekts: die Welt der Sinne und des Intellekts ist nichts anderes als die der Wirklichkeit. Es gibt nur eine einzige vollständige Welt. Um die absolute Einheit von *Shih* und *Li* zu verdeutlichen, können wir die Parabel vom Goldenen Löwen heranziehen.

Im siebenten Jahrhundert, als Fa-tsang, der Gründer der *Hua-yen* Schule, am Kaiserhofe Vorlesungen gab, sah er sich der Schwierigkeit gegenüber, die Theorie von der ungehinderten gegenseitigen Durchdringung von *Shih* und *Li* oder der Einheit von Erscheinung und Wirklichkeit zu erklären. Fa-tsang zeigte auf einen goldenen Löwen in der Halle und trug seine berühmte Parabel vor. Das Gold symbolisiert die Wirklichkeit, und der Löwe, so sagte er, symbolisiert die Erscheinung. Wirklichkeit selbst ist formlos, aber sie nimmt jede Form an, die die Umstände ihr geben. Ähnlich hat das Gold kein »Bestehen an sich«, sondern ist zur Form des Löwen als seine Erscheinung geformt. Andererseits ist der Löwe nur eine Form, nur eine Erscheinung, die keine Wirklichkeit an sich hat – sie ist ganz und gar Gold.

Wenn das Gold den Löwen vollkommen aufnimmt, dann hat der Löwe keine Existenz als getrennte Wesenheit. Die Existenz des Löwen hängt vollkommen von der Existenz des Goldes ab. Ohne Gold gäbe es keinen Löwen. Das heißt mit anderen Worten, ohne Wirklichkeit existiert keine Erscheinung. Andererseits jedoch stellt der Löwe die Erscheinung des Goldes dar. Ohne die Form des Löwen gäbe es keinen Ausdruck des Goldes. Erschei-

6 F. H. Bradley, Appearance and Reality, S. 493.
7 AlfredN. Whitehead, Adventures of Ideas, S. 369.
8 Alfred N. Whitehead, Adventures of Ideas, S. 362.
9 Y. L. Feng, The Brief History of Chinese Philosophy, S. 245 f.
10 D. T. Suzuki/C. G. Jung, Die Große Erfahrung, Zürich und Stuttgart 1969, S. 15.

# Kapitel 4
# Der Prozeß der Selbst-Verwirklichung

Nach taoistischer Auffassung führen zwei Wege zur Erleuchtung, *ming* oder ontologische Erkenntnis, und *ching* oder Stille. Die vorangegangenen Kapitel über Sympathie, schöpferische Kraft und Frieden beschäftigen sich alle mit *ming*. Dieses Kapitel ist dem Weg des *ching* gewidmet.

Stille manifestiert sich manchmal als Dunkelheit. Das Licht, so kann man sagen, entspringt der Dunkelheit. Im Werk des Chuang Tzu finden sich zahlreiche Hinweise auf diesen Gedanken. Da befragt zum Beispiel im 22. Kapitel Nieh Chüeh den Pei I über das Wesen des *Tao*. Pei I antwortet ihm:

> Bringst du deinen Körper in die richtige Haltung und konzentrierst dich auf das Eine, dann wird die Himmlische Harmonie über dich kommen. Halte fest an deiner inneren Bewußtheit und vereinige dich mit dem Absoluten. Gott wird so in dir wohnen und du wirst im *Tao* verweilen. Das zu erlangen, wird dich mit Freude erfüllen. Du wirst sein wie ein neugeborenes Kalb, das mit großen Augen in die Welt schaut, ohne seinen Blick an irgendetwas zu heften.

Während er noch sprach, bemerkte Pei I, wie Nieh Chüeh in die Tiefe der Stille versank. Hocherfreut darüber, daß seine Worte solch augenblickliche und durchschlagende Wirkung gehabt hatten, ging Pei I von dannen und sang dabei:

*Seine Gestalt ist wie ein trockenes Skelett,*
*Und sein Bewußtsein ist wie funkenlose Asche.*
*Echt sein Erkennen, fest und wahr,*
*Nicht mehr von diskursivem Denken abhängig.*
*Dunkel und trübe hat er kein Bewußtsein,*
*Ist keiner Diskussion mehr zugänglich.*
*Seht her, was ist das für ein Mensch?*

Diese Geschichte gibt uns eine gute Illustration der Stille, die durch Ruhigstellung erreicht wird. Es ist genau der gleiche Zustand, den die Buddhisten als *samādhi* bezeichnen. Intellekt und diskursives Denken, ja sogar jegliches Bewußtsein sind verschwunden, und nur eine Empfindung heiterer Stille bleibt zurück. Die Verstandestätigkeit aus dem Bewußtsein zu verbannen, ist ein Prozeß der Negation. Die Stille ist jedoch etwas, das umfassender und tiefer ist, etwas, das an sich positiv ist und zur Erleuchtung führt. So sagt Chuang Tzu in seinem 23. Kapitel:

Wenn ein Mensch äußerste Stille bewahrt, dann tritt das Himmlische Licht hervor. Wer dieses Himmlische Licht ausstrahlt, der sieht sein Wahres-Selbst. Pflegt man sein Wahres-Selbst, erreicht man das Absolute. Erreicht jemand das Absolute, dann fallen alle menschlichen Attribute von ihm ab; die Himmlischen Eigenschaften aber werden ihm beistehen.

Diese Himmlischen Eigenschaften beschreibt Chuang Tzu, wenn er von Lao Tzu berichtet, er habe still gesessen wie ein bewegungsloser Leichnam und sich doch als ein Drache offenbart. Aus tiefster Stille habe sich ein Donnergetöse erhoben, wie von Himmel und Erde zusammen ausgestoßen. Den eigenen *Geist* als Drachen zu offenbaren, besagt symbolisch, die Erleuchtung verwirklicht zu haben. Das Licht, das von einem so vergeistigten Wesen ausstrahlt, nennt Chuang Tzu den Drachen. Eigentlich ist die Stille negativ; Intellekt und diskursives Denken sind abgeschüttelt. Wenn sich jedoch ihr positiver Aspekt zeigt, wird sie zur Bewußtheit des Unbewußten, zum Strahlen reinen Lichtes.

Die Verwirklichung der Erleuchtung durch Meditation nennen die Taoisten *Te*. Hat man *Te* erreicht, so heißt das, daß man zu seinem ursprünglichen Wesen zurückgekehrt ist. Sitzt ein Mensch des *Te* still, so hat er keine Gedanken; geht er, so hat er keine Ängste. In der Tiefe seines Bewußtseins ist nichts mehr enthalten. Mit anderen Worten heißt das: der Mensch des *Te* hat durch Versenkung eine höhere Stufe der psychischen Integration erreicht.

Der Versuch, die etymologische und assoziative Bedeutung des Wortes *Te* zu untersuchen, stößt auf beträchtliche Schwierigkeiten. Dieser Begriff *Te*, der mit dem Begriff *Tao* so eng zusammenhängt, ist so vielschichtig in seiner Bedeutung und in seinen assoziativen Anklängen, daß er eingehender Erklärung bedarf. Oft sagt man uns, *Te* bedeute einfach Tugend oder moralisches Verhalten. In den konfuzianischen »Gesprächen« hören wir jedoch, wie der Meister ein edles Pferd nicht wegen seiner Kraft oder seiner Schönheit preist, wie das zu erwarten wäre, sondern wegen seines *Te*. Hier kann das Wort natürlich nicht für den Moralbegriff der Tugend oder für moralisches Verhalten stehen. Es meint vielmehr eine Art eingeborener Charaktereigenschaft. So findet sich im Buch von der rechten Mitte die Aussage: »Solange man *Te* nicht erreicht hat, kann man das vollkommene *Tao* nicht verwirklichen.« In seiner Übersetzung nennt Arthur Waley das *Tao Te Ching* das Buch vom ›Weg und seiner Kraft‹ (The Way and Its Power). *Te*, so sagt Waley, entspricht am ehesten dem Wort Kraft (power). Nach dem *Shuo Wen*, dem klassischen chinesischen Wörterbuch, welches im ersten nachchristlichen Jahrhundert zusammengestellt wurde, bedeutet *Te* so viel wie »den Geist beobachten«. Die Assoziationen hierzu können uns zur Konzeption der Versenkung und der daraus erwachsenden Kraft hinführen. Die Übung der Versenkung selbst kann in noch frühere Zeit als die des Lao Tzu zurückverfolgt werden. In Kapitel 16 des *Tao Te Ching* findet sich zum Beispiel folgende Beschreibung:

*Gib dich hin der äußersten Leere;*
*Versenke dich inbrünstig in Stille.*
*Alle Dinge sind zusammen in Aktion,*
*Doch ich schaue ihre Nichtaktion.*
*Denn die Dinge sind stets in Bewegung, ruhelos,*[1]
*Und doch kehrt ein jedes zurück in seinen Ursprung.*
*Zum Ursprung zurückkehren, das ist Stille.*
*In Stille sein heißt, das »Für-sich-sein« schauen.*[2]
*»Für sich sein« ist das allverwandelnde Wandellose.*[3]
*Das allverwandelnde Wandellose zu begreifen, heißt, erleuchtet sein.*
*Das nicht zu kennen und blind zu handeln, führt ins Verderben.*
*Das allverwandelnde Wandellose umfängt alle Dinge.*[4]
*Alle Dinge zu umfangen, das heißt selbstlos sein.*[5]

*Selbstlos sein heißt, alldurchdringend sein.*[6]
*Alldurchdringend sein, das heißt, transzendental sein.*[7]

Diese Passage aus dem *Tao Te Ching* enthält eine deutliche Beschreibung eines Menschen des *Te*. Zeigt sie doch den fortschreitenden Prozeß der Versenkung vom Handeln zum Nichthandeln, eine Umkehrung des gewöhnlichen Verlaufes der psychischen Funktionen. Durch Nichthandeln wird die absolute Stille erreicht. Man erkennt sein eigenes ursprüngliches Wesen; wenn dies eintritt, so verschmilzt man mit den Zehntausend Dingen und wird zu einem von ihnen. Diese Verschmelzumg des eigenen Selbst mit den Zehntausend Dingen ist alldurchdringend und allumfangend. In einem solchen Zustand ist man ichlos. Damit ist man, so sagen wir, in der Welt des Nichts oder der Leere. Dies ist natürlich auch das Grundziel des Yoga.
Yoga, wie es die indischen Philosophen interpretieren, ist eine Methode der abstrakten Meditation *(samādhi)* und der transzendentalen Weisheit *(prajna)*. »Diese beiden Mittel sind wie zwei Ochsen, die an das Joch des Wagens gebunden sind, und ihn an seinen Bestimmungsort ziehen.«[8] Aus den frühesten chinesischen Aufzeichnungen sowie aus den uns überlieferten Werken des Lao Tzu und des Chuang Tzu können wir ersehen, daß »abstrakte Meditation« schon in früher Zeit von den Taoisten geübt wurde, und daß sie transzendentale Weisheit erreichten. Eng verbunden mit der Meditation, deren Konsequenz die Weisheit ist, sind Atemtechniken, die man im allgemeinen mit dem Yoga verbindet.
In China wurden meditative Atemübungen auch zur Verwirklichung des *Tao* geübt. So finden wir zum Beispiel schon in einem frühen Gedicht des Ch'u Yüan (starb etwa 288 v. Chr.) mit dem Titel »In der Ferne Wandern« die Andeutung einer Technik zur Erlangung des *Tao* durch kontrolliertes Atmen. Das Gedicht lautet, in freier Übersetzung:

Iß die sechs Arten von Luft und trink klaren Tau, um die Reinheit der Seele zu bewahren. Atme die Essenz der Luft ein und atme die faule Luft aus. Das *Tao* ist winzig und ohne Inhalt, und doch ist es riesig und grenzenlos. Verwirre deine

Seele nicht – es wird spontan sich zeigen. Sammle dich im Atem , und *Tao* wird auch in der tiefen Nacht bei dir verweilen.

Kehren wir zu den taoistischen Werken zurück; dort finden wir weitere Hinweise auf das meditative Atmen als Hilfe zur Erlangung transzendentaler Weisheit. In Kapitel 10 des *Tao Te Ching* spricht Lao Tzu von Atemübungen im Zusammenhang mit der Meditation:

*Kannst du dich auf deinen Atem konzentrieren, um Harmonie zu erreichen,*
*Und werden wie ein unschuldiger Säugling?*
*Kannst du den dunklen Spiegel*[9] *in dir säubern*
*Und ihn vollkommen rein erhalten? . . .*

Um die innere Harmonie zu erreichen, empfiehlt Lao Tzu selbst Atemübungen zur Sammlung und Reinigung. Der Gedanke der Aufnahme von Atemübungen zur Erlangung transzendentaler Weisheit wird bei Chuang Tzu als das *hsin chai* oder das Fasten des Geistes beschrieben. In Kapitel IV seines Werkes heißt es:

*Sammle dich auf das Ziel der Meditation.*
*Höre nicht mit deinen Ohren, sondern höre mit deinem Geist;*
*Nicht mit deinem Geist, sondern mit deinem Atem.*
*Laß das Hören nicht weiter gehen als bis zu den Ohren;*
*Laß den Geist nicht weiter gehen als bis zu seinen Bildern.*
*Atmen heißt, sich leerzumachen und das Tao zu erwarten.*
*Tao verweilt nur in der Leere.*
*Diese Leere ist das Fasten des Geistes . . .*
*Schau doch die Leere! In ihrer Kammer entsteht das Licht!*
*Siehe! Freude ist hier, um zu verweilen.*

Die Passagen, die ich gerade zitiert habe, sprechen sehr deutlich dafür, daß Atemübungen schon in den frühesten taoistischen Lehren empfohlen und angewendet wurden. Die alten chinesischen Philosophen haben erkannt, daß Atemtechniken den Prozeß der Meditation unterstützen können. So findet sich im Werk des Chuang Tzu die Feststellung, der vollkommene Mensch atme »durch die Fersen«, während der gewöhnliche Mensch durch die Gurgel atme: Ein weiterer konkreter Hinweis darauf, daß die Chinesen sehr wahrscheinlich ihr eigenes System von Atemübungen entwickelt hatten. In seinem 15. Kapitel warnt Chuang Tzu allerdings davor, sich auf rein physische Übungen zu verlassen, seien das Atemübungen oder andere, ohne gleichzeitig die taoistische Philosophie zu studieren und anzuwenden. Ohne ein wirkliches Verständnis dieser Philosophie würden solche Diszipline nicht die Erlangung transzendentaler Weisheit bewirken:

Wenn jemand einatmet und ausatmet, den Atem einzieht und ausstößt, um alte Luft hinauszulassen und neue hereinzunehmen, wenn er wie ein Bär überwintert und den Hals reckt wie ein Vogel, dann verlangt es ihn nur nach Langlebigkeit. So jemand schwelgt in Atemübungen, um seine Körperkräfte zu verbessern, damit er lange leben könne wie Peng Tzu ... Erreicht ein Mensch Langlebigkeit, nicht durch Atemübungen, sondern durch die Leere des Geistes – indem er alles vergißt und nichts besitzt – so hat er Reinheit und Unendlichkeit erlangt. Alle guten Eigenschaften gehen damit einher. Dies ist das *Tao* von Himmel und Erde.

Nach Meinung der Taoisten können Atemübungen die Erlangung spiritueller Weisheit erleichtern, aber ihre tatsächliche Verwirklichung besteht in dem spontanen Erwachen des reinen Bewußtseins aus dem Zentrum des eigenen innersten Seins. Dieses reine innere Bewußtsein ist nicht esoterisch und nur für einige Wenige zugänglich, sondern es ist universal, einem jeden zu eigen. Allerdings ist sich nicht jeder von uns der Tatsache bewußt, daß er es besitzt. Sein allgemeiner Charakter ist nicht schlußfolgernd oder rationalistisch, sondern unmittelbar und ursprünglich. Es hinterläßt keine Spur, sondern erweist die Bedeutung des absoluten Augenblicks, unabhängig von allen raum-zeitlichen Beziehungen. Seine Erfahrung entspringt einzig aus dem höchsten Zustand unseres eigenen Wesens. Ihn zu erreichen heißt, sich aus den Verstrickungen und Beschränkungen unseres begrenzten Verstandes zu befreien und Einsicht in unser innerstes Sein zu erlangen. Die folgende Passage aus dem Werk des Chuang Tzu (Kap. VI) beschreibt die Verwirklichung solcher spirituellen Freiheit:

Innerhalb von drei Tagen war es ihm möglich, sich von der Welt zu befreien. In weiteren sieben Tagen war er von allen Äußerlichkeiten frei. Und in weiteren neun Tagen war er frei von seiner eigenen Existenz. Von seiner Existenz befreit, hatte er eine Vision der aufgehenden Sonne. Daraufhin konnte er die Einheit erfahren. Als nächstes gab es keine Unterscheidung von Vergangenheit und Gegenwart mehr für ihn. Dann erreichte er den Zustand jenseits von Leben und Tod. So wußte er, daß die Zerstörung des Lebens nicht den Tod bedeutet, und daß die Geburt nicht Leben bedeutet. Er ging mit allen Dingen um und nahm alle Dinge an. Alle Dinge schreiten fort zur Zerstörung, und alle Dinge schreiten fort zum Aufbau. Dies nennt man die Beruhigung in der Verwirrung. Beruhigung in der Verwirrung bedeutet Verwirklichung durch das Chaos.

Aus dieser Passage können wir ersehen, daß der Taoist zuerst die Geschäfte der Welt transzendiert, dann materielle Dinge und schließlich sogar seine eigene Existenz. Durch diese schrittweise Loslösung erlangt er Erleuchtung und vermag alle Dinge als Eins zu sehen. So wird er frei von allen Bedingungen, Vergangenheit und Gegenwart, Leben und Tod, Zerstörung und Aufbau. Nichts dergleichen kann ihn mehr verwirren. Damit erreicht er die Stille, die höchste Ebene der Integration. Mit anderen Worten gesagt: man erreicht die höhere Ebene der Integration, indem man sich von aller Verwirrung befreit. Dies ist, was Lao Tzu die Methode des Verlierens nennt. Er sagt: »Nach Wissen suchen heißt, Tag für Tag dazugewinnen; das *Tao* suchen heißt, Tag für Tag verlieren.« Durch Verlieren und Verlieren erreicht man schließlich den Zustand des Nichthandelns. Hat man Nichthandeln erreicht, ist man erleuchtet, befreit von Unterscheidungen und Trennungen. Man schaut das Eine und wird Teil des Einen. In der folgenden Geschichte aus dem 6. Kapitel des *Chuang Tzu* wird diese Methode noch eingehender beschrieben:

Yen Huei, ein Schüler des Konfuzius, berichtete diesem eines Tages, er mache Fortschritte. Er sagte: »Ich vergesse die moralische Unterscheidung von Güte und Gerechtigkeit.« Der Meister sagte: »Gut, aber noch nicht genug.« An einem anderen Tag sagte Yen Huei: »Ich vergesse Riten und Musik.« Der Meister sprach: »Sehr gut, aber immer noch nicht vollkommen.« Beim dritten Mal kam dieser eifrige Schüler zum Meister und sagte: »Ich vergesse mich selbst beim Sitzen.« Der Meister war überrascht und fragte: »Was soll das heißen, du vergißt dich selbst beim Sitzen?« Der Schüler antwortete: »Das bedeutet, sich von der körperlichen Form zu befreien und Sehen und Hören keine Beachtung mehr zu schenken. Durch die Transzendierung der körperlichen Form und die Ausschaltung der Sinneswahrnehmungen wird man eins mit dem Unendlichen. Das meine ich, wenn ich sage, ich vergesse mich selbst beim Sitzen.«

Die Authentizität dieser Geschichte über Konfuzius und seinen Schüler, wie sie hier von einem taoistischen Meister erzählt wird, ist von den späteren Konfuzianern angezweifelt worden. Die Lehre des Selbst-Vergessens, mit dem in der Meditation die Erleuchtung angestrebt wird, ist allerdings ein wichtiger Bestandteil des taoistischen Lehrsystems. Es ist der Grundgedanke von Lao Tzu's Lehre des *sun chih yu sun* oder des Verlierens und Verlierens. Beide Methoden, sowohl Lao Tzu's »Verlieren und Verlieren«, als auch Chuang Tzu's »Selbst-Vergessen beim Sitzen« *(tso wang)*, wurden nicht nur von den Taoisten geübt, sondern wurden auch von den frühen chinesischen Buddhisten herangezogen, um die Lehre des indischen Yoga zu erklären. In der Einleitung zum Sutra über das Atmen des berühmten buddhistischen Meisters Tao-an (312–385) findet sich folgender Abschnitt:

Die *Ānāpāna* genannte Atemtechnik bezieht sich auf das Einziehen und Ausstoßen des Atems. *Tao* und *Te* sind überall; es gibt keinen Ort, an dem sie nicht wären. *Ānāpāna* ist der Gebrauch des Atems zur Erreichung innerer Integration. Es gibt vier Meditationstechniken, die sich die Körperfunktionen zu nutze machen. Mit Atemübungen durchschreiten wir die sechs Stadien auf dem Weg zur Integration. Körperliche Übungen führen durch vier Stadien zur Sammlung. Diese Schritte bestehen im »Verlieren und Verlieren«, bis wir das *wu wei*, das Nichthandeln erreicht haben, oder im »Vergessen und Vergessen«, bis wir uns aller Leidenschaften entledigt haben. Durch Nichthandeln kommen wir in Übereinstimmung mit den Dingen. Durch Leidenschaftslosigkeit kommt Harmonie in unser Tun. Stimmen wir mit den Dingen überein, dann schauen wir ihr Wesen. Durch Harmonie in unserem Tun können wir unsere Aufgabe erfüllen. Wir erfüllen unsere Aufgabe, indem wir alles, was ist, sich selbst als alles andere sehen lassen. Das Wesen der Dinge schauend, machen wir die ganze Welt selbstvergessen. Damit beseitigen wir das Andere und beseitigen das Selbst. Dies bedeutet, die Integration in das Eine zu erreichen.

Dieser von dem buddhistischen Gelehrten Tao-an geschriebene Text über die Philosophie des meditativen Atmens zeigt eine verblüffende Ähnlichkeit mit der von Lao Tzu und Chuang Tzu. Dies hat nicht nur damit zu tun, daß Tao-an ihre Terminologie gebraucht, sondern es scheint, daß auch die angewendeten Methoden und das Ziel der Meditation im Taoismus wie im Buddhismus im wesentlichen die gleichen sind. Die Methoden des »Verlierens und Verlierens« und des »Vergessens und Vergessens« sind hier nicht einfach für buddhistische Begriffe eingesetzt, sondern sie verweisen auf einen gemeinsamen grundsätzlichen Zugang zur Erleuchtung.

Betrachten wir das Ganze allerdings etwas genauer, so finden wir doch beträchtliche Unterschiede in den Systemen des indischen und des chinesischen Yoga. Dies läßt sich durch die Tatsache erklären, daß beide Systeme im Rahmen der jeweiligen philosophischen Tradition formuliert sind. Das taoistische System meditativen Atmens ist ein Produkt des eigenen Mutterbodens. Außer dem Werk von Lao Tzu und Chuang Tzu hat es noch viele andere Wurzeln. Diese sind zum Beispiel das bekannte *I Ching*, das Buch der Wandlungen, sowie die vorherrschende Theorie der Fünf Elemente und die Prinzipien von *yin* und *yang*, das Werk der chinesischen Alchimisten, Numerologen und Weissager, vor allem aber die chinesischen kosmologischen Theorien und die makrokosmisch-mikrokosmische Anschauung, die das Universum im Menschen enthalten sieht.

Der grundlegende – oder jedenfalls der früheste – taoistische Text über meditatives Atmen ist ein Werk mit dem Titel *T'san – t'ung – ch'i* oder Meditation über Gleichheit und Einheit (ca. 142). Es stammt von Wei-Pe-yang. Das Buch wurde berühmt durch Kommentare, die Chu Hsi im zwölften Jahrhundert und Yü Yen im dreizehnten Jahrhundert dazu schrieben.

Der Grundgedanke des Werkes ist, wie Yü Yen in seiner Einleitung ausführt, daß »der Mensch sich die geheimen Kräfte von Himmel und Erde zunutze macht, um damit für sich selbst das große Elixier der goldenen Flüssigkeit zu destillieren, und so mit Himmel und Erde von Anbeginn zu sein ... Jedesmal wenn Himmel sich mit Erde vereinigt, mache dir selbst die geheimen Antriebskräfte der schöpferischen Aktivitäten von *yin* und *yang* zu eigen.« Das Gleiche noch einmal mit anderen Worten verdeutlicht: Sich die geheime Kraft des makrokosmischen Universums für den menschlichen Mikrokosmos zunutze machen, bedeutet, ein inneres Elixier herzustellen.

Die grundlegende Theorie der »Schule des Inneren Elixiers« besagt, daß das innere Elixier aus *ching* (Essenz), *ch'i* (Atem) und *shen (Geist)* gewonnen wird. Es ist schwer, diese Begriffe in einer westlichen Sprache genau zu definieren. Die Taoisten sagen, daß jeder dieser drei Begriffe zwei Aspekte hat. Der eine ist materiell, sichtbar manifestiert, der andere ist eine unsichtbare ursprüngliche Kraft des Universums. Der erste wirkt im Inneren des Menschen, der zweite draußen in Himmel und Erde. So ist zum Beispiel *ching* oder Essenz, in seiner materiellen Form das Sperma. Deshalb zieht die taoistische meditative Praxis ihre Energie durch die Wirbelsäule ein und beginnt, so sagt man, beim Tor des Schwanzknochens (Steißbein). Das Sperma liefert die Vitalität des menschlichen Körpers und erhält Energie und Leben. Doch *ching* ist unvollständig ohne Verständnis seines immateriellen, ursprünglichen Aspekts. Von daher ist es keineswegs Sperma, sondern eine unsichtbare, unfaßbare kosmische Kraft, die so wie Sonne und Mond von etwas außerhalb des Universums herstammt. Man sagt, daß der Mensch durch das Atmen diese kosmische Kraft zur Erzeugung des inneren Elixiers in sich aufnimmt.

Was *ch'i* oder Atem angeht, so ist es einerseits das physische Bemühen des Übungsanfängers, der mit einer Auf- und Abwärtsbewegung des Zwerchfells ausatmet und einatmet. Wenn der Übende dann das embryonale Atmen erreicht, so sagt man, er sei in einem Zustand der völligen Auslöschung oder des totalen Stillstandes. Das ist der Uranfang des Universums. Beim Menschen nennt man diesen Zustand das Atmen ohne Atem oder auch embryonales oder ursprüngliches Atmen. Aus diesem Atmen gewinnt der Mensch die unsichtbare und unfaßbare Kraft des Universums zur Herstellung des Elixiers.

Das dritte Prinzip, *shen*, umfaßt sowohl *shih shen*, oder das Jedermannsbewußtsein, als auch *yuan shen*, das spirituelle Bewußtsein. Das erste besteht aus den menschlichen Sinnen, Wahrnehmungen, Gedanken, Gefühlen und ähnlichen Dingen, die man mit der Geburt erhält oder sich später aneignet. Letzteres ist das spirituelle Bewußtsein, welches schon vor der Geburt besteht. Nach der Geburt eines Menschen wird es unsichtbar, verdeckt vom Jedermannsbewußtsein. Man sagt allerdings, daß der Mensch durch Meditation sein spirituelles Bewußtsein wieder freilegen und das Jedermannsbewußtsein ausschalten kann.

Was ist dieses ursprüngliche spirituelle Bewußtsein? Es ist ein Teil der Kraft, die das gesamte Universum durchdringt.
Alle drei Elemente, *ching, ch'i* und *shen* stehen in Beziehung zu einem Ding, das keine Form enthält und keine Farbe hat. Sie sind von grundsätzlicher Bedeutung für den Menschen, denn aus allen dreien entsteht das innere Elixier. Ein Motto der taoistischen Yogis lautet: *»Lien ching hua ch'i, lien ch'i hua shen.«* Das heißt soviel wie: Durch die Läuterung des Sperma *(ching)* wird der Atem *(ch'i)* umgewandelt; durch die Läuterung des Atems wird der *Geist* (*shen*) umgewandelt. *Ching, ch'i* und *shen* sind also die fundamentalsten Bestandteile des meditativen Atemprozesses.
Die praktizierenden Taoisten betonten weiterhin, den *Geist* zu läutern bedeute, ins Nichts oder in die Leere zurückzukehren. Der chinesische Ausdruck ist: *»Lien shen fu hsü.« Hsü* heißt Nichtsein oder Nichts. Bevor der Mensch geboren wird, gibt es einzig das Nichts; sobald er jedoch ins Leben tritt, wird diese einzige Kraft zweigeteilt, und zwar in *ming* (Leben oder Schicksal) und *hsing* (das spirituelle Wesen des Menschen). *Ming* ist also, mit anderen Worten gesagt, die Substanz von Leben und Tod, *hsing* ist die Wurzel des spirituellen Bewußtseins. *Ming* ist der Urspruchg von *ch'i* dem Atem. Doch *ming* selbst ist nicht *ch'i*, sondern nur das, in dem *ch'i* erzeugt wird. *Hsing* ist der Ursprung spirituellen Bewußtseins, aber es ist selbst nicht spirituelles Bewußtsein, sondern das, aus dem das spirituelle Bewußtsein des Menschen hervortritt.
Dies weist darauf hin, daß man mit *ming* materielle Form und mit *hsing* eine spirituelle Funktion in Verbindung bringt. Über diese Ansicht gehen die Meinungen der Taoisten und der Neo-Konfuzianer jedoch sehr weit auseinander. Nichtsdestoweniger läßt sich jedoch sagen, daß die Vereinigung dieser beiden Elemente – bewußten *Geistes* und substantiellen Äthers – das zentrale Prinzip der taoistischen meditativen Übung darstellt. Damit soll die Einheit hergestellt werden, die auch das Nichts oder Nichtsein ist. Der Übende sagt, er läutere den *Geist*, um ins Nichts zurückzukehren.
Der Taoist benutzt die Konzeptionen von *hsing* und *ming* als Grundlage für seine Theorie des Atems. Die beiden stellen sozu-

sagen Arten psychischen Kreislaufes dar. Durch tiefes Atmen verlängert man seine Lebenserwartung oder *ming*. Substanz wird umgewandelt. Durch Sammlung auf das Nichts erweckt man sein kosmisches Bewußtsein zur spirituellen Offenbarung. Indem man so in der Meditation gleichzeitig die Substanz und den *Geist* entwickelt, löst man sein eigenes Selbst in die makrokosmische Kraft hinein auf und wird zu einem Teil von ihr.

Die Theorie der taoistischen Meditation baut offensichtlich auf der Auffassung vom Menschen als einem mikrokosmischen Universum auf, das den umgebenden Makrokosmos widerspiegelt. Die Bewegungen der inneren und der äußeren Welten stehen in enger Beziehung. Äußerlich folgt der Mensch den unendlichen Kräften des Universums; innerlich folgt die Funktion seiner eigenen Organe universalen Gesetzmäßigkeiten. So gibt es kosmische Analogien für seine physischen Funktionen und die Struktur seiner inneren Organe. Im Hinblick auf diese kosmischen Analogien ist das taoistische System meditativen Atems konstruiert.

Das früheste taoistische klassische Werk, das auf dieses System von Analogien aufbaut, ist das *Huai-nan-tzu*, welches aus dem zweiten Jahrhundert vor Christus stammt. Als Hintergrund für ein System meditativen Atmens diskutiert dieses Werk die Stellung des Menschen im Universum. Wir lesen dort:

Was *geistig* ist, ist vom Himmel empfangen, während der Körper und seine materielle Form von der Erde stammen. Es ist die Harmonie des *Geistes* von *yin* und *yang*, von der alle Harmonie abhängt . . .

Der Himmel hat vier Jahreszeiten, fünf Elemente, neun Abteilungen und dreihundertsechzig Tage. Entsprechend hat der Mensch vier Gliedmaßen, fünf innere Organe, neun Körperöffnungen und dreihundertsechzig Gelenke. Der Himmel hat Wind, Regen, Kälte und Hitze; ähnlich hat der Mensch Freude und Ärger, Nehmen und Geben . . . Der Mensch stellt eine Dreiheit dar, zusammen mit Himmel und Erde, und sein Geist ist der Herr . . . In der Sonne gibt es einen Vogel, der auf drei Beinen steht, und im Mond eine dreibeinige Kröte . . .

Der Mensch ist also ein mikrokosmisches Universum. Dieser Gedanke taucht häufig, ja eigentlich ständig im Taoismus auf, und die Schule des meditativen Atmens macht keine Ausnahme darin, diese Konzeption für ihre eigenen Zwecke zu benutzen. Durch meditatives Atmen erreicht der Mensch die natürliche In-

tegration seines Selbst mit dem Universum. Diese Integration ist des Menschen Bestimmung, so sagen die frühen taoistischen Schriften, die sich ihm in den verschiedensten Vorahnungen zeigt.
Auf der Grundlage dieser Vorstellung der universalen Einheit erreicht der Übende im Taoismus eine Harmonie des inneren mikrokosmischen Universums und Harmonie in den Beziehungen zu dem makrokosmischen Univerum um ihn herum. Der Makrokosmos ist aus fünf Elementen zusammengesetzt: Holz, Feuer, Erde, Metall und Wasser. Im Mikrokosmos gibt es die fünf inneren Hauptorgane: Nieren, Leber, Lunge, Milz und das Herz. Jedes innere Organ wird mit einem der äußeren Elemente gleichgesetzt. In ihrer Beziehung zueinander folgen die inneren Organe demgemäß auch den Gesetzmäßigkeiten der fünf Elemente. Da jedes Element das Produkt eines anderen ist, ist die Beziehung der Elemente letztlich zirkulär. Dieser Kreislauf trifft genauso auf die inneren Organe zu. Im frühen zweiten Jahrhundert sagte der Konfuzianer Tung Chung-shu über dieses System:

Der Himmel enthält fünf Elemente: das erste ist Holz, das zweite ist Feuer, das dritte Erde, das vierte Metall und das fünfte Wasser. Holz ist das erste Glied des Zyklus, Wasser das letzte, und Erde ist im Zentrum des Kreises. Das ist die naturgegebene Ordnung. Holz erzeugt Feuer, Feuer erzeugt Erde, Erde erzugt Metall, Metall erzeugt Wasser und Wasser erzeugt Holz. Dies ist die Vater-Sohn-Beziehung.

Im weiteren setzt Tung Chung-shu die fünf Elemente mit der Abfolge der Jahreszeiten und den Himmelsrichtungen in Beziehung:

Die fünf Elemente bewegen sich in einem Kreislauf in der rechten Ordnung, und jedes von ihnen erfüllt seine spezifische Funktion. So ist Holz im Osten angesiedelt und charakterisiert das *ch'i* (oder den Äther) des Frühlings. Feuer ist im Süden und charakterisiert das *ch'i* des Sommers, Metall ist im Westen und charakterisiert das *ch'i* des Herbstes, und das Wasser im Norden ist bezeichnend für das *ch'i* des Winters . . . Erde verweilt im Zentrum und wird der Himmlische Ernäher genannt (die natürliche Nahrungsquelle für die vier anderen Elemente).

*Ch'i*, so sehen wir, steht in enger Beziehung zu den fünf Elementen. Tung Chung-shu führt aus:

Wenn das *ch'i* im Universum kondensiert, wird es das Eine. Wenn es geteilt wird, erhalten wir *yin* und *yang*. Wird es geviertelt, so entstehen die vier Jahreszeiten. Wird es weiter aufgeteilt, dann haben wir die fünf Elemente. Jedes Element hat seine eigene Bewegung. Wegen dieser unterschiedlichen Bewegung sprechen wir von den fünf Bewegern.

Bewegen sich die fünf Beweger draußen in Universum, dann haben wir Holz, Feuer, Erde, Metall und Wasser; wenn sie jedoch im Menschen wirken, dann haben wir Leber, Herz, Milz, Lunge und Nieren. Zusammengefaßt sind sie eins. Diese Einheit bezeichnet man als *ch'i,* im Universum genauso wie im Menschen.

Die fünf Beweger werden auch mit zwei Zahlengruppen gleichgesetzt. Die Zahl 1 gehört zum Wasser, 2 zum Feuer, 3 zum Holz, 4 zum Metall und 5 zur Erde. Dies ist die erste Gruppe symbolischer Zahlen, welche drei ungerade oder *yang* Zahlen enthält, und zwei gerade oder *yin* Zahlen. In der zweiten Gruppe steht 6 für Wasser, 7 für Feuer, 8 für Holz, 9 für Metall und 10 für Erde. Diese Gruppe enthält drei gerade oder *yin* Zahlen und zwei ungerade oder *yang* Zahlen. Da Niere mit Wasser gleichgesetzt ist, gehören die Zahlen 1 und 6 dazu; Herz, das gleich Feuer ist, hat die Zahlen 2 und 7. Zur Leber gehören die Zahlen des Holzes, also 3 und 8, zur Lunge die von Metall, das heißt 4 und 9, und die Milz hat die Zahlen der Erde, also 5 und 10. So enthält jedes Organ, sowohl von einer geraden als auch von einer ungeraden Zahl charakterisiert, die beiden Eigenschaften des *yin* und des *yang*. *Yin* und *yang* zirkulieren durch die fünf Organe, deshalb ist die Atembewegung eine zyklische.

Dieser Atemkreislauf wird auch durch einen Satz von Trigrammen aus dem *I Ching* illustriert. Die vier Trigramme sind *Chen* ☳ das für Osten steht, *Li* ☲ für Süden, *Tui* ☱ für Westen und *K'an* ☵ für Norden. Auch sie liegen innerhalb eines Kreislaufes, der von *Chen* ausgeht, bei *K'an* endet und dort einen neuen Kreislauf beginnt. Im fünften Anhang zum *I Ching* lesen wir:

Alle Dinge treten im *Chen*, welches der Osten ist, hervor ... *Li* deutet Helligkeit an, in der alle Wesen einander sehen können. Dieses Trigramm repräsentiert den Süden ... *Tui* ist Westen und Herbst, die Jahreszeit in der alle Wesen sich freuen ... *K'an* steht für Wasser. Es ist das Trigramm des Nordens, in dem alle Wesen zu Rast und Ruhe zurückkehren. Wir sagen »Rast und Ruhe bezeichnen *K'an*.«

Nach dem *Ts'an – t'ung – ch'i* stehen nicht nur Jahreszeiten und Himmelsrichtungen miteinander in Beziehung, sondern auch die inneren Organe des Menschen und verschiedene Tiere gehören zu diesem System von Beziehungen. So steht *Chen* schließlich für Osten, Frühling, Leber und den Blauen Drachen. *Li* gehört zum Süden, Sommer, Herzen und zum Roten Vogel. *Tui* bezeichnet Westen, Herbst, Lunge und den Weißen Tiger, und *K'an* steht für Norden, Winter, Niere und die Schwarze Schildkröte. Nur zur Erleichterung der Diskussion des Gesamtsystems haben wir diese getrennten Zentren, von denen jedes mit seinen verschiedenen Namen bezeichnet wird. Im Verlauf des Atmens bewegen sie sich in einem Kreislauf. Sie lösen sich in die Bewegung auf, werden Teil von ihr. Tatsächlich sind Bewegung und Beweger eins.

Neben dieser Gruppe von vier Trigrammen gibt es noch ein fünftes, das in der Mitte des Kreises liegt. Der Taoist nennt das fünfte Zentrum den Speicher aller Energien und die Quelle der vitalen Kraft für die anderen, peripheren Zentren. Dieses fünfte Zentrum wird gleichgesetzt mit Erde und Milz, und wird als inneres *yang* und äußeres *yin* charakterisiert. Durch die Bewegung von *yin* und *yang* empfängt es Kraft von den äußeren Zentren und strahlt Kraft zu ihnen aus. In einem apokryphen Anhang zum *I Ching*, der *Yi wei Ch'ien tso tu* (Apokryphe Abhandlung zu den Wandlungen) genannt wird, und den Cheng Hsüan bereits im zweiten Jahrhundert erwähnt, finden wir vier metaphysische Kategorien, die die Taoisten später für ihre eigenen Zwekke übernahmen. Der entsprechende Abschnitt im *Yi wei Ch'ien tso tu* lautet:

In alten Zeiten arbeiteten die Weisen mit den Prinzipien von *yin* und *yang*, um die Prinzipien von Wachstum und Verfall zu ergründen, und sie bestimmten *Ch'ien* und *K'un*, um die Grundsätze von Himmel und Erde zu regeln. Was Form hat, das wird vom Formlosen hervorgebracht. Woher kamen *Ch'ien* und *K'un*? Als Antwort könnte man geben: Da war zuerst das Große Wandlungsprinzip, dann der Große Anfang, dann der Große Ursprung und schließlich die Große Einfachheit.

Der Yogi hat typischerweise eine fünfte Kategorie hinzugefügt. Es ist das letzte Gesetz, das vereinende Ganze.
Im taoistischen *Sutra* finden wir des öfteren Ausdrücke wie »die Vereinigung von *K'an* und *Li*«, oder »die Vereinigung von Herz und Niere«, welche darauf hinweisen, daß im inneren Kreislauf die vier ursprünglichen Kategorien auf zwei Beweger vereinfacht wurden. Osten und Süden treten zum oberen Zentrum zusammen, das *Li*, Herz, Drache oder Sonne genannt wird. Westen und Norden vereinigen sich zum unteren Zentrum, welches *K'an*, Niere, Tiger oder Mond heißt. So heißt es, daß die Vereinigung von *Li* und *K'an*, von Herz und Niere oder von Sonne und Mond, den fundamentalen Atemkreislauf erzeugt. Man nennt diesen *hsiao – chou – t'ien* oder den »Kleinen Himmlischen Kreislauf«. Die Struktur dieses Kreislaufes wird oft recht willkürlich mit den verschiedensten Kategorien wie Jahreszeiten, Himmelsrichtungen, Tieren, Trigrammen, inneren Organen und anderen in Beziehung gesetzt. Symbolische Wortspiele dieser Art lassen sich natürlich endlos variieren. Das Wichtige daran ist, daß diese Symbole einzig dazu benutzt werden, den Atemkreislauf durch die inneren Zentren des Menschen zu beschreiben, so wie zum Beispiel eine unsichtbare Bewegung innerhalb der Jahreszeiten und Himmelsrichtungen besteht. Wie Bewegung das vereinende Element im Universum darstellt, so ist das Atmen das vereinende Mittel, welches die Einheit im Menschen herbeiführt.
Der Kleine Himmlische Kreislauf beginnt im imaginären Zentrum der Brust, das heißt im Herzen, von wo er zur Mitte des Bauches, gleich unter dem Nabel absteigt, zur Niere. Dieser kleinere Strom ist die Grundlage für den Großen Kreislauf, der am unteren Ende der Wirbelsäule beginnt, durch die Wirbelsäule in den Kopf aufsteigt und sich dann vorwärts und abwärts durch das Gesicht, über Brust und Bauchoberfläche zurück zum Ende der Wirbelsäule bewegt. Da dieser Kreislauf durch den gesamten Körper geht, wird er der »Große Himmlische Kreislauf« benannt. Es ist eine steigende und fallende Bewegung, ähnlich wie das Anwachsen und Abnehmen von *yin* und *yang*. Sie wird oft durch die zwölf Monate symbolisiert. Im *I Ching* finden wir die

*Abbildung 1: Zentren im »Kleinen Himmlischen Kreislauf«*

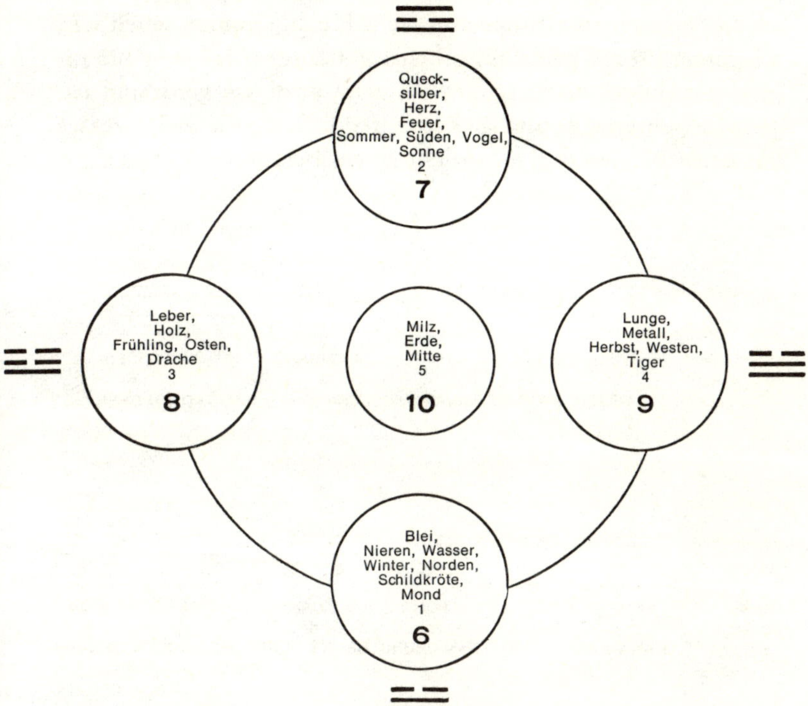

zwölf Grundhexagramme, welche die Kreisbewegung von *yin* und *yang* durch das physische Universum darstellen. Dieses System wurde oft gebraucht, um den Kreislauf beim meditativen Atmen darzustellen. Im folgenden Diagramm sehen wir, wie im System der Monate der Einfluß des *yang* – die durchgehenden Linien im unteren Teil der Hexagramme der ersten Gruppe von sechs Monaten – fortschreitend zunimmt, bis schließlich der Einfluß des *yin* (die durchbrochene Linie) völlig ausgeschaltet ist. In der zweiten Gruppe von sechs Hexagrammen sehen wir, wie dieser Prozeß genau umgekehrt stattfindet: das *yang* nimmt immer mehr ab, bis es schließlich ganz vom *yin* verdrängt ist. Jede fortschreitende und rückschreitende Stufe dieses Prozesses hat einen Namen und entspricht einem bestimmten Monat:

Hexagramm 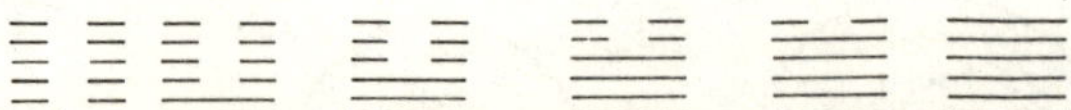

| | | | | | | |
|---|---|---|---|---|---|---|
| Name: | FU | LIN | T'AI | TA-CHUANG | KUAI | CH'IEN |
| Monat: | 11 | 12 | 1 | 2 | 3 | 4 |
| Zentrum: | WEI-LU | SHUN-FU | HSÜAN-SHU | CHAI-CHI | T'AO-TAO | YU-CHEN |

Hexagramm 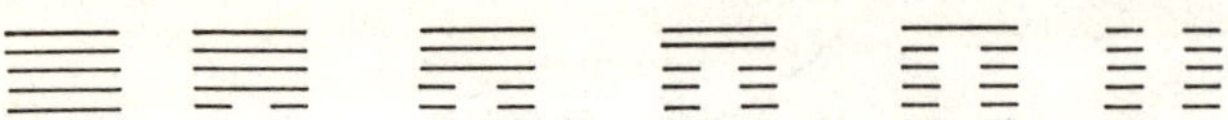

| | | | | | | |
|---|---|---|---|---|---|---|
| Name: | KOU | TUN | FOU | KUAN | PO | K'UN |
| Monat: | 5 | 6 | 7 | 8 | 9 | 10 |
| Zentrum: | NI-WAN | MING-T'ANG | T'AN-CHUNG | CHUNG-HUAN | SHEN-CHUEH | CH'I-HAI |

Nach den chinesischen Astrologen beginnt die *yang* Bewegung mit dem elften Monat *(fu)*. Diese *yang* Bewegung wächst an über den zwölften Monat *(lin)* bis zum vierten Monat *(ch'ien)*, in dem *yang* völlig dominiert. Im fünften Monat *(kou)* beginnt die *yang* Bewegung abzunehmen; ist der zehnte Monat erreicht, dann herrscht ganz das *yin* vor. Andererseits beginnt die *yin* Bewegung im elften Monat abzunehmen, und diese abnehmende Bewegung dauert fort bis zum vierten Monat, in dem *yang* völlig die Vorherrschaft gewonnen hat. Im fünften Monat *(kou)* beginnt *yin* wieder zuzunehmen, bis es schließlich im zehnten Monat *(k'un)* dominiert.

Wir haben also im physischen Universum während der zwölf Monate des Jahres einen fluktuierenden Einfluß von *yin* und *yang*. Diese Vorstellung von der Zunahme und Abnahme im Universum setzte man mit dem Prozeß der Zirkulation im menschlichen Körper gleich. Da *yang* seine zunehmende Bewegung im elften Monat beginnt, übernimmt der Taoist das Hexagramm *fu* für den Ausgangspunkt des großen Kreislaufes im Körper, und bestimmt als korrespondierendes Zentrum das untere Ende der Wirbelsäule: *wei-lu*. Die zunehmende oder Aufwärtsbewegung steigt durch eine Reihe spezifischer Zentren entlang der Wirbelsäule an. Vom Ausgangspunkt *wei-lu* fließt sie nach *shun-fu*, das dem zwölften Monat *(lin)* entspricht, dann nach *hsüan-shu* (erster Monat, *t'ai*), über *chia-chi* (zweiter Monat, *ta-chuang*) und *t'ao-tao* (dritter Monat, *kuai*) nach *yu-chen* (vierter Monat, *ch'ien*), wo das *yang* völlig dominiert. Die zunehmende Bewegung des *yin* beginnt bei *ni-wan* (am Scheitelpunkt), das dem fünften Monat *(kou)* entspricht, fließt abwärts nach *ming-t'ang* (sechster Monat, *tun*), über *t'an-chung* (siebenter Monat, *fou*), dann über *chung-huan* (achter Monat, *kuan*) nach *shen-chueh* (neunter Monat, *po*), schließlich nach *ch'i-hai* (zehnter Monat, *k'un*), wo *yin* die totale Vorherrschaft hat. Die Fluktuation der *yin* und *yang* Bewegung findet statt, während der Atem im großen Kreislauf aufsteigt und absinkt.

Im großen Kreislauf des Atems durch den Körper unterscheidet man zwei »Bahnen«. Der aufsteigende Strom vom unteren Ende der Wirbelsäule *(wei-lu)* durch die Zentren *shun-fu*, *hsüan-shu* und andere bis zu *ni-wan* am Scheitelpunkt und dann abwärts über *ming-t'ang* bis zur Oberlippe wird *to mu* oder die kontrollierte Bahn genannt. Der absteigende Strom von der Unterlippe durch *t'ang-chung* in der Brust und die anderen Zentren im Bauch bis zurück zum Ende der Wirbelsäule wird *jen mu*, die unwillkürliche Bahn, genannt. Sowohl die unwillkürliche Bahn und die kontrollierte Bahn im großen Kreislauf, als auch die Vereinigung von *K'an* und *Li* im kleinen Kreislauf sind, wie bereits erwähnt, für den Anfänger rein imaginativ. Nach einer gewissen Zeit und in einem bestimmten Stadium der Übung wird er den Kreislauf des »Atems« jedoch als einen Hitzestrom verspüren.

Dieser Hitzestrom wird durch die Technik der Konzentration in Bewegung gesetzt. Der Übende kann seine Aufmerksamkeit auf jedes der zwölf Zentren konzentrieren, um den Hitzestrom in Gang zu setzen. Man mag dazu das Zentrum *ch'i-hai*, das Meer des Atems unter dem Nabel wählen, oder *wei-lu* am unteren Ende der Wirbelsäule, *ming-t'ang*, die Halle des Lichtes zwischen den Augen oder irgendein anderes Zentrum. Im allgemeinen konzentrieren sich Männer auf *ch'i-hai*, während Frauen ihre Aufmerksamkeit gewöhnlich auf *t'ang-chung*, das Zentrum in der Brust richten. *Ch'i-hai* ist das wichtigste Zentrum; es wird auch das reguläre Feld des Elixiers genannt. Es ist das unterste der drei Felder des Eiiers im Verlauf des großen Kreislaufes.

Das mittlere Feld des Elixiers liegt in der Gegend des Herzens, und das obere Feld des Elixiers befindet sich im oberen Kopf. Es soll in der Mitte der neun Abteilungen des Gehirns liegen und wird *ni-wan* oder Nirvana genannt. Der Bereich zwischen dem mittleren und dem unteren Feld wird der gelbe Hof oder das Zentrum der Erde genannt.

Die Zeichnungen in *Abbildung 2* sind Reproduktionen aus dem *Hsing-ming Chih-kuai* oder »Bedeutung von Wesen und Bestimmung« aus dem sechzehnten Jahrhundert. Sie wurden als Hilfe zur Erklärung meditativer Atemtechniken herangezogen. Vier weitere Illustrationen aus dem gleichen Werk sind im Westen wohlbekannt, seit sie in Richard Wilhelms Übersetzung des »Geheimnis der Goldenen Blüte« abgebildet wurden. Wollen wir diese Diagramme studieren, so stoßen wir auf Schwierigkeiten, denn jedes Zentrum wird durch eine Anzahl verschiedener Namen bezeichnet. Wenn man mit diesen Synonymen nicht vertraut ist, so gerät man leicht in Verwirrung. So wird zum Beispiel das Zentrum des oberen Feldes des Elixiers einmal das Himmlische Tal, dann wieder der Jadeteich oder der Purpurhof, und neben weiteren Namen auch die Mystische Kammer genannt. Hier wird es in der Zeichnung der Vorderansicht das Zentrum von

Wesen und Bestimmung genannt, in der Rückansicht jedoch das des ursprünglichen *Geistes.* Beide Namen bezeichnen das gleiche Zentrum, das obere Feld des Elixiers.
Die Vorderansicht zeigt die Zentren der unwillkürlichen Bahn des Großen Kreislaufes. Auf dem Leib ist die Position des mittleren Feldes des Elixiers durch eine Mondsichel und drei Sterne markiert, der gelbe Hof durch ein Viereck und das reguläre (oder untere) Feld des Elixiers durch einen Schmelztiegel. Die beiden anderen Zentren, *t'an-chung*, oder die Mitte der Brust, und *ming-t'ang*, die Halle des Lichtes zwischen den Augen, sind in dieser Zeichnung nicht markiert. Die Gestalt ist von Zitaten aus taoistischen Texten umgeben, alle recht dunkel und geheimnisvoll. Ein typisches Beispiel: »Das Haus des *Geistes* ist das Tor der Rechtschaffenheit.« Die abgebildete Figur hält in der rechten Hand einen Mond, der, wie in der chinesischen Mythologie gewöhnlich, durch ein Kaninchen aus Jade symbolisiert wird. Die linke Hand hält die Sonne, symbolisiert durch einen dreibeinigen Vogel, wie er auch im *Huai-nan-tzu* erwähnt wurde. Die drei Beine des Vogels symbolisieren die Dreieinigkeit der Kräfte des Universums: Himmel, Erde und Mensch. Sonne und Mond sind die uranfänglichen Beweger, welche die Kreisbewegung im Großen Kreislauf in Gang bringen.
Die Zeichnung der Rückansicht zeigt die Zentren der kontrollierten Bahn des Großen Kreislaufes. Diese Zentren liegen entlang der Wirbelsäule. Das unterste, am Ende der Wirbelsäule, ist *wei lu*, das Tor des Schwanzes. In dieser Zeichnung ist es *ch'ang ch'iang* genannt. Das nächste Zentrum in der Gegend der Nieren ist *shun fu* oder der Hof der Nieren. Das dritte Zentrum ist *hsüan shu*, der Mystische Angelpunkt, und das vierte Zentrum, etwa in der Mitte der Wirbelsäule, ist *chia chi* oder »neben der Wirbelsäule«. Das fünfte Zentrum nennt sich *t'ao tao*, die Fröhliche Bahn, das sechste Zentrum, an der Verbindungsstelle von Wirbelsäule und Schädel, heißt *yu chen*, das Jadekissen, und das Zentrum im Kopf, das obere Feld des Elixiers, heißt hier *yuan shen*, ursprünglicher *Geist.* Bei der Interpretation der einzelnen Zentren gehen die Meinungen verschiedener Autoritäten über gewisse Details und deren Bedeutung auseinander.

*Abbildung 2: Zentren im »Großen Himmlischen Kreislauf«*

A. VORDERANSICHT

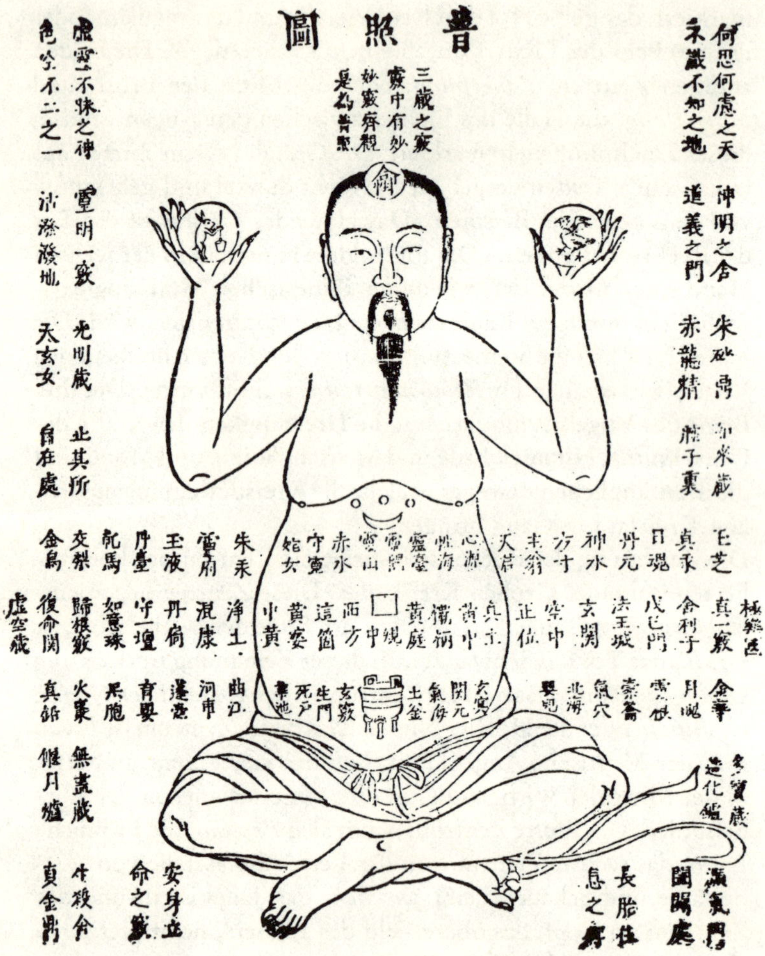

## B. RÜCKANSICHT

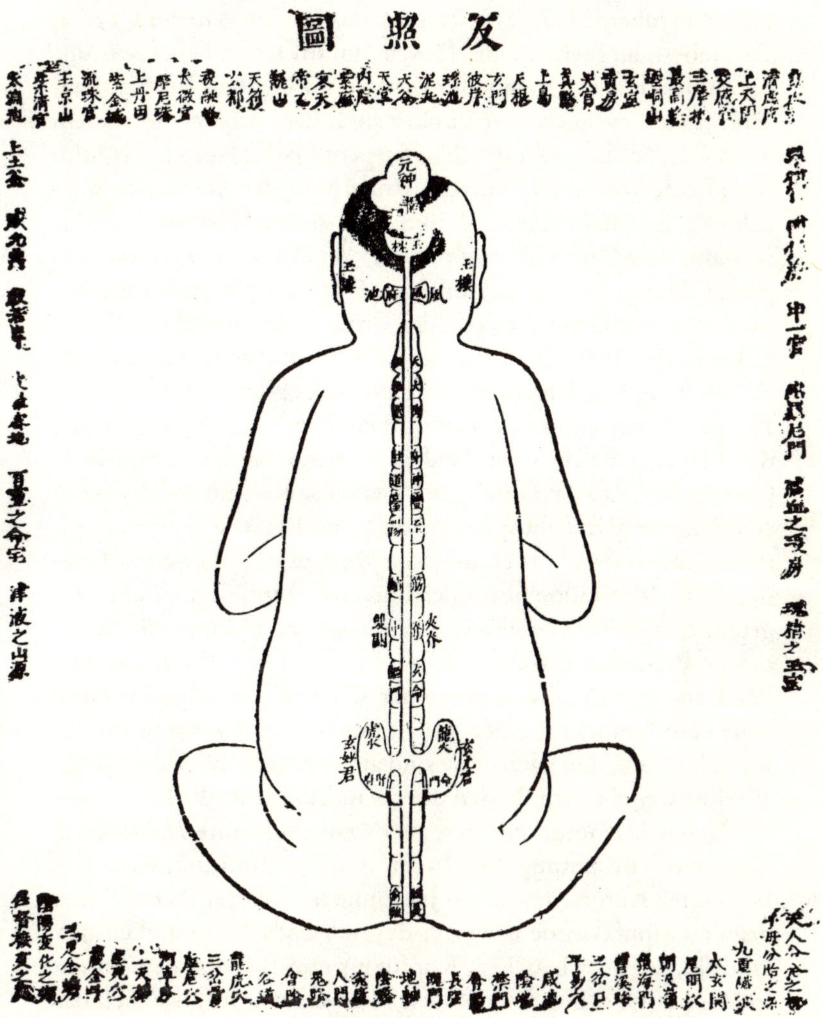

Ein kurzer Vergleich der Zentren des taoistischen Atemsystems mit denen des tantrischen Yoga mag hier angebracht sein. Edward Conze weist in seinem Buch: ›Der Buddhismus, Wesen und Entwicklung‹ darauf hin, daß es im indischen tantrischen Yoga vier innere Hauptzentren gibt: das Zentrum in der Gegend des Nabels, im Herzen, im Nacken und im Kopf. Sehen wir uns das chinesische Diagramm der Zentren im Großen Kreislauf an, dann finden wir diese vier Punkte auch dort wieder. In seinem Buch »Die Schlangenkraft« (The Serpent Power) spricht Sir John Woodroffe von sechs Zentren: »Innerhalb des *Meru*, der Wirbelsäule, liegen die sechs Zentren *tattvischen* Wirkens . . . *Muladhara, Svadhishthana, Manipura, Anahata, Vishuddha* und *Ajna.*« Das erste liegt am unteren Ende der Wirbelsäule, das zweite in der Genitalregion, das dritte beim Bauchnabel, das vierte in der Mitte der Brust, das fünfte in der Kehle und das sechste zwischen den Augen. Für alle sechs gibt es offensichtlich Entsprechungen im System des taoistischen Yoga. Es erhebt sich die Frage: »Welches der beiden Systeme ist das originale?« Conze zeigt, daß das tantrische Yoga bis zum fünften oder sechsten Jahrhundert nicht systematisiert war. Es ist sehr interessant, daß das oben erwähnte chinesische Werk aus dem zweiten Jahrhundert, »Meditation über Gleichheit und Einheit«, welches der grundlegende Text des taoistischen Yoga ist, an keiner Stelle indische Praktiken erwähnt. Selbst das *Wu-chen P'ien*, die Abhandlung über die Erleuchtung der Wahrheit, welches im Jahre 1095 veröffentlicht wurde, enthält nur wenige Verweise auf das indische Yoga, und auch diese sind äußerst vage, obwohl spätere Werke zweifellos ein Wissen um die indischen Praktiken erkennen lassen. Das ausgezeichnete aber wenig bekannte *Hsing-ming Chih-kuei* (Bedeutung von Wesen und Bestimmung) eines unbekannten Autors, das im 16. Jahrhundert veröffentlicht wurde, zeigt eine umfassende Kenntnis des indischen Yoga und enthält ein Bild, auf dem Lao Tzu, Konfuzius und Buddha gemeinsam in Meditation sitzen. Es gibt viele Hinweise darauf, daß sich das chinesische Yoga wärend der ersten Jahrhunderte seines Bestehens selbständig entwickelte, und daß es seine eigenen Wurzeln in der alten chinesischen Kultur hat.

Es ist eine Tatsache, daß die inneren Zentren der chinesischen medizinischen Wissenschaft schon viele Jahrhunderte vor Christus bekannt waren. Da sie in engem Zusammenhang mit den Praktiken der Akupunktur und der Verbrennung kleiner Kräuterbällchen auf der Haut stehen, mögen sie sogar schon in der vorgeschichtlichen Zeit des legendären Gelben Kaisers bekannt gewesen sein, auf den der Tradition nach die Einführung dieser Praktiken zurückgeht.

In dem Buch mit dem Titel »Chinese Acupuncture and Cauterisation«, welches im Jahre 1956 veröffentlicht wurde, erklärt Chan T'an-an, das meditative Atmen und die inneren Zentren würden schon in medizinischen Werken des dritten und vierten vorchristlichen Jahrhunderts erwähnt. Einer der wichtigsten medizinischen Klassiker, das *Ling-shu*, enthält zwölf Diagramme – jeweils mit erklärendem Material – der inneren Zentren des Menschen. Eines dieser Diagramme zeigt die kontrollierte Bahn mit achtundzwanzig Zentren (siehe *Abbildung 3*); ein anderes zeigt die unwillkürliche Bahn mit vierundzwanzig Zentren *(Abbildung 4)*. In diesen alten medizinischen Klassikern tauchen die Bezeichnungen ›kontrollierte Bahn‹ und ›unwillkürliche Bahn‹ zum ersten Mal auf. Und dort ist sogar ein ganzes Kapitel dem Kreislauf des Atems gewidmet. Der Autor setzt sowohl das normale als auch das abnormale Funktionieren der inneren Organe mit dem Kreislauf des Atems in Beziehung. Das Grundprinzip dieses Kreislaufes ist eng verbunden mit den Fluktuationen der *yin* und *yang* Kräfte, und der Umwandlung von Energien, die durch die fünf Elemente symbolisiert werden.

Im Zusammenhang mit dem Kreislauf müssen wir kurz auf die Atemtechniken eingehen. Im taoistischen Atemsystem ist die Grundbedingung für die frühen Stadien der Übung ein langsames, tiefes und rhythmisches Ein- und Ausatmen. Beim Einatmen muß die Luft tief in den Leib hinabgesandt werden. Aus diesem Grund wird das Nierenzentrum unterhalb des Nabels das Meer des Atems genannt. Beim Ausatmen hebt sich das Zwerchfell, und der Unterleib wölbt sich nach innen, ganz im Gegensatz zur Brustatmung. Der Anfänger zählt seine Atem-

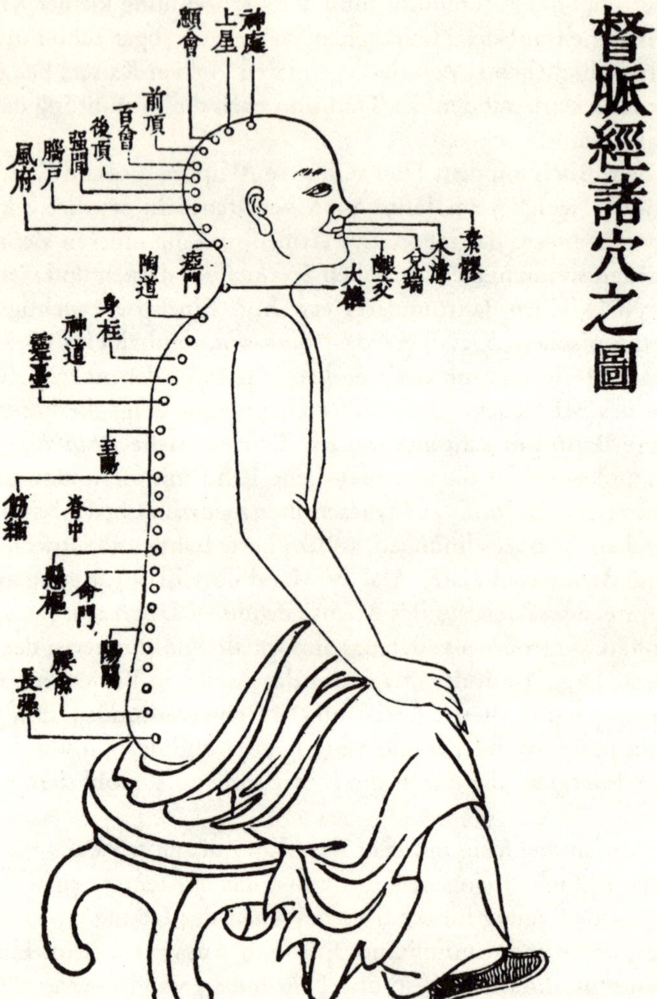


*Abbildung 3: Zentren in der kontrollierten Bahn*

*Abbildung 4: Zentren in der unwillkürlichen Bahn*

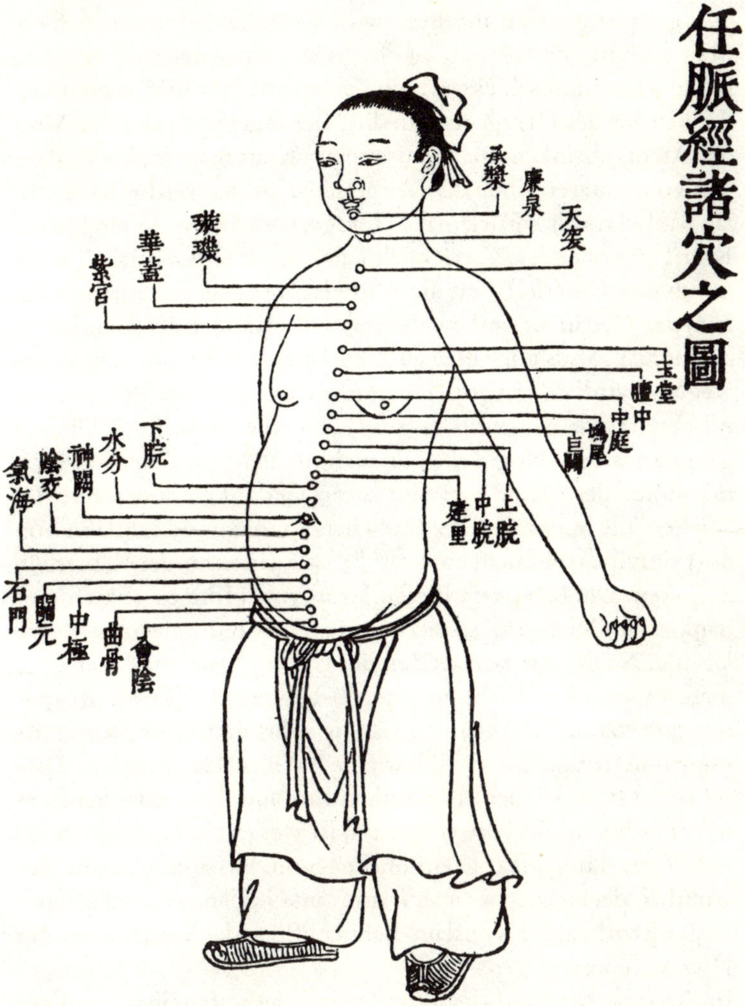

züge; wenn er diese Technik beherrscht, wird das Zählen fallengelassen.
Das einfache Einziehen und Ausstoßen von Luft jedoch erfüllt noch nicht die Bedingungen meditativer Atmung. Um die Atmung wirksamer zu machen, wird Konzentration empfohlen. Man muß mit der Bewegung des Atems einen baren Gedanken in die Kreisbahn schicken. Beim Einatmen läßt man diesen Gedanken aus der Herzgegend in die Nierengegend oder das Meer des Atems absinken. Beim Ausatmen bringt man diesen Gedanken vom unteren Ende der Wirbelsäule an der Wirbelsäule entlang aufwärts bis zurück in die Herzgegend. Damit ist ein kleiner Kreislauf vollendet. Tatsächlich kann der Atem natürlich nicht durch den Unterleib und die Wirbelsäule strömen, aber schickt man den Gedanken entlang der Bahn des Kleinen Kreislaufes, so ist das fast so, als atme man auch entlang dieser Bahn. Diese Bewegung wird als Hitzestrom empfunden, der von dem unvermischten Gedanken innerhalb des Kleinen Kreislaufes in Umlauf gebracht wird. Das gleiche gilt auch für den Großen Kreislauf; man führt den Strom mit dem baren Gedanken vom Ende der Wirbelsäule aufwärts bis zum Scheitelpunkt, und läßt ihn von dort durch das Gesicht und die Brust zurück in den Unterleib absinken. Die Fähigkeit, diesen Strom mit Hilfe des baren Gedankens in Bewegung zu setzen, erlangt man durch fortgesetzte Übung. Nach einer kurzen Zeit der Übung spürt man, daß man diesen Gedanken leicht an jeden beliebigen Punkt im Körper schicken kann. Nach weiterer Übung spürt man dann, wie er die kontrollierte und die unwillkürliche Bahn entlangwandert. Dieser bare Gedanke, der nur aus dem Zustand der Gedankenleere oder des Nichts hervortreten kann, ist weder ein Gedanke noch eine Vorstellung im konventionellen Sinn. Es ist eine innere Bewußtheit der eigenen Konzentration auf die Zentren und der Bewegung entlang der Kreislauf-Bahnen. Er ist der Verursacher des Hitzestromes.
Im Kleinen Kreislauf fließt der Strom, der anfänglich von dem baren Gedanken in Gang gebracht wurde, oft andauernd und ununterbrochen weiter. Er wird manchmal von einem Gefühl der Heiterkeit begleitet; manchmal erlebt man auch einen plötz-

lichen Lichtblitz, der den gesamten Körper mit ungeahnter Helligkeit durchstrahlt. Dieses Stadium nennt man das »spirituelle Bad«. Im allgemeinen erfordert das Hervorrufen des Kleinen Kreislaufes eine Übungszeit von ungefähr hundert Tagen. Während dieser Übungszeit besteht die Hauptaufgabe darin, den Hitzestrom zu stimulieren, indem man den baren Gedanken zur Vereinigung von Herz und Niere kreisen läßt. In taoistischer Phraseologie heißt das, das Quecksilber aus dem Herzzentrum und das Blei aus dem Nierenzentrum in das Elixier des Lebens umzuwandeln. In einer anderen symbolischen Ausdrucksweise ist dies die Zeit, in der der blaue Drache aus dem Hof des Feuers hinabsteigt, um den weißen Tiger aus dem Abgrund des Wassers zu treffen. Damit werden die Polaritäten des *yin* und des *yang* vereinigt, und die Goldene Blüte erblüht. Das Erblühen der Goldenen Blüte ist eine Folge der Einswerdung von *yin* und *yang*, und diese Vereinung wird wiederum durch die Konzentration auf den baren Gedanken erreicht.

Nach der Vereinung von *yin* und *yang* steigt und fällt der Strom unaufhörlich. Es heißt, daß der Puls stillsteht und die Atmung praktisch aufhört. Dann jedoch steigt der Strom plötzlich durch die Wirbelsäule in den oberen Kopf, das obere Feld des Elixiers auf, und zwar ganz spontan und von selbst. Bevor die Bewegung des Stromes erlischt, muß er mit dem baren Gedanken abwärts geführt werden in den Unterleib, in das Zentrum der Erde, das reguläre Feld des Elixiers. Dies nennt man die Vereinung von Himmel und Erde oder den Großen Kreislauf. Der Große Kreislauf wird also durch die Konzentration auf den baren Gedanken eingeleitet und hervorgerufen.

Wissenschaftlich gesprochen bedeutet diese Konzentration, oder das Senden eines Gedankens an einen bestimmten Punkt im Körper, eine Stimulation des Nervensystems in dieser Gegend. In der modernen Neurologie werden die Nervenfasern als hohle Röhren angesehen, die normalerweise auf der äußeren Oberfläche eine positive elektrische Ladung und auf der Innenfläche eine negative elektrische Ladung tragen. Wirkt ein Reiz auf die Nervenfaser, dann wird an einer Stelle die elektrische Ladung umgekehrt. Die Außenseite, die ursprünglich positiv geladen war,

*Abbildung 5: Der anfängliche Wechsel des elektrischen Potentials in einer Nervenfaser*

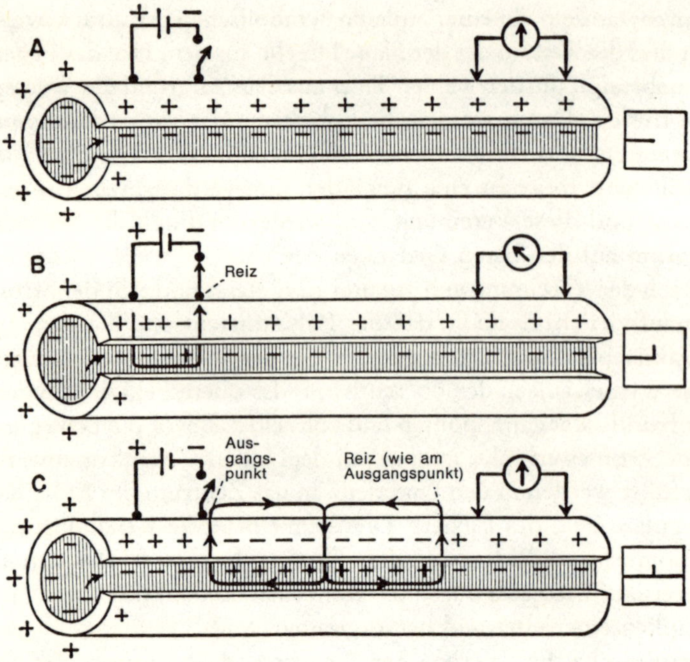

wird negativ, und die vorher negativ geladene Innenseite trägt nun positive Ladung. Dieses Gebiet umgekehrter Polarität läuft nun, wie in *Abbildung 5* gezeigt, die Röhre entlang und kehrt dabei die Ladung des unmittelbar vorausliegenden Gebietes um, während das Gebiet hinter dem fortlaufenden Reiz wieder in den Normalzustand zurückkehrt. Die elektrische Ladung nennt man ein Potential. Tritt ein Reiz auf, dann wird, so sagt man, das Ruhepotential umgekehrt.

*Abbildung 5* stammt aus dem Werk »Fundamentals of Neurology« (Grundlagen der Neurologie) von Ernest Gardner. Sie illustriert den anfänglichen Wechsel der elektrischen Ladung in einer Nervenfaser, auf die ein Stimulus wirkt. Bei A sehen wir den Nerv als eine Röhre, die aufgeschnitten ist, um das Innere zu zeigen. Die elektrische Ladung von Innen- und Außenseite ist angezeigt. Auf der linken Seite wird der Nerv über einen Stromkreis stimuliert. Auf der rechten Seite ist ein weiterer Stromkreis zur Messung der Wirkung angeschlossen. Bei B wird der Reiz ausgelöst und die Ladung beginnt sich umzukehren, wie von dem Pfeil an der Reizstelle angedeutet. Bei C sehen wir, wie sich der Nervenimpuls weiterbewegt, nachdem die Ladung umgekehrt wurde. Der Reiz läuft die Nervenfaser entlang, indem er das vorausliegende Gebiet stimuliert, und sich so unabhängig von dem ursprünglich auslösenden Reiz, der bereits beendet ist, fortsetzt.

Ein einfacher künstlicher Reiz läßt den Impuls sich reduplizieren und als einen elektrischen Strom fließen. So erzeugt eine einzige kurze Reizung einer Nervenfaser einen sich selbst fortpflanzenden Strom und kehrt die gesamte elektrische Ladung auf Innenseite und Außenseite der Nervenfaser um. Das gleiche Phänomen, das hier durch einen künstlichen Reiz ausgelöst wurde, wird in der meditativen Atmung durch einen psychischen Reiz hervorgerufen, wenn der wohltrainierte Übende den baren Gedanken zu einem Nervenzentrum sendet. Logischerweise sollte man annehmen, daß auch dieser psychische Stimulus, wenn er auf eine Nervenfaser wirkt, einen sich selbst fortpflanzenden Strom und eine Umkehrung der Ladung hervorruft. Wenn der Übende nun beständig den baren Gedanken durch das Nervensystem sendet, so entsteht eine unablässige Bewegung. Eine beträchtliche Änderung der elektrischen Ladungen wird hervorgerufen, und das Fließen der elektrischen Ströme wird verstärkt. Wird dieses Verfahren beim ernsthaft Übenden über Monate, ja über Jahre hinweg fortgesetzt, so wird das Auftreten von »Blitz und Donner« innerhalb des Nervensystems eine natürliche Folge sein. Es überrascht also nicht, zu hören, daß sich für den taoistischen Meister, der die höchste Stufe der Meditation erreicht hat, der »Drache« manifestiert, und der »Donner« hörbar wird. Hier ist eine symbolische Sprache gebraucht, um physische Phänomene zu beschreiben.

Es wäre interessant zu untersuchen, ob die Methode des Übenden zur Herstellung eines elektrischen Stromes im Körper den gleichen Stellenwert wie die Methode des Elektro-Therapeuten hat. Offensichtlich entspricht das, was der Taoist die kontrollierte Bahn nennt, dem Verlauf des sympathischen Nervensystems. Die Einwirkung einer elektrischen Ladung auf den Sympathicus kann eine Heilung der inneren Organe als natürliche Folge haben, denn Herz, Magen und die anderen inneren Organe stehen in enger Verbindung mit dem sympathischen Nervensystem. *Abbildung 6*, ebenfalls aus den »Fundamentals of Neurology« von Ernest Gardner entnommen, zeigt die Beziehungen zwischen den inneren Organen und dem sympathischen Nervensystem auf.

Kommen wir zu der Erfahrung von Drache und Donner im Übenden zurück. Im vierzehnten Jahrhundert reiste ein Schüler auf der Suche nach dem *Tao* durch ganz Südchina. Eines Tages sah er einen alten Mann in einer Höhle unter dem Gipfel eines Berges meditieren. Er ging zu ihm hin und verneigte sich tief, aber der alte Mann beachtete ihn gar nicht. Von der Stille inspiriert, setzte sich der Ankömmling sofort dem Meister gegenüber. Nach einer Weile stand der Meister auf, um Tee zu bereiten. Als dieser fertig war, nahm der Alte eine Schale Tee, trank sie aus, stellte die Schale an ihren Platz zurück und nahm seine Meditation wieder auf. Da erhob sich der Besucher, trank auch eine Schale Tee und stellte die Schale zurück, genauso wie der Meister es getan hatte. Keiner von beiden sprach auch nur ein Wort.

*Abbildung 6: Die Beziehung zwischen den inneren Organen und dem sympathischen Nervensystem*

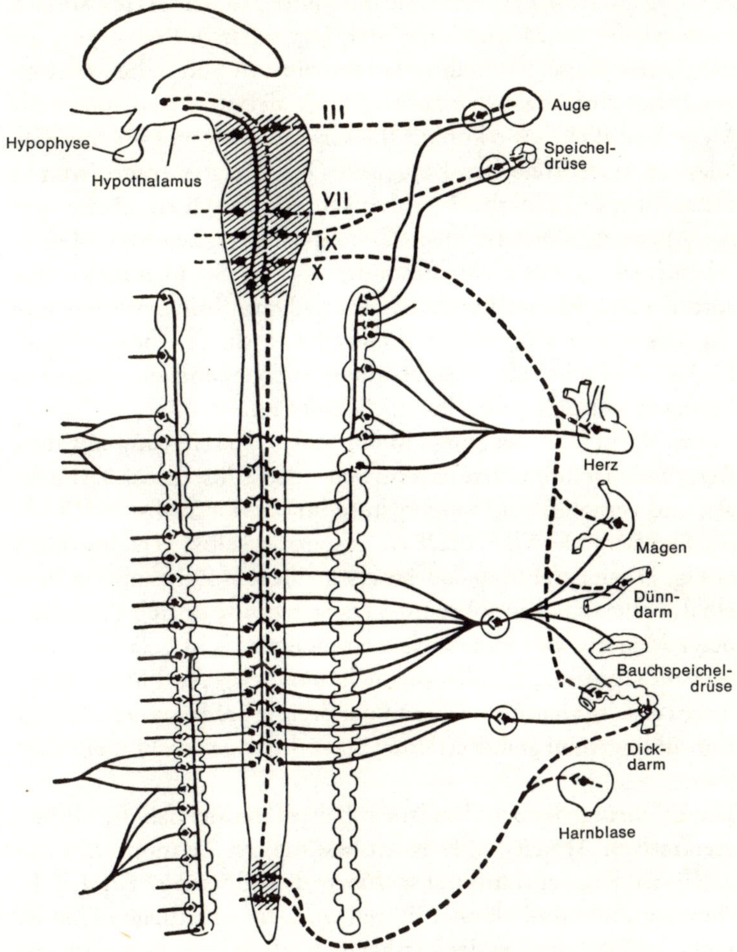

Am Abend stand der Alte auf, bereitete sein Abendmahl und aß. Auch der Besucher stand auf und aß mit ihm. Nach dem Abendessen saßen sie beide wieder in Meditation. Mitten in der Nacht erhob sich der Meister und machte einen kleinen Spaziergang um die Bergspitze. Sein Gast folgte ihm, und danach setzten sie sich beide wieder zur Meditation nieder. Der nächste Tag verging auf die gleiche Weise. Sie meditierten gemeinsam und teilten schweigend ihre einfachen Mahlzeiten. Nach sieben Tagen fragte der Meister endlich: »Wo kommt Ihr her, mein Herr?« – »Aus dem Süden«, antwortete der Besucher. Der Meister fragte weiter: »Was führt Euch hierher?« – »Ich kam, um Euch zu sehen«, war die Antwort. »Dies ist mein Gesicht«, entgegnete der Meister schroff, »da gibt es nichts Besonderes.« Der Schüler antwortete sofort: »Das habe ich bereits bemerkt.« Daraufhin bestätigte ihm der Alte, daß er während der dreißig Jahre, die er schon in dieser Höhle verbracht habe, niemals einem so kongenialen Gefährten begegnet sei, und nahm ihn als Schüler an.

Eines Nachts, als der junge Mann seinen Spaziergang auf dem Bergpfad machte, spürte er plötzlich einen Blitz in sich zirkulieren und vernahm ein Donnergetöse im oberen Teil seines Kopfes. Der Berg, der Fluß, die Welt, ja sogar er selbst verschwanden völlig. Diese Erfahrung dauerte etwa »für den Zeitraum, in dem ein Räucherstäbchen abbrennt«. Danach fühlte er sich als ein anderer Mensch, von seinem eigenen inneren Licht geläutert. Der Meister sagte ihm, er solle sich nicht um dieses Aufblitzen kümmern; er selbst hatte es während der dreißig Jahre seiner Meditationsübungen oft genug erfahren und achtete gar nicht mehr darauf.

Die Erfahrung des Schülers ist ein Beispiel dafür, daß die Übung meditativen Atmens, über einen bestimmten Zeitraum hin mit äußerster Konzentration ausgeführt, den Übenden zur Erfahrung von Blitz und Donner führen wird. Im spirituellen Sinn ist dies die Manifestation der göttlichen Kraft, wie sie sich im Menschen zeigt. Deshalb sagen die Taoisten, das Himmlische Leuchten trete hervor, wenn im mikrokosmischen Selbst äußerste Stille hergestellt wird. Im Licht der modernen Neurologie mag man diese scheinbar so wunderbaren Erfahrungen, die aus einem Zu-

stand äußerster Konzentration entstehen (wobei die Konzentration als psychischer Stimulus wirkt), als das physikalische Phänomen der Depolarisation elektrischer Ladungen interpretieren. Wie bereits erwähnt, kehrt ein einziger Reiz elektrische Ladungen um, die sich selbst fortpflanzen und als ein Strom die Nervenfaser entlanglaufen. Der ständige Reiz der Konzentration auf den Atemkreislauf verstärkt die elektrische Kapazität der Ströme, die durch den gesamten Körper zirkulieren. Die spirituelle Läuterung könnte also eine Depolarisierung der elektrischen Ladungen im Netzwerk des Nervensystems sein. Der höchste Zustand der Konzentration ist frei von aller Bedingung und jeder Verwicklung in Gedanken – wie unsere Geschichte des alten Meisters und seines Schülers zeigt.
Nachdem wir mit einiger Ausführlichkeit auf die verschiedenen Kreisläufe und die Zentren eingegangen sind, die in der meditativen Atmung von Bedeutung sind, sollten wir auch kurz die Körperhaltung betrachten, die sich in der chinesischen Praxis von den importierten indischen Praktiken unterscheidet. Bei der frühesten chinesischen Art des Sitzens in Meditation nahm man eine kniende Haltung ein, wobei die Sitzfläche auf den Fußsohlen ruhte. In früher Zeit hatte man natürlich keine Stühle, sondern saß auf Matten. Vom Kaiser Wen der Han Dynastie (zweites Jahrhundert) wird berichtet, wie er während einer Vorlesung des Philosophen Chia Yi von dessen Ausführungen so fasziniert wurde, daß er immer näher an ihn heranrückte und gar nicht bemerkte, daß seine Knie schon von der Sitzmatte herabgerutscht waren. Um Lao Tzu aus dem *Tao Te Ching* zu zitieren: ». . . präsentiere dem Prinzen das *Tao* beim Sitzen«, womit eine kniende Haltung gemeint ist, bei der das Körpergewicht auf den Fußsohlen ruht. Konzentriert sich der Übende in dieser Stellung auf den unteren Teil seines Körpers, so wird er zweifellos das Empfinden haben, daß er durch seine Fersen atmet.
Das Wort Sitzen scheint also eine besondere Art des Kniens zu meinen. In der »Abhandlung über das Knien, Sitzen und Verbeugen« aus dem Werk des Chu Hsi (Band 68) lesen wir: »Die Alten saßen, indem sie auf beiden Knien knieten und die Sitzfläche auf den aufwärtsgedrehten Fußsohlen ruhen ließen.« Ge-

naugenommen gab es jedoch zwei Arten des Kniens. Beim »richtigen Knien« berühren beide Knie den Boden, und der Körper wird aufrecht gehalten. Wenn die Sitzfläche jedoch auf den Fußsohlen ruht, so gebraucht man den Ausdruck bequemes Sitzen. In den oben erwähnten Werken des Chu Hsi finden wir auch einen Hinweis auf zwei sehr fein geschnitzte Skulpturen; eine stellt Konfuzius, die andere Mezius dar, und beide sitzen auf ihren Fersen. Chu Hsi spricht auch von dem Hof eines dem Konfuzius geweihten Tempels, in dem er eine Anzahl prächtiger Bilder fand, die den Meister alle in der sitzend-knienden Haltung zeigten. Als ich darüber hinaus meine eigenen Untersuchungen der Aufschriften auf den uralten Orakelknochen anstellte – diese Knochen stammen aus der Shang Dynastie (ca. 1400 v. Chr.) –, fand ich Piktogramme im alten Stil, welche Männer und Frauen in der gleichen Sitzhaltung zeigen, mit auf den Fersen ruhender Sitzfläche.

Bei so vielen Hinweisen können wir wohl mit großer Sicherheit annehmen, daß die frühe taoistische Meditationshaltung eben diese alte Art des Kniens war. Da die Fersen der niedrigste Berührungspunkt mit dem Körper waren, sagte man, daß der Meditierende durch die Fersen atme.

Die heutige Sitzhaltung mit verschränkten Beinen wird *Chia fu* genannt. Sie wurde aus Indien eingeführt und zuerst von den Buddhisten praktiziert. Es gibt zwei Varianten dieser Haltung. Die eine wird die ›Geister überwindende Haltung‹, *Kang mu*, genannt. Dabei legt der Übende zuerst die Zehen seines rechten Fußes auf den linken Oberschenkel, und dann die Zehen des linken Fußes auf den rechten Oberschenkel. In der Variante dieser Haltung, Glückseligkeits-Sitz oder *chih chang* genannt, ist die Position der Beine einfach umgekehrt. Diese Sitzhaltung mit verschränkten Beinen ist sicherlich nicht die original taoistische Stellung.

Im siebzehnten Jahrhundert erzählt der Neo-Konfuzianer Chu Yi-tsun eine Geschichte über den großen taoistischen Meister des fünften Jahrhunderts, Chen T'uan, die eine recht gute Zusammenfassung der Übungsmethode des meditativen Atmens darstellt. Chen T'uan, der auf dem Hua Shan, dem heiligen Berg

in Nordwest-China lebte, hatte ein Diagramm des Unbedingten in den Felsen geritzt, vor dem er meditierte.
Das Diagramm bestand aus verschiedenen Ebenen mit Kreisen, welche den Prozeß der Meditation versinnblildlichten. Auf der ersten Ebene (ganz unten auf *Abbildung 7*) befand sich ein Kreis, der mit Lao Tzu's Worten ›Das Tor der Dunklen Weiblichkeit‹ benannt war; es ist die Grundlage von Himmel und Erde. Auf der nächsten Ebene befindet sich ein anderer Kreis, der den Prozeß der Umwandlung von *ching* (Essenz) in *ch'i* (Atem) und dann in *shen (Geist)* darstellt. Wie wir bereits gesehen haben, sind *ching, ch'i* und *shen* die Grundelemente des meditativen Atemprozesses. Diese Ebene zeigt, wie die Energie aus dem untersten Zentrum des Körpers erst in den Atemkreislauf und schließlich in spirituelles Bewußtsein umgewandelt wird. Die folgende mittlere Ebene des Diagramms besteht aus den fünf Elementen: Feuer und Holz auf der linken Seite, Metall und Wasser auf der rechten Seite und Erde in der Mitte. Sie symbolisieren die fünf Beweger im kleinen Kreislauf, die schließlich in den großen Kreislauf übergehen. Die vierte Ebene zeigt die Vereinung von *k'an* und *li* in der Form eines Kreises, der in die *yin* und *yang* Elemente aufgeteilt ist. Die Fluktuation von *yin* und *yang* stellt den großen Kreislauf durch den gesamten Körper dar. Sowohl die fünf Beweger im kleinen Kreislauf als auch *yin* und *yang* im großen Kreislauf führen zu *shen*, dem spirituellen Bewußtsein. Die oberste Ebene im Diagramm zeigt die Umwandlung von *shen* zurück zum *hsü*, dem Nichts. So kehren alle Dinge zum *wu chi*, dem Unbedingten zurück. Das spirituelle Bewußtsein ist die letzte Bedingung des Individuums, das Nichts ist das Unbedingte. Mit anderen Worten gesagt, das spirituelle Bewußtsein wird zum absoluten Nichts zurückverwandelt, dem Ursprung aller Dinge. Dies ist die fundamentale Lektion, über die Chen T'uan jeden Tag meditierte.
Philosophisch ausgedrückt ist das chinesische meditative Atmen der Blick in das Nichts auf der Suche nach Erleuchtung. Dieses Ziel ist das gleiche, das auch Lao Tzu und Chuang Tzu propagieren. Sie schlugen Yoga-ähnliche Praktiken als Hilfsmittel zur Verwirklichung der Erleuchtung vor, aber sie versuchten nicht,

*Abbildung 7: Diagramm des Unbedingten*

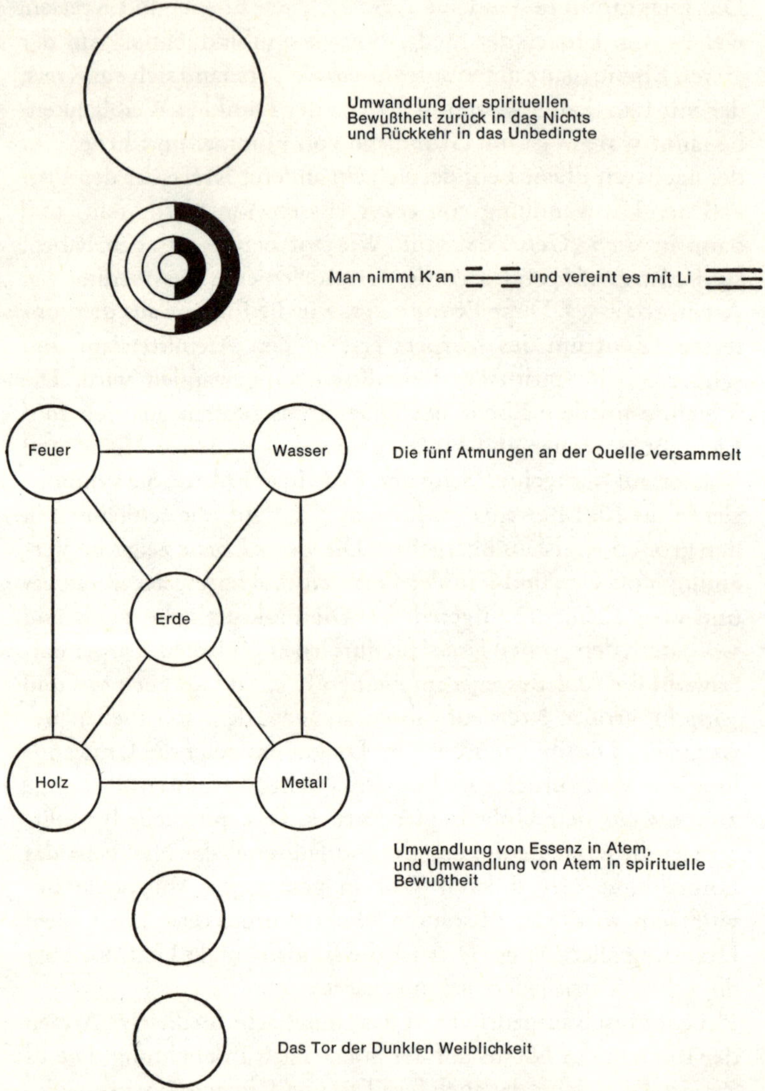

irgendwelche Techniken auszuarbeiten oder phantasievolle Symbolsysteme aufzustellen, denn sie wußten, daß man nur durch die Erkenntnis des eigenen Wahren-Wesens zur Erleuchtung gelangt. Wie Chuang Tzu es sagte: »Das Fischnetz ist da, um Fische zu fangen. Wir wollen die Fische behalten und das Netz vergessen.« Die Systeme, die von späteren kleineren Geistern aufgebaut wurden, sind die Fischnetze.

Zur Bedeutung des Atmens in der Umwandlung der Persönlichkeit schrieb mir eine bekannte deutsche Autorität auf diesem Gebiet:

> ... Ich habe die Praxis der Meditation selbst aufgenommen, unter der Anleitung eines Mannes, der seit mehr als dreißig Jahren mit ihr lebt, und der ihren Wert durch seine eigene Entwicklung des inneren Selbst beweist. Ich bin davon überzeugt, daß es die beste Heilung in neurotischen Fällen und ein sicherer Weg zur Formung der ausgewogenen Persönlichkeit des wahren Selbst ist.
>
> ... da Atmen eine natürliche Tätigkeit des Körpers ist, glaube ich, daß ein menschliches Wesen, welches sich in Harmonie mit dem inneren Selbst befindet, richtig und natürlich atmen wird, genauso wie der Mensch des Tao »tief von den Fersen her atmet«. Alles was wir tun müssen und tun können, ist also, einem Menschen zu helfen, den Weg zu jenem inneren Selbst zu finden, in einem weiteren Sinne, den zur Vereinigung vom Nicht-Selbst mit dem Selbst ...

Das Ziel des meditativen Atmens ist die Erkenntnis des Selbst, welche sich auch durch philosophisches Verstehen erreichen läßt. Yoga läßt sich als überflüssiges Hilfsmittel zurückweisen. Wenn es dem Einzelnen jedoch hilft, sich selbst zu verstehen und seine Beziehung zum Universum um ihn klarer zu sehen, dann dient es dem Zweck jeder spirituellen Übung: der Selbst-Verwirklichung.

Nachdem wir recht ausführlich auf die Einzelheiten des taoistischen Yoga-Systems eingegangen sind, sollten wir uns ein wenig erholen, bevor wir zum nächsten Thema übergehen, und ich glaube, daß die folgenden Zeilen zur Erfrischung unseres Geistes geeignet sind:

*Es sucht der Menschengeist im Außen alle Tage,*
*Je weiter er hinausgreift allerdings,*
*Desto stärker hemmt er sich selbst.*

*Jene allein, die einwärts schauen,*
*Können ihre Leidenschaften zügeln,*
*Und die Gedanken stillegen.*
*Kann man seine Gedanken stillegen*
*Dann wird der Sinn erfüllt mit heitrer Ruhe.*
*Den Sinn beruhigen heißt den Geist zu nähren,*
*Wer den Geist nährt, der kehrt zurück zum Wesen.*

ANMERKUNGEN

1 Der chinesische Ausdruck, den ich mit »stets in Bewegung, ruhelos« übersetzt habe, ist *yün yün*. Er wird gewöhnlich mit ›wachsen‹ oder ›blühen‹ übersetzt, kann jedoch auch, ganz im Gegensatz dazu, so viel wie ›still‹ bedeuten. Ho Shang Kung ist der Urheber der Interpretation ›blühen‹; er sagt: »*yün yün* ist das Blühen und Sprießen von Blüten und Blättern.« Die spätere Interpretation ›bewegt und ruhelos‹, die ich für richtiger halte, ist wohlfundiert; so zum Beispiel durch das *Yu P'ien*, das ›Graphische Wörterbuch von Ku Yeh-wang« (519–581), welches feststellt, daß im Buch des Lao Tzu *yün yün* »nicht friedlich und still« bedeutet (siehe Abschnitt *Yün* im Ergänzungsband). Schließlich ist das Wort *wu* (Dinge) das Subjekt des Satzes, und das Verb kann kaum auf das beschränkt bleiben, was »blüht und Blätter treibt«, nicht einmal metaphorisch.

2 *Ming*, das ich annähernd mit ›Für-sich-sein« übersetzt habe, wird oft als Leben, Schicksal, Bestimmung usf. wiedergegeben. Hier bezieht es sich nicht auf materielle und statische Dinge. Nach dem Kommentar, den Te Ch'ing im sechzehnten Jahrhundert zum *Tao Te Ching* schrieb, bedeutet *ming* ›Selbst-Wesen‹. Su Ch'e (11. Jh.) und Chiao Kung (spätes 16. Jh.), beide berühmte Kommentatoren des *Tao Te Ching*, interpretieren *ming* als ›das Wunder in der Natur der Dinge‹. »Die Natur der Dinge können wir beschreiben, aber für das Wunder der Natur der Dinge gibt es keine Worte.«
Ich habe es vorgezogen in dieser Übersetzung auf Hegels Begriff des ›Für-sich-seins‹ zurückzugreifen. Hegel sagt in seiner Philosophischen Propädeutik: »Indem sich durch die Veränderung die Beschaffenheit überhaupt aufhebt, hebt sich auch die Veränderung selbst auf. Das Sein ist hiermit in sich selbst zurückgegangen und schließt anderes von sich aus. Es ist *für sich* . . . Diese Ausschließung ist zugleich eine Beziehung auf Anderes und verhält sich also zugleich *attrahierend.*« Hegels Ausdruck scheint mir der Vorstellung des ›Wunders der Natur der Dinge‹ von Su Ch'e und Chiao Kung am nächsten zu kommen.

3 *Ch'ang*, das allverwandelnde Wandellose, ist einer der Grundbegriffe des Taoismus. Das Wort *ch'ang* läßt sich als beständig, dauernd, unaufhörlich, ewig usw. übersetzen, d. h. es meint das Gegenteil des Wandels.
Lao Tzu charakterisiert das *Tao* als »klanglos, formlos, an sich bestehend und wandellos«, und Chuang Tzu sagt: »Bevor der Himmel und die Erde waren,

bestand *Tao* aus sich von Anbeginn . . . kein Punkt der Zeit liegt lang zurück, und es ist, seit es besteht, nicht alt geworden.« Die Taoisten akzeptieren allerdings die offenkundige Tatsache, daß sich die Dinge ständig wandeln. *Ch'ang* ist das Wandellose in allem Wandel.

4 *Jung*, allumfangend.

5 *Kung*, selbstlos.

6 *Wang*, alldurchdringend.

7 *T'ien,* transzendent. Diese vier Wörter *(Jung, Kung, Wang, T'ien)* beschreiben die Stadien der Versenkung oder Stille nach der Erlangung der Erleuchtung. Im Bereich der absoluten Leere besteht Verschmelzung und gegenseitige Durchdringung von Subjekt und Objekt, Mensch und Universum. Solche Verschmelzung und Durchdringung geschieht ganz natürlich und unausweichlich.

8 Sarvepalli Radhakrishnan, History of Philosophy: Eastern and Western, London 1952, S. 180.

9 Der Geist des dunklen Spiegels – Chuang Tzu sagt: »Der Geist des vollkommenen Menschen ist wie ein Spiegel . . . Er reflektiert die Dinge aber behält sie nicht.« Eine wörtlichere Übersetzung der beiden Zeilen könnte lauten: »Reinige den dunklen Spiegel und laß keinen Flecken zurückbleiben.« Das erinnert an das berühmte *gatha* von Shen-hsiu (starb 706): »Der Geist ist wie ein heller Spiegel; reinige ihn von Zeit zu Zeit und lasse keinen Staub zurück.«

# Kapitel 5
# Ausdruck der Großen Stille in der chinesischen Dichtung

Wir haben die Aussage diskutiert, daß *Tao* in seinem ontologischen Sinn eine innere Erfahrung ist, in der der Mensch und das Universum in Eins verschmelzen. Diese ontologische Erfahrung wird oft als ununterschiedene, nicht-begriffliche und unbeschreibliche ursprüngliche Unschuld beschrieben. Die chinesische Dichtung dient in ihrer höchsten Form als ein Mittel zur Spiegelung dieser ursprünglichen Unschuld. In der chinesischen Dichtung wird die geheime Bedeutung des Wesens der Dinge oft spontan und unmittelbar durch die poetische Struktur enthüllt, welche aus dem Bereich des Unbestimmten hervortritt. Wenn die Wirklichkeit der Natur aus des Dichters ursprünglicher Unschuld in sein Bewußtsein tritt, dann erfährt er reine Schönheit, die frei und leuchtend ist. Jacques Maritain sagt von dieser poetischen »Unschuld«: »Schöpferische Unschuld ist das Paradies der poetischen Intuition, der existenzielle Zustand, in dem die dichterische Intuition ihre volle Kraft und Freiheit entfalten kann.«[1] Solche reine Schönheit und spontane Freude kann niemand fühlen, dem jener Bereich, in dem der Mensch und die Natur völlig verschmolzen sind, fremd ist. Ein berühmtes Gedicht von Ch'eng Hao aus dem elften Jahrhundert sagt dies ganz deutlich:

*Gegen Mittag, wenn die Wolken duftig sind,*
*und der Wind weht sanft,*
*Dann schlendre ich am Fluß entlang,*
*vorbei an Weiden und blühenden Bäumen.*
*Die Menschen dieser Tage können meine Freude nicht verstehen*
*Sie werden sagen, daß ich den Tag verbummele wie ein junger Taugenichts.*

Worin besteht diese innere Freude des Dichters? Warum kann

sie von den »Menschen dieser Tage« nicht geteilt werden? Ich sollte vielleicht noch einmal kurz auf die Geschichte über Konfuzius und seinen jungen Schüler Tsang Tien hinweisen. Nach seinem tiefsten Wunsch gefragt, antwortete Tsang Tien, er wolle im späten Frühling mit seinen Kameraden im Fluß baden gehen, sich der Brise erfreuen und singend heimkehren. Ein neo-konfuzianischer Kommentar sieht dies als den Ausdruck des Wunsches »in dem einzigen Strom von Himmel und Erde zu ruhen«, in dem der Mensch und alle Wesen Freude finden. Die innere Freude entspringt also einer subjektiven Verschmelzung mit der objektiven Wirklichkeit der Dinge. Die innere Freude, die aus dem Gedicht von Ch'eng Hao und aus der Antwort des Tsang Tien spricht, ist ein Ausdruck dieser ontologischen Erfahrung. Jene, deren Intuition die höchste Ebene nicht erreicht hat, können sie nicht verstehen. Die meisten Menschen genießen die qualitative Harmonie von Formen und Farben, aber sie schauen nicht die Wirklichkeit in allen Dingen. Sie mögen die Schönheit der Erscheinungsformen sehen, aber sie nehmen den Ursprung aller Schönheit nicht wahr, der selbst nicht schön ist.

Der Mensch des *Tao* jedoch taucht unmittelbar in den Kern der Dinge ein und stellt eine innere Beziehung zwischen der Natur und dem Menschen her. Ihm enthüllt sich die innere Kraft der Natur, und die Natur strahlt eine neue Schönheit aus ihrer verborgenen Kraftquelle aus. Dieser direkte Kontakt mit der Natur erzeugt das, was die chinesischen Kommentatoren *shen yün,* den *geistigen* Rhythmus nennen. Dieser *geistige* Rhythmus, der im Dichter pulsiert, schenkt ihm die Freude. Chinesische Kritiker betonen oft, daß dieser *geistige* Rhythmus eine Folge der Verschmelzung der Subjektivität des Dichters mit der objektiven Wirklichkeit der Dinge ist. Er ist das unsichtbare Wechselspiel zwischen zwei Polen. Die Sphäre dieses tiefen subjektiven Gefühls zwischen zwei Polen ist *ching chiai,* es ist die innere Welt des Dichters, in der der *geistige* Rhythmus schwingt. Jeder von uns hat seine eigene innere Struktur. Bei jedem von uns ist diese einzigartig. Wir alle nehmen verschiedene Elemente aus der objektiven Welt auf, und unser Erfahrungshorizont ist dementsprechend unterschiedlich. Für den gewöhnlichen Menschen ist das, was innerhalb dieses Horizontes liegt, auf die Unterscheidung von Formen beschränkt, und sein Horizont kann niemals über die begrenzten Erfahrungen hinausreichen. Die innere Welt des Dichters, sein *ching chiai*, hat, sozusagen, keinen sichtbaren Inhalt; deshalb ist sein Horizont unbegrenzt. In dieser Welt wirkt der Geist frei und spontan, ohne diskursive Einengungen. Er bewegt sich ganz von selbst, und der Dichter mag sich dessen nicht einmal bewußt sein. Aus der Welt des Unbewußten steigen die Strukturen seiner Dichtung ins Bewußtsein auf. Das folgende alte chinesische Lied mag als Beispiel dafür dienen:

*Sobald die Sonne aufgeht,*
*Beginnen wir zu arbeiten;*
*Sobald die Sonne untergeht,*
*Ruhen wir uns aus.*
*Wir graben den Brunnen*
*Und wir trinken,*
*Wir pflügen das Land*
*Und wir essen –*
*Was geht die Macht des Ti uns an?*[2]

Das Leben dieser Menschen – arbeitend, ruhend, essend, trinkend – ist so unschuldig wirklich wie das Mondlicht und das Fallen des Regens. Ihr Geist ist frei von jeder Spur menschengeschaffener Einengung und Begrenzung. So gibt es keine Möglichkeit, den Horizont ihrer inneren Welt zu bestimmen. Sie sind in Harmonie mit der gesamten Umwelt. Es besteht keine Grenze zwischen Selbst und Nichtselbst. In den baren Notwendigkeiten des einfachen Lebens findet sich ein Kern spiritueller Kraft, der von Hochmut und Egoismus frei ist. Der unschuldige und der spirituelle Aspekt sind, obwohl sie verschieden erscheinen, in Wirklichkeit ein und derselbe. Der Geist sowohl des unschuldigen als auch des spirituellen Menschen ist frei von jeder Spur eines Konfliktes, frei von den Verstrickungen der Künstlichkeit.

Im letzten Kapitel des *Chuang Tzu* findet sich eine Beschreibung des vollständigen Menschen, des Menschen, der sowohl mit dem natürlichen als auch mit dem spirituellen Aspekt der Existenz eins geworden ist:

Der Mensch, der nicht von der Großen Quelle abgeschnitten ist, ist der natürliche Mensch. Der Mensch, der nicht von der Essenz getrennt ist, ist der *geistige* Mensch.

Der Kommentator sagt hierzu, daß, auch wenn wir mit unterschiedlichen Worten vom natürlichen und vom *geistigen* Menschen sprechen, dieser doch in Wirklichkeit einer ist, nämlich der «vollständige Mensch«. Die innere Welt des vollständigen Menschen kennt keine Schranken und wird nicht durch äußerliche Dinge verzerrt oder verwirrt. Er ist eins mit dem Universum und verschmilzt mit allen Dingen. Er ist nicht Ego-Selbst, sondern das unbegrenzte nicht-ichhafte Selbst. Dieses Selbst manifestiert sich manchmal als ursprüngliche Unschuld, und manchmal als transzendentale Spiritualität. Beide sind Grundlagen des dichterischen Ausdrucks.
Im Werk der großen chinesischen Dichter findet man beide Aspekte. Li Po (701–762) singt in einem Gedicht mit dem Titel »Gedanken in stiller Nacht» ganz naiv:

*Vor meinem Bett glänzt helles Mondlicht –*
*Wie, sollte das schon Rauhreif sein?*
*Ich heb den Kopf, schau auf zum vollen Mond,*
*Senke den Kopf und denk an mein Zuhause.*

Diese bezaubernden Zeilen von Li Po spiegeln seine poetische Unschuld so unmittelbar, wie das Mondlicht auf dem Boden reflektiert wird. Ein anderes Gedicht ist Ausdruck seiner transzendentalen Freude, die er in der Bergeinsamkeit erlebt:

*Ihr fragt, zu welchem Zweck ich denn*
*in blauen Bergen lebe –*
*Ich lächle, doch entgegne nichts,*
*das Herz voll Seelenruh.*
*Die Pfirsichblüten treiben auf dem Strom*
*davon in weite Ferne*
*Andere Himmel gibts und Erden*
*als die der Welt der Sterblichen.*

Wenn der chinesische Dichter diese stille Tiefe erreicht hat, dann zeigt er seine ursprüngliche Einfachheit oder offenbart seine unerschöpfliche Freude. Ursprüngliche Unschuld und strahlende Freude sind zwei Aspekte der gleichen ontologischen Erfahrung. Der taoistischen Theorie nach ist diese ontologische Erfahrung intuitive Selbst-Bewußtheit, welche sich von diskursivem Denken unterscheidet. Es ist der unbehauene Klotz, formlos, klanglos, farblos – und doch sind darin alle Formen, alle Klänge und alle Farben enthalten. Aus diesem Zustand des Nichtseins, der unfaßbar und nicht definierbar ist, entsteht alles Faßbare und Definierbare. Der schöpferische Prozeß des Universums ist auch der schöpferische Prozeß des Dichters, der sein Ego ins Selbst umgewandelt hat, und so zu einem Bestandteil des Universums geworden ist.

Auch westliche Kritiker vertreten die Ansicht, daß die dichterische Erfahrung in ihrem höchsten Sinn unsichtbar, unfaßbar und nicht-verstehbar ist. Der Gedanke der Synthese von poetischer und ontologischer Erfahrung wurde mit einiger Ausführlichkeit von Martin Heidegger behandelt:

> Der Dichter weiß, daß, wenn er den Fund den gesparten nennt, er solches sagt, wogegen der gewöhnliche Verstand sich sträubt. . . . Darum muß der Dichter, kaum daß er das Wort vom Geheimnis der sparenden Nähe über sich gebracht hat, sich selbst ins Wort fallen: »Thörig red ich.« Aber er redet dennoch. Der Dichter muß reden, denn »Es ist die Freude«. . . . Das Dichten macht nicht erst dem Dichter eine Freude, sondern das Dichten *ist* die Freude, die Aufheiterung, weil im Dichten das erste Heimkommen besteht. . . . Dichten heißt, in der Freude sein, die das Geheimnis der Nähe zum Freudigsten im Wort behütet.[3]

Heidegger sagt weiterhin:

> Die Heitere behält und hat alles im Unverstörten und Heilen. . . . Sie ist das Heilige. »Das Höchste« und »das Heilige« ist für den Dichter das Selbe: die Heitere. Sie bleibt als der Ursprung alles Freudigen das Freudigste. In diesem ereignet sich die reine Aufheiterung.[4]

Diese reine Aufheiterung stellt die höchste Errungenschaft der chinesischen Dichter dar, für die ontologische und dichterische Erfahrung eins sind.

Die Schwierigkeit des dichterischen Prozesses ist grundsätzlich die Spiegelung objektiver Wirklichkeit; diese Spiegelung findet nur dann erfolgreich statt, wenn der Dichter die »reine Aufheiterung« erreicht und »das Geheimnis der Nähe zum Freudigsten« erfährt. Es ist die Aufgabe des Dichters, den Leser an seiner inneren Erfahrung teilhaben zu lassen und ihn in die Welt der reinen Aufheiterung zu führen. Der Leser wird mit anderen Worten in den rhythmischen Fluß hineingezogen und von ihm in die Tiefe der ursprünglichen Unbestimmtheit getragen, aus der die poetische Struktur aufsteigt. Der Leser wird unmittelbar mit der objektiven Wirklichkeit konfrontiert, der sich der Dichter ursprünglich gegenübersah. Die Subjektivität des Lesers und die objektive Wirklichkeit im Gedicht verschmelzen ohne Störung und Verzerrung durch ein Eingreifen des Dichters. Dies ist, was die chinesischen Kritiker das Prinzip der Direktheit nennen. Wang Kuo-wei schreibt in seinem Werk mit dem Titel »Kritik der Dichtung in der Menschenwelt«:

Die Gedichte von T'ao Ch'ien (373–427) und Hsieh Ling-yun (385–433) geben uns den Eindruck von Direktheit. Die Gedichte von Li Yen-nien manchmal nicht ...
Die Idee der Direktheit läßt sich durch folgende Zeilen verdeutlichen: »Um den Tümpel sprießt Aprilgras» oder »Unter dem Balken das Schwalbennest ist leer, Lehm tropft von ihm herab.« Die Wirkung dieser Zeilen wird erzeugt durch die gekonnte Direktheit.

Der grasumwucherte Tümpel, das verlassene Schwalbennest von dem der Lehm herabtropft, das sind Beschreibungen von Situationen, die der Dichter vorfand. Die Situation wird dem Leser ohne Kommentar des Dichters dargestellt. Bleibt des Dichters eigene Interpretation unausgesprochen, und dem Leser wird dergestalt die tatsächliche Situation beschrieben, dann kann er ganz frei darauf reagieren. Die objektive Wirklichkeit des Gedichtes spricht direkt zum innersten Sein des Lesers. Da gibt es keinen Versuch, dem bewußten Geist des Lesers irgendwelche spezifische Vorstellungen aufzudrängen. Es bleibt seinem Geist vielmehr die Möglichkeit, frei und spontan zu reagieren. Dieser Gedanke der Herstellung einer Unmittelbarkeit zwischen dem Leser und dem Gedicht wird von Jacques Maritain wie folgt beschrieben:

Solche Gedichte sind kondensiert, der Ausdruck ist allein auf das Wesentliche beschränkt, an die Stelle aller diskursiven oder rhetorischen Entwicklung und Verbindung sind andeutende Striche getreten. Und doch sind diese Gedichte klar ... der erkennbare Sinn, obwohl immer noch explizit, ist, als wäre er nicht umschrieben, ich würde sagen, offen.[5]

Auf die Vermittlung durch ausgesprochene Vorstellungen zu verzichten, bedeutet, mögliche Verzerrungen durch die Subjektivität des Dichters auszuschalten. Dies ist die Direktheit, von der die chinesischen Kritiker sprechen. Diese Direktheit läßt die Dinge im Gedicht sie selbst sein. Das Sein selbst ist poetisch. Die Poesie ist allein ein Ausdruck solchen Seins. Die chinesischen Dichter dringen in den Ursprung der Dinge ein und enthüllen ihr wahres Wesen. Wie Archibald Mac-Leish sagen würde: »Ein Gedicht sollte nicht meinen, sondern sein!« Die besten Werke der chinesischen Dichtkunst »meinen« nicht, sie »sind«. Der *geistige* Rhythmus tritt aus der objektiven Wirklichkeit hervor, die uns nicht mehr nur als rein visuelle Beschreibung erscheint.

*Im Frühling, wenn all die Blumen blühen,*
*Erscheint der Abendfluß glatt und bewegungslos.*
*Plötzlich kommt die Flut mit der Spieglung glitzernder Sterne,*
*Die verebbenden Wellen tragen das Bild des Mondes hinweg.*

*Yang Kwang*

*Die Menschen ruhn, Zimtblüten taumeln nieder*
*Die Nacht ist still, einsam die Frühlingsberge*
*Der Mond bricht durch, schreckt Vögel im Gebirge auf*
*Von Zeit zu Zeit ein Vogelschrei im Frühlingstal.*

*Wang Wei*

Diese beiden Gedichte haben die besondere Eigenschaft einer eigenständigen Wirklichkeit. Ihre Aktion in der Nichtaktion erweckt eine innere Wirklichkeit, von der der Leser mitgetragen wird. Das Gedicht und der Leser werden nicht durch die Beziehungen logischer Begrifflichkeit zusammengebracht, sondern durch den *geistigen* Rhythmus, der zwischen der objektiven

Wirklichkeit des Bildes und der subjektiven Wirklichkeit des Beschauers hin und zurück schwingt. Das unbeschreibliche Schwingen zwischen den beiden Polen ist nicht der Künstlichkeit äußerer Regeln unterworfen. Wenn der Dichter frei von Künstlichkeit ist, dann wird er nicht nur die reine objektive Wirklichkeit widerspiegeln, sondern er wird auch spontan seine innere Freude ausdrücken können, ohne jede Verzerrung und Einschränkung durch die Ich-Bewußtheit. Er ist absichtslos und furchtlos wie der fließende Strom und der leuchtende Mond. Da der Dichter ganz still ist, reflektiert er einfach, was seinem Bewußtsein geschieht.

*Im Frühlingsschlaf, der Morgenröte nicht gewahr,*
*Allüberall hört man das Zwitschern der Vögel.*
*Kam nicht die Nacht mit Wind und Regenrauschen –*
*Ob viele Blüten abgefallen sind?*

*Meng Hao Jan (689–740)*

*Mittleren Alters, sehr dem Tao zugewandt,*
*Mein Haus am Rand des Südgebirges.*
*Kommt mir die Laune, ziehe ich allein von dannen,*
*Wie wunderbar die reine Selbstbewußtheit.*
*Dort angekommen wo das Wasser aufhört,*
*Sitz ich und schaue wie die Wolken aufsteigen.*
*Manchmal begegnet mir ein Alter aus dem Walde,*
*Wir schwatzen, lachen, wollen gar nicht heimkehren.*

*Wang Wei*

Die Einfachheit und Natürlichkeit, die aus diesen beiden Gedichten sprechen, führen den Leser in die Stille der inneren Welt des Dichters hinein. Der Leser erfährt selbst, was der Dichter ursprünglich angesichts der gegebenen Situation erlebte. Er sieht sich unmittelbar der objektiven Wirklichkeit im Gedicht gegenüber und teilt die ontologische Erfahrung des Dichters. Die Direktheit sowohl der rein objektiven Darstellung als auch der inneren Freude kommen aus dem Selbst des Dichters, welches auf das Selbst des Lesers wirkt, auch wenn der sich dessen vielleicht nicht bewußt ist.

Wang Kuo-wei spricht von zwei Arten der inneren Welt eines Dichters: der inneren Welt des ichlosen Selbst, und der inneren Welt des Selbst der Ego-Form. Lebt der Dichter im Bereich des ichlosen Selbst, dann sieht er die Dinge, wie sie wirklich sind; er verzerrt ihre Tatsächlichkeit nicht. Wang Kuo-wei zitiert die folgenden Zeilen als Beispiel:

*Sanft, so sanft kräuseln sich die kalten Wellen,*
*Langsam, langsam schwebt ein weißer Vogel herab.*[6]

In diesen Zeilen präsentiert der Dichter einzig die objektive Wirklichkeit, die er in einem Moment erfaßte, in dem sich sein ichloses Selbst offenbarte. Das große Selbst spiegelt die Dinge, aber verändert sie nicht. Aus dem Bereich des ichhaften Selbst, so sagt Wang Kuo-wei, projiziert der Dichter seine subjektiven Gefühle in die objektiv gegebenen Umstände und verändert damit die Wirklichkeit der Dinge. Er gibt uns folgendes Beispiel:

*Mit tränendem Auge befrage ich die Blumen,*
*doch die Blumen schweigen still,*
*Verstreute Blütenblätter treiben hinüber zur Schaukel.*[7]

Der Dichter personifiziert die Blumen, indem er seine eigenen Gefühle in sie hineinprojiziert. Schweigen ist die Tatsächlichkeit der Blumen, und das Treiben der Blütenblätter ist ohne Ziel und ohne Emotionen. Jedoch unter dem Schreibpinsel des Dichters werden das Schweigen der Blumen und das Forttreiben der Blütenblätter zu dem subjektiven Gefühl des Dichters, daß sie seinen Kummer nicht teilen mögen. Diese Art von Dichtung scheint dem zu entsprechen, was T. S. Eliot den »negativen Aspekt der poetischen Erfahrung« nennt. Er sagt:

Es scheint, daß diese Momente charakterisiert sind durch ein plötzliches Aufheben der Last von Sorge und Furcht, die unser tägliches Leben allezeit beschwert. ... Was geschieht, ist etwas Negatives, das will sagen »nicht Inspiration«, wie wir sie im allgemeinen verstehen ... Irgendein Widerstand wird plötzlich aus dem Weg geräumt. Das begleitende Gefühl ist weniger das, was wir als positive Freude kennen, als eine plötzliche Befreiung von einer untragbaren Last.[8]

Befindet sich der chinesische Dichter in einem emotionalen Konflikt, der innere Spannung hervorruft, dann findet er oft Erleichterung durch das Trinken oder das Schreiben eines Gedichtes. Die Schwingungen seiner inneren Melodie lassen die Intensität dieses Konfliktes erkennen. Die folgenden Zeilen sind Ausdruck der inneren Melodie einer zutiefst bedrückenden Situation:

*Vertrocknete Ranken,*
*Morsche Bäume,*
*Düstere Krähen.*
*Bei der kleinen Brücke*
*Ein Haus am ziehenden Strom.*
*Westwind weht,*
*Auf der alten Straße*
*Ein magerer Gaul.*
*Die Abendsonne sinkt im Westen –*
*Gebrochenen Herzens*
*Ein Mensch am Ende der Welt.*

Dieses Gedicht wurde im dreizehnten Jahrhundert von Ma Chih-yuan geschrieben, dessen Projektion seiner eigenen Gefühle auf die Beschreibung der Dinge im Gedicht abfärbt. Das Gefühl, das den Dichter erfüllt, braucht von Anderen nicht geteilt werden, die sich der gleichen Szene gegenübersehen. In einer seiner letzten Arbeiten bestätigt Herbert Read die Ergebnisse der Untersuchung »Archetypal Patterns in Poetry« (Archetypische Strukturen in der Poesie) von Maud Bodkin:

Das Selbst, welches geltend gemacht wird, ist aufgebauscht durch die gleiche kollektive Macht, der man sich schließlich unterwirft; und aus der Spannung von zwei Impulsen und ihrer Reaktion aufeinander unter den Bedingungen des dichterischen Dranges steigt offenbar die besondere tragische Attitüde und Emotion auf.

Der poetische Drang des niedergeschmetterten Menschen läßt eine übertriebene Selbst-Behauptung des Dichters erkennen, die alle Objekte im Gedicht verändert. Diese Art von Gedichten wird geschrieben, um die übermäßige Spannung des egozentrischen Selbst abzubauen. Ein solches Gedicht dringt nicht vor zur ursprünglichen Quelle, aus der das große Mitgefühl entspringt. Wird das große Mitgefühl angesprochen, dann bricht seine Macht alle eingrenzenden Barrieren des ichbewußten Selbst nieder. Das Selbst, über sich selbst hinaus ausgeweitet, wird zum Selbst der Anderen. Diese Verschmelzung offenbart den Bereich des universalen großen Selbst, welches nach den Taoisten das Wahre-Selbst ist. Der große chinesische Dichter Tu Fu (712–770), der in der Welt des Wahren-Selbst lebte, wird als der ›Weise Dichter‹ verehrt. Seine besten Gedichte spiegeln das große Mitgefühl, und berühren deshalb die verborgenen Tiefen des menschlichen Herzens. Das folgende Gedicht, das als eines seiner Meisterwerke angesehen wird, ist ein gutes Beispiel hierfür:

*Als es dunkel war, erreichte ich das Dorf Shih-hao;*
*Spät in der Nacht erschien ein Rekrutierungsoffizier.*
*Der Alte aus dem Haus entfloh über die hintere Mauer,*
*Sein altes Weib ging aufmachen.*
*Wie wütete der ärgerliche Offizier!*
*Wie bitterlich weinte die Alte!*
*Ich hörte, was die alte Frau sagte:*
*Ich gab drei Söhne zur Verteidigung von Yeh,*
*Einer von ihnen nur schrieb einen Brief,*
*Die andren wurden in der Schlacht getötet.*
*Die Toten sind dahin für immer,*
*In diesem Haus sind keine Männer mehr.*
*Allein mein Enkel, der noch die Brust bekommt,*
*Um seinetwegen bleibt die Mutter bei uns;*
*Sie hat nicht mal ein ganzes Kleid, so kann sie nicht hinaus,*
*Doch ich, obwohl ich alt bin, bin noch rüstig.*
*So laßt mich mit Euch gehen, Offizier,*
*Dem Aufruf aus Ho-yang gleich zu entsprechen,*
*Ich könnte wenigstens für die Soldaten kochen.*

*Zu fortgeschrittener Nacht verstummte das Gespräch,*
*Und alles, was ich hörte war ein Schluchzen.*
*Bei Tagesanbruch machte ich mich wieder auf den Weg*
*Und konnt den Alten nur ›Gehabt euch wohl‹ sagen.*

In diesem Gedicht stellt Tu Fu einfach objektive Tatsachen dar, auf die jeder Leser auf die gleiche Art reagieren wird – wir alle werden die große Sympathie des Dichters teilen. Es wird kein Wort über Moral und Sympathie verloren, und doch spricht aus dem rein objektiven Bild, das der Dichter zeichnet, das große Mitgefühl. Durch dieses ursprüngliche machtvolle Mitgefühl löst er sein Selbst in das Selbst der Anderen auf und erfaßt das Geheimnis dichterischer Schöpfungskraft, was ihn weit über den Horizont geringerer Dichter hinaushebt. Auch westliche Kritiker haben die Beziehung zwischen großer Dichtung und Selbst-Verwirklichung erkannt. So sagt zum Beispiel Jacques Maritain:

Das schöpferische Selbst des Künstlers ist seine Person als Person . . . nicht seine Person als materielles Individuum oder als auf sich selbst konzentriertes Ich. Und die erste Verpflichtung für den Dichter ist, damit einverstanden zu sein, daß er zurückgetragen wird zu jenem verborgenen Ort nahe der Mitte der Seele, wo seine Totalität besteht in der Verfassung einer schöpferischen Quelle.[9]

Im schöpferischen Prozeß gibt es kein ichbewußtes Selbst. Die dichterische Arbeit tritt aus der ursprünglichen Quelle des großen Selbst hervor. Ihre Verwirklichung ist jenseits künstlicher und meßbarer Bemühung; sie reicht vom Endlichen zum Endlosen, vom Begrenzten zum Grenzenlosen.
Die dynamischen Kräfte in großer Dichtung durchbrechen oft die Barrieren von Zeit und Raum und werden »unzweifelhaft magisch«; diese Kräfte nennt der Chinese *shen yün.* Chu Hsi beschreibt in dem folgenden Gedicht die Kraft des schöpferischen Selbst:

*Der weite Teich erstreckt sich wie ein Spiegel,*
*Das Himmelslicht und Wolkenschatten spielen darauf.*
*Wie kommt er nur zu einer solchen Klarheit?*
*Er enthält des Quellgrunds lebendigen Strom!*

Ein anderes Gedicht von Chu Hsi spricht ebenfalls von diesem Quellgrund, oder der ursprünglichen Quelle:

*Wir studieren die Wandlungen (I Ching),*
*nachdem die Linien zusammengestellt sind.*
*Können wir den Geist nicht auf das richten, was schon bestand,*
*ehe ein Strich gezogen ward?*
*Wenn wir verstehen, daß die Zwei-Form*
*aus dem Urgrunde entspringt,*
*Dann müssen wir fürwahr die Wandlungen*
*nicht weiterhin studieren.*

Der Urgrund in diesem Gedicht ist mit der ursprünglichen Quelle des vorhergehenden Gedichtes identisch. Und die ständigen Wandlungen der Formen und ihre Unterscheidungen, die aus dem Urgrunde hervortreten, sind der lebendige Strom. Wie Chou Tun-yi sagt: »Die Letzte Bedingung ist auch das Unbedingte« oder mit einem taoistischen Ausdruck gesagt: »Das Sein entsteht aus dem Nichts«. Alle Energien und Möglichkeiten stammen aus dem Nichts und werden durch das Nichts neu belebt. Die Bedeutung des Nichts, oder der Leere, wird besonders in dem Werk »Der literarische Geist und das Schnitzen des Drachens« betont. Wir lesen dort:

Leere und Stille sind die wesentlichsten Grundlagen für die Kultivierung literarischer Gedanken, denn sie verjüngen die inneren Organe und erfrischen den *Geist.*

Auch Lu Chi weist in seinem *Wen Fu,* die Literarische Kunst, auf die Bedeutung der Leere hin:

Unbewußt jeden Anblickes, unbewußt jeden Geräusches, versunken in Gedanken und auf Entdeckung draußen in der Welt. Sein *Geist* war davon, auf wildem Galopp zu den Acht Polen, sein Bewußtsein tausend Klafter unter der Erde. Dann kam er an diesen Punkt: die Morgenröte seiner Stimmung wurde heller und somit klarer umrissen, die Gegenstände seiner Aufmerksamkeit leuchteten auf und sprudelten hervor ... Er forderte das Nichts um Sein hervorzubringen, er rief die Stille an und verlangte eine Antwort.[10]

Die meisten der großen chinesischen Dichter waren in der Kunst der Meditation wohlgeübt. So wird die besondere Eigenart ihrer Gedichte *san-mei* oder *samadhi* genannt. Diese Eigenart, die ihre Gedichte auszeichnet, ist jene von der Meditation hervorgebrachte Essenz, durch die das universale Selbst verwirklicht wird, und aus der der *geistige* Rhythmus ausstrahlt. Der chinesische Dichter sollte sich schulen, bis er einen Zustand erreichte, der von einem Zen-Buddhisten folgendermaßen beschrieben wird:

*Durch Stillhalten und Leere wird die Verwirrung aufgelöst,*
*So wie sich weiße Wolken an der kalten Klippe brechen;*
*Das Licht wahrer Erkenntnis vertreibt die Dunkelheit,*
*Wie Mondlicht der nächtlichen Fahrt des Schiffes folgt.*

Das schöpferische Tun im höchsten Sinn hat seinen Ursprung im Nichts, in der Leere. Jene chinesischen Dichter, die durch Selbstschulung und Meditation zur Leere vordrangen, haben wahrhaft große Werke geschaffen. Sie verdanken den alten Taoisten sehr viel, welche lehrten, daß die Versenkung in äußerste Stille zu den verborgenen Quellen der schöpferischen Kraft führt, und daß es dieser Bereich ist, aus dem sich alle Schönheit in die objektive Welt manifestiert. Eine hohe Stufe der Selbst-Verwirklichung gibt ihnen die absolute Freiheit und die heitere Gelassenheit, die natürliche Reflektion möglich machen, eine Reflektion ohne Vorurteile und Verzerrungen. Ich möchte eine Reihe von Gedichten verschiedener Dichter über das Thema der Meditation selbst zitieren:

*Ich gehe schlafen so spontan,*
*wie Vögel in den Wald heimkehren,*
*Tagsüber ist mein Geist*
*wie der des Bettelmönches sorgenfrei.*
*So wie der Kranich lebe ich,*
*der dann und wann unter den Kiefern schreit,*
*Und wie das stille Lampenlicht im Bambushain.*
*Ich sitze mit verschränkten Beinen bis tief in die Nacht*
*Und antworte auf keinen Ruf von Tochter oder Frau.*

*P'o Chü-i (772–846)*

*Der alte Meister Chi hinterließ eine Meditationsterrasse,*
*Die liegt hoch droben, stets von weißen Wolken eingehüllt.*
*Sollte der Holzfäller sie sehn, er würd sie nicht erkennen,*
*Die Bergmönche sind froh, daß sie alleine davon wissen.*
*Sie dachten wohl, daß es mich freut,*
*Und führten mich hinauf, den Ort zu sehen –*
*In stiller Nacht tropft dort der Tau vom Bambus nieder,*
*Und aus den Kiefern weht des Tags ein frischer Wind.*
*Von jeher habe ich die Meditation gepflegt,*
*Doch jenes Alten Beispiel hat mich noch mehr beflügelt.*

*Meng Hao Jan*

*In letzter Zeit ist mir der Stille tiefer Sinn bewußt geworden,*
*So halte ich mich Tag für Tag der Menschenherde fern.*
*Da ich den Mönch vom fernen Berg erwarte,*
*Habe ich schon mein Häuschen ausgefegt,*
*Von jenen Wolkengipfeln steigt er bald herab,*
*Kommt mich in meinem strohgedeckten Heim besuchen.*
*Im Grase ruhend lutschen wir Tannenharz,*
*Verbrennen Räucherwerk, schmökern in Büchern übers Tao.*
*Nun brennt die Lampe und das Tageslicht verblaßt.*
*Die Tempelglocke kündet uns den Abend.*
*Plötzlich erkenne ich, daß Stille wahrhaft Freude ist,*
*Und dieses Leben unbemessene Muße hat.*

*Wang Wei*

*Zum Himmlischen Geist heimkehren, das heißt,*
*zum Nicht-Geist heimzukehren.*
*Wenn Geist zum Nicht-Geist wird,*
*ist er nirgends zu finden.*
*Doch wenn du sagst, Nicht-Geist sei nichts,*
*wie kannst du dann behaupten:*
*»Aus dem abgründigen Wasser wird das Goldene Elixier erzeugt.«*

*Shao K'ang-chi (1011–1077)*

*Die Wolken steigen auf vom Berge Chung*
*Und kehrn zurück zum Berge Chung.*
*Ich möcht den Bergbewohner fragen:*
*»Wo sind die Wolken jetzt?«*
*Wolken steigen auf aus dem Nicht-Geist*
*Und kehrn zurück in den Nicht-Geist.*
*Nicht-Geist ist nirgends aufzufinden,*
*Das Heim des Nicht-Geistes brauchen wir nicht zu suchen.*

*Wang An-shih (1021–1086)*

*Wenn der Mond aufsteigt im Herzen des Himmels,*
*Und ein leichter Wind des Teiches spiegelgleiche Fläche streift,*
*Das ist fürwahr ein Augenblick der reinsten Freude,*
*Nur wenig Menschen spüren dies!*

*Anonymus*

Reinheit und Freude sind Früchte der Meditation. Für die chinesischen Dichter sind sie die Vorbedingungen des dichterischen Schaffens. Je höher die Stufe der Selbst-Verwirklichung eines Dichters, desto besser ist seine Dichtung. Yen Yü, ein berühmter Kritiker des zwölften Jahrhunderts, sagt dazu:

Allgemein gesprochen: der Weg des Buddhismus führt zur Erleuchtung; und auch der Weg der Dichtung führt zur Erleuchtung. Die akademischen Verdienste von Meng Hao Jan sind weit geringer als die von Han Yü (769–824). Aber Meng's Dichtung ist wesentlich besser als die von Han Yü. Das liegt daran, daß Meng Erleuchtung erlangt hat, Han jedoch nicht.

Bevor ein Dichter Erleuchtung erfährt, sieht er die Blumen als Blumen und die Weiden als Weiden. Auch nach der Erleuchtung sieht er Blumen noch als Blumen und Weiden als Weiden, aber er ist sich zudem des *geistigen* Rhythmus bewußt, der in Blumen und Weiden pulsiert. Ein Zen-Buddhist singt:

*Wenn die Vögel in den Wipfeln singen,*
*dann ist ihr Lied die Lehre aller Patriarchen;*
*Wenn die wilden Blumen blühn,*
*bringt uns ihr Duft des Tao tiefsten Sinn.*

Die meisten Konfuzianer schreiben Gedichte. Aber nur jene, die Erleuchtung erlangt haben, schenken uns immer gute Gedichte. Wang Yang-ming, ein erleuchteter Konfuzianer, schreibt:

*Tiefe Stille hat mich ins durchscheinende Mondlicht eingeführt,*
*Nach der Erleuchtung sehen wir, daß die Sechs Klassiker*
*auch nicht ein einziges Wort enthalten.*

Der Kritiker Wang Wen-lu des sechzehnten Jahrhunderts behauptet, die Gedichte des Wang Yang-ming hätten die gleiche Direktheit und Transparenz wie die der Dichter der T'ang Zeit. Als Beispiel zitiert er folgende Zeilen:

*Im Bergtempel schwingen die Glocken nachts*
*Im Wind, der aus den Kiefern weht.*
*Von meinem Felsensitz beim winterlichen Lämpchen*
*Kann ich des Buddhas Blumenregen hören.*

*

*Der Dunst steigt auf bis zu den Bergspitzen*
*Und hüllt den ganzen Tempel ein.*
*Ich schaue durch den lichten Wald hinab*
*Zum Fluß drunten im Tal.*

Auch die beiden folgenden Gedichte sind typisch für den Stil des Wang Yang-ming:

*Bizarre Felsen bilden tausend Höhlungen,*
*Uralte Kiefern recken zersplitterte Glieder.*
*Ein frischer Wind fegt durch die Berghöhle,*
*Dies ist die Zeit für meine Rückkehr.*

*

*Niemand entgeht der Sommerhitze im Menschengewühl,*
*Die frischen Winde wehen nur tief in den Bergen.*
*Drei Tage saß ich hier am See,*
*Da sah ich plötzlich eine Flamme aufleuchten*
*Im grünen Baum auf dem Felsen.*

Die von den chinesischen Kritikern so sehr geschätzte Direktheit und Reinheit in der Dichtung ist eine unmittelbare Reflektion aus dem Geist des Dichters; die hingebungsvolle Pflege der Stille führt zum Geist des Nicht-Geistes. Wenn der Dichter den Geist des Nicht-Geistes verwirklicht, dann verschmilzt seine Subjektivität mit der objektiven Wirklichkeit der Dinge. »Die Dinge werden im Selbst erfaßt, und das Selbst wird erfaßt in den Dingen.« Ist die völlige Durchdringung erreicht, dann erwachen Subjektivität und Objektivität in einem einzigen Aufblitzen. Dieser spontane Ausbruch der poetischen Intuition wurzelt in der ontologischen Intuition und manifestiert sich in der Dichtung, die voller Leben und Bewegung und ungehindert von aller Künstlichkeit ist. Maritain sagt:

Dichterische Intuition . . . will nur die Innerlichkeit des Dichters enthüllen, zusammen mit den Dingen, die darin klingen – und wenn dichterische Intuition wirklich zum Ausdruck kommt, dann wird sie sich unvermeidlich in Schönheit äußern, auch wenn dies nicht beabsichtigt ist.

Maritain weist auch darauf hin, daß solch unvermeidliche Äußerung von Schönheit ». . . nur in einem Spiegel erreicht werden kann, sich ganz unserem Zugriff entzieht und Dichtung auf kein bestimmtes Ergebnis abzielt.«[11]

Die chinesischen Kritiker benutzen die verschiedensten Metaphern, um dieses unmittelbare Aufblitzen zu beschreiben, z. B. das »Bild der Blüten in einem Spiegel« oder »der durchscheinende Mond auf dem Wasser«. Die Zen-Buddhisten sagen: »Die Geiß hinterläßt keine Spur, wenn sie an ihren Hörnern vom Baum herabhängt.« Dieses natürliche Aufblitzen, das keine Spur hinterläßt, zeigt sich in den folgenden Gedichten:

*Ein alter Fischer ruht zur Nacht*
*am Fuß der Westklippe;*
*Im Morgengrauen zieht er Wasser aus dem Fluß*
*und macht ein Bambusfeuer.*
*Die Nebel schmelzen und die Sonne steigt,*
*noch ist kein Mensch zu sehen;*
*Das Ruder knarrt, plötzlich sind Fluß und Berge grün.*

*Er treibt mitten im Strom und blickt zurück*
*in endlos weiten Himmel;*
*Von den Felsen her folgen ihm die Wolken ohne Absicht.*
*Liu Chung-yuan (773–819)*

*Ich sitze alleine im dunklen Bambushain,*
*Schlage die Laute und summe und brumme dazu.*
*Niemand weiß um mich hier im tiefen Wald,*
*Nur der volle Mond kommt, um mir zu leuchten.*
*Wang Wei*

*Am Wandschirm auf der Bambuscouch*
*mit einem Stein als Kissen,*
*Nickte ich ein und das Buch entfiel der müden Hand.*
*Plötzlich erwachte ich voll Freude und mit stillem Lächeln,*
*Vom Fluß her wehen Fetzen von des Fischers Flötenspiel herauf.*
*Ts'ai Ch'o*

*Der Frühlingswind fegt durch die grünen Weiden.*
*Der Regen ist verstummt, doch von den Bambusblättern*
*tropft immer noch das Wasser.*
*Plötzlich erscheint ein weißer Vogel,*
*Durchbricht des Berghangs grünes Universum.*
*P'o Yü-ch'ien*

In jedem dieser Gedichte finden wir eine klare Darstellung der poetischen Situation, ohne daß das Ich des Dichters störend eingreift. So entsteht ein unmittelbarer Kontakt zwischen der Szene, der sich der Dichter gegenübersah, und dem Leser des Gedichtes. Die Gedichte verdanken ihre Direktheit der reinen Spiegelung der Erfahrung des Dichters. Vor allem die jeweils letzte Zeile dieser Gedichte offenbart die freie Bewegung des absoluten Augenblicks. Er ist das plötzliche Erwachen objektiver Wirklichkeit in einem Aufblitzen subjektiver Bewußtheit. Seine Manifestation ist die Dichtung. Von der Dichtung werden wir oft zurückgeführt zur Quelle der schöpferischen Kraft und teilen unmittelbar die ontologische Erfahrung. Als P'o Yü-ch'ien einmal über die Unsterblichkeit befragt wurde, antwortete er mit folgenden Worten: »Befragt mich einmal jemand über Wege der Unsterblichkeit, dann spreche ich kein Wort, weise nur still auf die fallenden Blüten.« Die ontologische Erfahrung ist unaussprechbar. P'o Yü-ch'ien zeigt einfach auf die fallenden Blüten, ohne ein Wort zu sprechen. Auf diese Weise demonstriert er die höchste Wahrheit, die von den Buddhisten das Erste Prinzip genannt wird. Diese höchste Wahrheit oder das Erste Prinzip findet sich auch in einem Gedicht des T'ao Ch'ien, über das wir schon im Kapitel über die Sympathie sprachen:

*Mein Haus baute ich mitten in der Menschensiedlung,*
*Und höre doch den Lärm von Pferd und Wagen nicht.*
*Wie das denn möglich ist? –*
*Ist dein Sinn losgelöst, ist auch der Wohnort friedlich.*
*Ich sammle Chrysanthemen an der Osthecke,*
*Schau still hinüber zu den Südbergen;*
*Die Bergluft frisch zur Abenddämmerung,*
*Paarweise kehren Vögel heim ins Nest.*
*In allen diesen Dingen liegt tiefe Bedeutung,*
*Will ich sie aussprechen, so schwinden mir die Worte.*

In diesem Gedicht finden wir die Fluktuation von der ursprünglichen Quelle des Geistes des Dichters hin zur Manifestation objektiver Wirklichkeit, und von objektiver Wirklichkeit zurück zur ursprünglichen Quelle. Psychologisch gesprochen besteht eine freie Bewegung aus der Tiefe des Unbewußten, die Bilder und Vorstellungen ins Bewußtsein trägt. Werden die Bilder und Vorstellungen im Prozeß der Verschmelzung von Subjektivität mit Objektivität wieder aufgelöst, dann kehrt der Dichter in die Tiefe des Unbewußten zurück. Auf diese Weise vereint er poetische Erfahrung mit ontologischer Erfahrung und führt den Leser in den Grund aller Schönheit.
Nach der Meinung von Wang An-shih kann das Werk anderer Dichter die außergewöhnliche Schönheit der Gedichte des T'ao Ch'ien nicht erreichen, da keiner von ihnen so viel von seiner inneren Erfahrung in ein Gedicht hineingegeben habe. T'ao Ch'ien's Größe ist ein Ergebnis der Selbst-Schulung, und nicht

von gekünstelter Technik. T'ao Ch'ien war nicht nur als Künstler, sondern auch wegen seiner persönlichen Eigenschaften hochangesehen. Er war ein guter Freund des bekannten Buddhisten Hui Yuan (4. Jh.), der die Gebote seines Tempels brach, um ihn mit Wein bewirten zu können. Hui Yuan hatte schon dreißig Jahre am Lu-Berg gelebt, ohne sich jemals weiter als bis zur Tiger-Schlucht davon zu entfernen. Als er seinen Gast T'ao Ch'ien jedoch eines Tages verabschiedete, merkte er gar nicht, daß er schon hundert Schritte über die Schlucht hinausgegangen war, bis er plötzlich einen Tiger brüllen hörte. (Als die beiden Freunde merkten, daß sie so ins Gespräch vertieft den heiligen Bezirk des Tempels verlassen hatten, blieben sie stehen und brachen ohne weiteres Wort in Gelächter aus. Diese Szene ist ein beliebtes Thema in der chinesischen Tuschmalerei. Anm. d. Übs.)

Die meisten chinesischen Kritiker betonen die Reinheit und Einfachheit von T'ao Ch'ien. Aber eine andere wichtige Eigenschaft muß auch berücksichtigt werden: ein ungezügeltes, kraftvolles Gefühl der Männlichkeit, welches eine natürliche Reflektion seines spiegelgleichen Geistes ist. Dieser Gesichtspunkt ist von den chinesischen Kritikern nicht oft erkannt worden, aber Chu Hsi weist darauf hin, daß –

> die Dichtung des T'ao Ch'ien, obwohl sie immer nur als rein und unbeschwert angesehen wird, in seinem »Lied für Ching K'o« sein ursprüngliches Selbst doch in ungezügelter und kraftvoller Weise enthüllt. Wie kann man sagen, ein Mann sei auf »Reinheit und Einfachheit« beschränkt, wenn er sich bei anderer Gelegenheit in solch starken, heroischen Worten äußert.

Ich möchte als Beleg die folgenden Zeilen anführen:

*Prinz Tan von Yen wußte mit einem tapferen Manne*
*umzugehen.*
*Als er eines Tages gelobte, dem Tyrannenstaate Chin*
*eine Lektion zu erteilen,*
*Begann er hundert tapfer? Männer im Staate Yin zu sammeln.*
*Zu Jahresende fand er Ching K'o, den Helden.*
*Und Ching K'o wußte, daß »ein Mann von Ehre sterben muß*
*für einen, der ihn schätzt«.*

*Er beschloß, sein Schwert zu nehmen und die Hauptstadt*
*zu verlassen,*
*Mit vielen Ehren wurde er verabschiedet.*
*Wiehernd trabte sein weißes Pferd über die Landstraße.*
*Sein ärgerliches Haar ragte über den Helm hinaus,*
*Das Band am Helm, im Winde flatternd, verriet seine*
*Entschlossenheit.*
*Ans Flußufer gelangt, trank er mit all den Helden,*
*Die sich um ihn versammelten, um ihm Lebewohl zu sagen.*
*Der Held Chien Li spielte eine traurige Weise auf der Laute,*
*Sung-Yi sang mit lauter klagender Stimme.*
*Ein schwermütiger Lufthauch strich leise vorbei,*
*Und kalte Kräusel liefen über den Fluß.*
*Ein jeder war von diesen kummervollen Tönen zu Tränen*
*gerührt,*
*Des Helden Ching K'o Sinn jedoch wurde von diesen*
*kriegerischen Klängen nur beflügelt.*
*Er wußte, daß man, einmal aufgebrochen, niemals wiederkehrt,*
*Alles was bleibt, ist ein Name für spätere Generationen.*
*Schnell bestieg er den Wagen und blickte nicht ein einziges Mal*
*zurück,*
*Zehntausend Meilen weit, nicht achtend aller Fährnisse,*
*Umging er zehntausend Städte.*
*Dann – trat er rasch ein in den Hof von Chin.*
*Die Karte von Yen wurde vorgelegt*
*Und aufgerollt bis der Dolch zum Vorschein kam.*
*Oh wie zitterte der tyrannische Prinz,*
*Doch Weh! der Dolch verfehlte ihn.*
*Die heroische Tat wurde nicht vollbracht,*
*Der Mann ist dahin für immer,*
*Doch sein Geist blieb uns für tausend Jahre.*[12]

In diesem Gedicht gibt uns der Dichter eine rein objektive Beschreibung heroischer Taten. Die Lebendigkeit und Kraft, die diese Zeilen durchtränken, kommen nicht aus dem ichhaften Selbst, sondern aus der verborgegen Kraft des ichlosen Selbst. Verweilt diese Kraft in Nichtaktion, dann haben wir Stille; tritt

sie in Aktion, so manifestiert sie sich auf die verschiedenste Weise, bei Tu Fu als Vaterlandsliebe, bei P'o Chü-i als allgemeine Menschenliebe, oder als Ausdruck eines erstaunlichen Heldenmutes im Lied für Ching K'o von T'ao Ch'ien.
Die verbreitete Meinung, daß der chinesische Dichter, der die Stille erreicht hat, nun darauf beschränkt ist, die Reinheit der Natur wiederzugeben, trifft nur zum Teil zu. Natürlich offenbart der Dichter oft den geheimen Sinn der Natur im Singen der Vögel, dem Schwanken des Bambus oder dem Duft der Frühlingsblüten. Aber er verliert die Dinge des täglichen Lebens niemals aus den Augen. Wenn die Leute weinen, weint er mit ihnen; wenn sie lachen, lacht er mit ihnen. Wenn den Leuten ein Unrecht geschieht, dann weckt er öffentliches Mitgefühl, wenn er von großen Taten hört, dann preist er den Mann, der sie vollbrachte, und stellt ihn als Vorbild für kommende Generationen hin. Durch die Magie des Dichters werden die einfachsten Geschehnisse völlig umgewandelt. Er hebt sie aus ihrem Dämmerschlaf heraus und füllt sie mit spirituellem Inhalt. Die Erfahrung eines Mannes wird zur Erfahrung aller. Das Besondere wird zum Universalen. Diese wunderbare Umwandlung ist nicht mit rein technischen Fertigkeiten zu erreichen. Nur wenn der Dichter innere Stille erreicht hat, kann er spiegelgleich die Gesamtheit des menschlichen Erfahrungsbereiches reflektieren.
In der chinesischen Dichtung haben wir die sinnliche Form von Wörtern und Bildern und verschiedene rhythmische Strukturen. Die chinesischen Schriftzeichen sind sinnvolle Bilder und Symbole, und so könnte ein solches bedeutungsschweres Zeichen den dichterischen Ausdruck von Vorstellungen und Erfahrungen einengen. Wenn der Dichter jedoch die ontologische Erfahrung gemacht hat, dann wird seine Intuition so machtvoll, daß sie alle Barrieren niederreißt. Symbolen, Bildern, rhythmischer Perfektion – von manchen Schulen der Dichtung, wie zum Beispiel der von Huang Shan-ku angeführten Kiang-hsi Schule, eingehend studiert – wurde von den großen Dichtern nie vorrangige Bedeutung zugesprochen, da die Verfeinerung der Form oft nur in Trivialität endete. Das Hauptanliegen der chinesischen Dichter war immer, den Zustand inneren Friedens zu erreichen, in der

Erkenntnis, daß nur der erleuchtete Mensch große und bleibende Werke schafft. Der spiegelgleiche Geist ist nicht notwendig ein Ergebnis langsam fortschreitender Meditation, er kann auch aus einem plötzlichen Erwachen des Geistes entstehen. In der Zen-Literatur finden sich viele Beispiele solcher Erfahrungen. Erfährt ein Zen-Übender Erleuchtung, dann fließt nicht selten ein Gedicht von seinen Lippen, in dem sich seine Erfahrung manifestiert. Wie wir wissen, ist Zen selbst unaussprechlich; aber der Mensch, der durch plötzliche Erleuchtung Zen gefunden hat, möchte seine freudige Erfahrung wiederspiegeln. Er erzählt, wie ihm die Erleuchtung geschah, und wie sich seine Einstellung zur Welt durch diese Erfahrung verändert hat. Hier einige Beispiele:

*Weder durch Worte noch durch die Patriarchen,*
*Weder durch Farbe noch Klang ward ich erleuchtet.*
*Aber zur Mitternacht, als ich die Kerze ausblies und zu Bett ging,*
*Erreichte ich plötzlich, ganz von selbst, die Morgenröte,*

*

*Beinah dreißig Jahre lang bin ich gewandert,*
*Suchte das wahre Tao überall.*
*Wie viele Male sah ich an den Bäumen*
*Neue Zweige wachsen und die alten Blätter fallen.*
*Doch in diesem Augenblick, im Anblick der Pfirsichblüten,*
*Fand ich plötzliche Erleuchtung und habe keine Zweifel mehr.*

*

*Nichts ist so nah wie die Lehre von der »Soheit«.*
*In einem Sandkorn habt ihr alles Land und alle Meere.*
*Wenn wir die Wahrheit gefunden haben,*
*Dann gibt es auf der Großen Erde*
*keinen einzigen Menschen mehr.*

Obwohl diese Zen-Anhänger im strengen Sinne keine Dichter sind, fließen ihre Gedichte so spontan hervor wie Wasser aus der Quelle. Auf diese tiefe zugrundeliegende Quelle bezieht sich der Literaturkritiker Liu Hsien im folgenden Abschnitt:

Spirituelles Tun wird durch Symbole übermittelt, in denen Gefühle und Wandlungen enthalten sind. Das Wissen von den Dingen erlangen wir durch ihre Erscheinung, aber die Bewußtheit der Wirklichkeit wird im Herzen reflektiert.

Der Kommentator Weng Fang-kang sagt folgendes über die Wirklichkeit:

Jene, die Erkenntnis der Wirklichkeit erlangt haben, können das Wunder der Dinge beschreiben; doch jenen, die die Wirklichkeit nicht kennen, entgeht die Essenz der Dinge.

Er fährt fort:

Wer Erkenntnis der Wirklichkeit besitzt, kann die Subtilität der Dinge in Übereinstimmung mit ihrer natürlichen Spontaneität erreichen. Sein Bewußtsein verschmilzt und sein *Geist* wird eins mit den Dingen. In Stille erlangt er Übereinstimmung mit ihrem Handeln und ihrem Nichthandeln. Wenn er zu diesem unsichtbaren Quell gelangt, dann manifestiert er ihn in aller Form, durchdrungen von der Bewegung und dem Pulsieren von Erscheinung und Wesen. So erhalten die Formen den Lebensatem und schwingen in ihrem eigenen Rhythmus.

Betrachten wir das Werk von T'ao Ch'ien, Wang Wei, Li Po, Meng Hao Jan, P'o Chü-i und vielen anderen, dann sehen wir, daß jeder Dichter ganz bestimmte Eigenschaften hat und daß jeder von ihnen seinen eigenen Beitrag zur Schönheit der Dichtung leistet. Wie sagt doch Chu Hsi in einem berühmten Gedicht:

*Wenn wir nur das Gesicht des Ostwindes erkennen,*
*Ist jede der tausend Blumen – rot oder violett – der Frühling.*

Das Gesicht des Ostwindes steht für den Urgrund, den Bereich der Nichtunterscheidung oder die wesentliche Unbestimmtheit des Geistes des Dichters. Die innere Bewußtheit dieses Bereiches der Unbestimmtheit wird von Lao Tzu als »unsichtbar, unhörbar, unergründlich« beschrieben. Er sagt:

*Unmöglich es zu definieren,*
*Es kehrt zurück ins Nichts.*
*So nennt man es die Form des Formlosen,*
*Das Bild des Abbildlosen. (Kap. XVII)*

Auf dieses Formlose, Abbildlose und Undefinierbare bezieht sich Herbert Read in seiner Abhandlung über »Poetisches Bewußtsein und schöpferische Erfahrung«:

Das Gedicht ist eine sinnliche Einheit, eine Totalität der Äußerung, und es ist bedeutungsvoll als Einheit und Totalität. Wenn wir es in Bild und Vorstellung auseinanderbrechen, dann mißachten wir die Tatsache, daß da keine inneren Nahtstellen sind, daß sich nicht Bild von Bild, Bild von Vorstellung und beide von der Sprache trennen lassen, in der sie zum Ausdruck kommen. Läuft das auf ein Mysterium hinaus und einen Einspruch gegen psychologische Erklärungsversuche? So ist das nicht. Es läuft hinaus auf die Wirklichkeit des Seins oder der Existenz, und das Erfahren von Dichtung ist ein Beweis ihrer wesentlichen Originalität oder ihrer unaufhörlichen Neuheit, ihrer unvorhersehbaren Form ... Das unmittelbare Objekt der dichterischen Erfahrung entzieht sich jeder Beschreibung: Es ist unbegrenzt und ewig, formlos und ohne Wissen.[13]

Diese unbegrenzte, formlose und wissen-lose Erfahrung ist die höchste Errungenschaft der Dichtung; hier wird die poetische Intuition eins mit der ontologischen Erfahrung, der Verwirklichung des *Tao*. Mit der Offenbarung des *Tao* geht die innere Freude einher, die, wie Cheng Hao das in seinem Gedicht sagte, jenseits des Verständnisses der gewöhnlichen Menschen ist. Was jene Alten des Ostens als den Grund der Poesie ansahen, wird auch heute als Grundlage der schöpferischen Kraft moderner Dichtung und Kunst anerkannt. So sagt Herbert Read:

Das Gefühl der Freude ist, so glaube ich, ein Gefühl der Erleuchtung, der Offenbarung, das was Maritain »das poetische Gefühl nennt«, ein dem Objekt immanenter Sinn, der ein Gedicht ist oder einem Gedicht wesensgleich ist.[14]

In diesem Kapitel habe ich versucht, den »immanenten Sinn« der chinesischen Dichtung aufzuspüren; nun will ich das Gleiche auch auf dem Gebiet der chinesischen Malerei tun.

ANMERKUNGEN

1 Jaques Maritain, Creative Intuition in Art and Poetry, S. 271.
2 *Ti* kann Gott heißen oder auch »kaiserliche Macht«.
3 Martin Heidegger, Erläuterungen zu Hölderins Dichtung, Frankfurt 1974 (4. Auflage), S. 24f.
4 Ebenda, S. 18.
5 Maritain, Intuition, a.a.O., S. 196.

6 Aus einem Gedicht von Yüan Hao-wen (1190–1257). (Anm. d. Übs.)
7 Aus einem Gedicht von Ou-yang Hsiu (1007–1072). (Anm. d. Übs.)
8 T. S. Eliot, The Use of Poetry and the Use of Criticism, S. 137.
9 Maritain, Intuition,a.a.O., S. 106.
10 Lu Chi (261–303).
11 Maritain, Intuition, a.a.O. S. 132.
12 Unter dem Vorwand, die Kapitulation des Staates Yen zu überbringen, trug Ching K'o eine Karte seines Landes bei sich, die dem Prinzen von Chin vorgelegt werden sollte. In der eingerollten Karte war ein Dolch verborgen. Die Karte wurde entrollt, der Dolch kam zum Vorschein, Ching K'o riß ihn an sich und griff den tyrannischen Herrscher damit an. Er verwundete ihn jedoch nur, und so schlug das Attentat fehl. Ching K'o wurde auf der Stelle getötet
13 Herbert Read, Poetic Consciousness and Creative Experience, in: Eranos Jahrbuch XXV, 1956, S. 383f.
14 Ebenda.

# Kapitel 6
# Die Große Stille in der chinesischen Malerei

Bei der Analyse der chinesischen Dichtkunst haben wir gesehen, daß ein Dichter dann, wenn seine persönliche poetische Erfahrung mit der ontologischen Erfahrung identisch ist, die größten Werke schafft. Solche Dichtung, die eine Spiegelung aus dem innersten Sein des Dichters ist, öffnet unser Herz, wenn wir uns ihre Zeilen vorsprechen.

Genauso finden wir, daß die großen Meister der Malerei ihre besten Werke dann schaffen, wenn sie eine solche ontologische Erfahrung gemacht haben und sich im Zustand innerer Stille befinden. Wie der Dichter, so gibt uns der Maler dann eine reine Spiegelung der »unberührten Ursprünglichkeit« der Natur. Da die innere Stille des Dichters und des Malers in der Essenz die gleiche ist, ist es nicht überraschend, daß wir oft von der poetischen Atmosphäre eines Gemäldes bezaubert sind, oder andererseits von der Schönheit des Bildes in einem Gedicht angerührt werden. Die folgenden Begebenheiten aus dem Leben großer chinesischer Dichter-Maler werden unsere Behauptung bestätigen, daß Dichtung und Malerei aus einer gemeinsamen inneren Quelle entspringen.

Der für seine Kalligraphien berühmte Yen Chen-ching aus dem achten Jahrhundert sandte einem Freund namens Chang Chih-ho fünf seiner eigenen Gedichte. Chang Chih-ho, einer der drei großen taoistischen Meister der Malerei[1], war allgemein unter seinem Künstlernamen »Der Dunst und Kräuselwellen Fischer« bekannt. Die zarte Schönheit der Gedichte seines Freundes bewegte Chang so sehr, daß er sofort die Szenen malte, die in ihnen beschrieben wurden. Menschliche Gestalten, Fischerboote, Dunst und Kräuselwellen, Wind und Mond waren alle von der wunderbaren Zartheit durchtränkt, welche die Gedichte auszeichnete. Die Übertragung einer inneren Erfahrung, die in diesem Fall zwischen Zeitgenossen stattfand, kann sich auch zwi-

schen Menschen ereignen, deren Lebenszeiten um Jahrhunderte auseinanderliegen, wie die folgende Episode zeigt:
Der Meister Shih T'ao[2] (1641–1717) wurde von einem Dichter inspiriert, der Jahrhunderte vor ihm gelebt hatte, von Su Tung-p'o (1036–1101). Eines Tages, als ein schwerer Schneesturm um seine Hütte tobte, trieb es ihn plötzlich dazu seinen Pinsel zu ergreifen und eine Reihe von Tuschmalereien auszuführen. Es waren Übertragungen von zwölf Gedichten des Su Tung-p'o, welche Szenen während der verschiedenen Jahreszeiten beschreiben. Shih T'ao berichtet darüber:

Dieses Album hatte länger als ein Jahr auf meinem Tisch gelegen, und ich hatte es die ganze Zeit nicht einmal angerührt. Eines Tages, als draußen ein Schneesturm tobte, dachte ich an die zwölf Gedichte von Su Tung-p'o mit der Beschreibung von zwölf Szenen. Ich wurde so davon inspiriert, daß ich den Pinsel nahm und begann, jede der Szenen aus den Gedichten zu malen. In den oberen Teil jedes Bildes schrieb ich das betreffende Gedicht. Wenn ich die Gedichte rezitiere, dann spricht der *Geist*, der ihnen Leben gab, ganz spontan aus meinen Bildern.

Es ist ein und derselbe *geistige* Rhythmus, der den Gedichten und den Gemälden Leben verleiht. Beide sind Manifestationen der zu Grunde liegenden Harmonie. Eines der Bilder von Shih T'ao ist eine Übertragung eines Traumes von Su Tung-p'o, den dieser in einem seiner Gedichte beschreibt. Er träumte, daß er mit einem Freund während eines schweren Schneesturmes in einer kleinen Berghütte saß und plauderte. Die Verschwommenheit der Szenerie in jenem Traum ist auch in dem Werk des Malers wiedergegeben. Zwei Männer, nur flüchtig angedeutet, sitzen sich am Fenster gegenüber und feiern bei einem Becher Wein ihr glückliches Wiedersehen nach langen Jahren der Trennung. Es gibt nicht viel zu sehen auf dem Bild, nur ein paar leicht hingeworfene Pinselstriche, die jedoch die Wirklichkeit des Gedichtes ausdrücken.
Wenn die spirituelle Wirklichkeit einmal erfaßt ist, dann kann sie genauso treffend in einem Gemälde wie in einem Gedicht ausgedrückt werden. Dies meint Su Tung-p'o, wenn er sagt: »Rezitiere ich die Gedichte von Mo-Chi (Wang Wei), dann spüre ich darin seine Gemälde; schaue ich mir seine Bilder an, dann spüre

ich darin seine Gedichte.« In einem der Gedichte von Wang Wei sehen wir, daß er sich durchaus dessen bewußt war, daß er sowohl Maler als auch Dichter war:

*Die heut'ge Welt hält mich für einen Dichter,*[3]
*In einem früheren Leben war ich wohl ein Maler,*
*Ich konnte die alten Gewohnheiten nicht abschütteln,*
*So kommt es, daß die Leut auch hiervon wissen.*

Als wir über die chinesische Poesie sprachen, haben wir Wang Wei als einen Menschen kennengelernt, der tief durchdrungen war vom *Geist* des *Tao*. Seine schöpferische Intuition drang durch die äußere Schale der Dinge zu ihrer inneren Wirklichkeit vor. Er hatte die abbildlose, wortlose, klanglose unberührte Ursprünglichkeit der Natur erfahren, und konnte deshalb ihre unsichtbare wesentliche Schönheit für die Sinne faßbar machen, entweder durch Reim und Rhythmus oder durch Form und Farbe.

Man sollte meinen, daß diese künstlerischen Medien so beschaffen sind, daß sie durch ihre Eigenart schon bewußte Eingrenzung beinhalten. Wenn ein Künstler jedoch die innere tiefe Freiheit verwirklicht hat, dann wird er jedes Maß und jede Regel transzendieren, um die der Natur innewohnende Schönheit rein widerzuspiegeln. Dieser Gedanke ist auch in dem folgenden Abschnitt aus dem Werk des Chuang Tzu enthalten, der schon im Kapitel über die schöpferische Kraft zitiert wurde:

Jene, die Kurvenlineal und Richtschnur, Zirkel und Richtscheit benutzen, um rechte Formen zu machen, vergewaltigen den natürlichen Bau der Dinge. Jene, die Schnüre zum Binden und Leim zum Zusammenfügen brauchen, stören den natürlichen Charakter der Dinge.... Es gibt eine letzte Wirklichkeit der Dinge. In ihrer letzten Wirklichkeit sind die Dinge gekurvt ohne Lineal, gerade ohne Richtschnur, rund ohne Zirkel und rechteckig ohne Richtscheit.... Auf diese Art schaffen sich alle Dinge selbst aus ihrer eigenen innersten Reflektion, und niemand vermag zu sagen, wie es dazu kommt. (Kap. VIII)

Der Gedanke der reinen Reflektion, wie er von den frühen taoistischen Philosophen formuliert wurde, wurde später zum richtungsweisenden Prinzip in der Malerei, und durch Jahrhunderte hindurch haben ihn alle großen Künstler vertreten. Dies wird zum Beispiel durch die Schriften von Chang Yen-yuan, einem Kunsthistoriker aus dem neunten Jahrhundert, belegt. Einst wurde Chang Yen-yuan gefragt, wie der Meister Wu Tao-tsu Kurven, Kreisbögen und gerade Linien malen konnte, ohne jedes technische Hilfsmittel zu benutzen. Er antwortete, Wu Tao-tsu sei mit dem Universum und allen Dingen eins gewesen, und deshalb sei sein Pinselstrich nicht mehr sein eigener gewesen, sondern sei zum schöpferischen Ausdrucksmittel aller Formen geworden.

Auf dieses grundlegende Prinzip der chinesischen Malerei geht auch Shih T'ao in seinem *Hua Yü Lu,* dem Dialog über die Malerei ein:

> Man kann Zirkel und Lineal gebrauchen, um Kreise und Rechtecke zu machen. Doch gibt es im Universum einen ständigen Prozeß, durch den Kreise und Rechtecke geschaffen werden. Begreift man das Prinzip des Universums, dann ist man frei von der Notwendigkeit, künstliche Gebilde wie Zirkel und Lineal zu benutzen. Die Menschen sind an künstliche Regeln gefesselt, die ihnen zu Hindernissen und Begrenzungen werden. Wahre Methode wird im Akt der Schöpfung geboren und ist frei von Hindernissen und Begrenzungen. Begreift der Künstler das Universum, dann wird sich das *Tao*-Gemälde entfalten. (Kap. II)

Was also ist das Tao-Gemälde? Nach dem, was wir bereits gesagt haben, könnten wir es definieren als spontane Reflektion aus der eigenen inneren Wirklichkeit, ungebunden durch willkürliche äußere Regeln und unverzerrt durch innere Verwirrungen und Begrenzungen. In dieser spontanen Reflektion werden die eigenen Kraftreserven freigesetzt und die große schöpferische Kraft äußert sich ohne künstliche Bemühungen. Diese Methode der Nicht-Methode in der Malerei ist die Anwendung der taoistischen Philosophie. Wie wir wissen, ist *Tao* die ontologische Erfahrung, in der subjektive und objektive Wirklichkeit in Eins verschmelzen. Diese Einswerdung findet nicht im bewußten Bereich und durch einen logischen Prozeß statt, sondern es ist die innere Erfahrung von der Chuang Tzu spricht, wenn er sagt: »Himmel und Erde werden mit mir geboren, und alle Dinge und ich sind Eins.« Diese Einheit in der Vielfalt ist unsichtbar und unergründlich und spontan.

Die Bedeutung der Einheit besteht darin, daß in jeder Besonderheit unendliche Potentialität manifest ist. Wenn der Maler, der eins ist mit der Natur, seinen Pinsel ergreift, um das Besondere zu schaffen, dann wird sein Tun von der gesamten Lebenskraft der Universalität getragen. Um diese Wechselbeziehung zu illustrieren, wollen wir uns noch einmal der buddhistischen Analogie vom Löwen zuwenden, die im Kapitel über schöpferische Kraft bereits zitiert wurde. Jedes Haar des Löwen enthält die Potentialitäten des gesamten Löwen, und deshalb haben alle Haare des Löwen die Potentialitäten der Unzahl von Löwen, und diese Unzahl von Löwen ist in jedem einzelnen Haar enthalten.

Wenn sich deshalb die schöpferische Kraft manifestiert, dann gehen die Potentialitäten der Universalität weit über die Fähigkeit eines jeden Individuums hinaus. In der Geschichte der chinesischen Malerei gibt es viele Beispiele von Künstlern, die behaupten, daß sie sich selbst im Akt des Malens vollkommen verlieren. Wu Chen aus dem vierzehnten Jahrhundert, der als Mei-hua Tao-jen bekannt war, als der Taoist von den Pflaumenblüten, sagte einmal: »Wenn ich zu malen beginne, dann weiß ich nicht, daß ich male; ich vergesse völlig, daß ich es bin, der den Pinsel hält.« So befand er sich tatsächlich in jenem Zustand der Einheit, von dem Lao Tzu sagt: »Das Eine erlangend, lebten und wuchsen alle Dinge.« So wurden, wie im Falle von Wu Chen, die größten Werke der chinesischen Malerei geschaffen, wenn alle Potentialitäten des Universums den Pinselstrich des Künstlers trugen. Dies mag uns an den Zen-Spruch erinnern: »Ich hebe meinen Finger, und das ganze Universum bewegt sich mit ihm.«

Wie schon erwähnt, muß die schöpferische Kraft aber auch in bezug auf ein anderes Prinzip verstanden werden: Das Unveränderliche im ewigen Wandel. Einheit ist sowohl statisch als auch dynamisch. Ihr statischer Aspekt ist das Unveränderliche; ihr dynamischer Aspekt ist der ewige Wandel. Bleibt das Unveränderliche in sich selbst, dann ist es Einheit, das Nichts, der Grund und das Reservoir der schöpferischen Kraft. Wandlungen sind Manifestationen des Wandellosen, das unendlicher Raum und endlose Zeit ist, die ursprüngliche Quelle aller Potentialitäten in allen Dingen. Aus dieser unerschöpflichen Quelle schöpft der chinesische Künstler seine Kraft, und aus ihr lebt seine Malerei. Wenn Su Tung-p'o den Pinsel aufnimmt, dann spürt er, wie die Potentialitäten hervorsprudeln wie Quellwasser aus dem Boden, welches mit Leichtigkeit dahinfließt und tausend Meilen am Tag zurücklegen kann. Er gesteht, daß er diesen stillen, murmelnden Strom nicht definieren kann. Alles was er weiß ist, daß dieser innere Strom »fließt, wenn er fließen muß, und versiegt, wenn er versiegen muß.« Dieser innere Strom, der fließt und versiegt, entspringt dem Urgrund, dem Wandellosen im ewigen Wandel, dem Bewegungslosen in der ständigen Bewegung. Das Wandellose im Wandel und die Einheit in der Vielfalt sind ein und dasselbe. Andere Namen dafür sind das Nichts, die Wirklichkeit. Es ist dieses Nichts, diese Wirklichkeit, nach denen der chinesische Maler mit Formen und Farben sucht, und die er durch Formen und Farben offenbaren will. Wenn es dem Künstler gelingt, diese Wirklichkeit zu enthüllen, dann wird sein inneres Sein dadurch genauso gefördert, wie es durch die Meditation gefördert würde.

Diese Konzeption von der ontologischen Intuition der Wirklichkeit wird von Taoisten, Buddhisten und Konfuzianern geteilt. Tsung Ping, ein Künstler des fünften Jahrhunderts, der sowohl vom Konfuzianismus als auch vom Taoismus tief beeinflußt war, wandte diese Vorstellung der ontologischen Intuition auf die Malerei an und nannte sie *Li,* was bei ihm eher »Wirklichkeit« bedeutet als »Prinzip« – die geläufigere Bedeutung des Wortes. In Tsung Ping's »Essay über das Malen von Landschaften« lesen wir:

> *Li* oder Wirklichkeit ist das, worauf das Sehen reagiert, und was dem Geist begegnet. Wenn Künstler diese Wirklichkeit in ein Gemälde übertragen und ihre Geheimnisse erfassen, dann reagiert der Blick Anderer darauf und der Geist Anderer begegnet sich darin. Die Reaktion des eigenen Sehens und diese Durchdringung des eigenen Geistes sind *Geist* in Aktion. Wo diese spirituelle Aktion hervorgerufen wird, erreicht man die Wirklichkeit. Wollte man auch in den tiefsten Höhlen danach suchen, könnte man mehr erreichen als dies?

Die Bedeutung dieser Offenbarung der Wirklichkeit in der Malerei wird immer wieder von den chinesischen Kunstkritikern betont. So lesen wir in Chang Huai's »Abhandlung über Malerei«:

Nur wer die Wirklichkeit erreicht, kann der Spontaneität der Natur folgen und die Zartheit der Dinge wahrnehmen; sein Geist wird in ihnen aufgehen. Sein Pinsel wird auf geheimnisvolle Weise mit Bewegung und Stille harmonieren, und alle Formen werden hervortreten. Durchdrungen vom Lebenshauch werden in einer einzigen Bewegung Erscheinung und Substanz erfaßt. Wer die Wirklichkeit nicht kennt, wird zum Sklaven der Leidenschaften, und sein Wesen wird durch Äußerlichkeiten verzerrt. Er geht unter in Verwirrung und wird gequält von Vorstellungen von Versagen und Erfolg. Er ist nicht mehr als ein Gefangener von Pinsel und Tusche. Wie könnte er das wahre Wirken von Himmel und Erde bezeugen?[4]

Die Wirklichkeit *(Li)*, aus der alle Dinge entstehen, wird von Fu Tsai aus dem achten Jahrhundert als *Ling Fu*, der Hof des *Geistes* bezeichnet. Diesen Begriff benutzte Chuang Tzu als Erster; im psychologischen Sinn meint er die Tiefe des Unbewußten. Die Tiefe des Unbewußten zu erreichen heißt, die Potentialität des Hofs des *Geistes* zu enthüllen. Gemälde, die diese Potentialitäten offenbaren, werden *Tao*-Gemälde genannt. Beim Anblick von Chang Tsao's Bild »Kiefern und Felsen« äußerte Fu Tsai bewundernd:

Fühle ich die Kraft in Chang Tsao's Bild, dann sehe ich nicht mehr ein Gemälde – ich sehe *Tao*. Beim Malen läßt er reine Kunstfertigkeit und alle Maßstäbe zurück und seine Gedanken entschwinden in die schöpferische Nacht. Was er schafft, entstammt nicht dem Bewußtsein von Augen und Ohren, sondern dem Hof des *Geistes*. Was sein Sinn verwirklicht, wird von seiner Hand offenbart.[5]

Tritt der Künstler in die unsichtbare Welt der schöpferischen Kraft ein, dann enthüllt er die Potentialitäten, die im Hof des Geistes verborgen liegen. Den Zustand des Nicht-Denkens zu erreichen heißt, so sagen die Taoisten, in die Welt der schöpferischen Kraft einzutreten. Spricht der chinesische Künstler davon, daß er den Hof des *Geistes* betritt, so meint er damit die ontologische Erfahrung des Zustandes der Gedankenleere. Diese Erfahrung führt unvermeidlich zur Verschmelzung von subjektiver und objektiver Wirklichkeit. Diese Verschmelzung löst den schöpferischen Prozeß aus, in dem die Einheit in der Vielfalt und das Wandellose im ewigen Wandel verwirklicht wird. Der Künstler, der diesen Zustand der Einheit erreicht hat, wird getragen von den Kräften in allen Vielfältigkeiten, in allem Wandel, und sein Werk wird weit über das hinausgehen, was ein ichhaftes Selbst jemals hervorbringen könnte. Wie machtvoll diese Reflektion der Kraft aus dem innersten Sein auch immer sein mag, sie ist doch völlig unbeabsichtigt und mühelos. Auf die moderne Kunst eingehend, spricht Robert Henri (1865–1929) in etwa den gleichen Gedanken aus:

Die Absicht, welche die Grundlage jedes wahren Kunstwerkes ist, ist die Erreichung einer Seinsbedingung, eines Zustandes höchster Wirksamkeit, eines mehr als gewöhnlichen Augenblicks der Existenz. In solchen Augenblicken ist Tun unvermeidbar, und sei es ein Tun mit Pinsel, Stift, Meißel oder Spachtel, sein Ergebnis ist nie mehr als ein Nebenprodukt dieses Zustandes, eine Spur, ein Fußabdruck des Zustandes.[6]

Das Kunstwerk ist tatsächlich ein Nebenprodukt des Zustandes höchster Wirksamkeit. Dieser Zustand *geistiger* Verzückung ist die Grundlage schöpferischen Tuns; Kunstfertigkeit und Maßstäbe kommen erst an zweiter Stelle. Er ist eine Manifestation ontologischer Erfahrung. Der große Maler Ku K'ai-chih[7] (ca. 344–406) weist darauf hin, daß das Ziel der Malerei *ch'uan shen*, die Offenbarung des *Geistes* sei. Er sagt:

Formen werden gebraucht, um den *Geist* zu offenbaren; wenn er verloren geht, dann weicht man von dem Prinzip des Abtuens von »Fischnetz und Schlinge« ab, und verfehlt die Absicht der Malerei. . . . Wenn es auch Licht und Schatten im Gemälde geben mag, so ist doch nichts besser als ihren *Geist* auf sich wirken zu lassen, wenn man das Bild betrachtet.

Wang Wei (der Kritiker des fünften Jahrhunderts)[8] betont die gleiche Vorstellung: »Wenn der *Geist* nicht durch die Form offenbar wird, dann ist das von der Form Dargestellte leblos.« Was in Bewegung ist, wird durch die Form offenbart, ist jedoch selbst nicht die Form. Ist der *Geist* nicht in Bewegung, so ist er die nicht-offenbare Wirklichkeit in der Form; ist er in Bewegung, dann pulsiert er in der Schau des Betrachters. Die frühen Kritiker bezeichnen beide Aspekte der Kunst, den sichtbaren und den unsichtbaren, mit dem Wort *shen*. Wurde dieses Wort zur Beschreibung der Funktion der Bewegung in einem Bild gebraucht, so reichte es offenbar nicht aus, um die Vorstellung einer ununterbrochenen Bewegung zu vermitteln. Deshalb gebrauchten spätere Kritiker den erweiterten Ausdruck *shen yün, geistiger* Rhythmus, wenn sie von *shen* in Bewegung sprachen. Der Begriff *shen yün* taucht zum ersten Mal in der Biographie von Wang Chin-hung in der »Geschichte der (Liu) Sung Dynastie« auf.

Im Jahre 478 pries der Kaiser Shun der Liu Sung den feinsinnigen und einfachen *geistigen* Rhythmus *(shen yün)* des großen Gelehrten und Staatsmannes Wang Chin-hung. Er sagte: »Obwohl er als Beamter bei Hofe hohes Ansehen genoß, hatte er doch das im Sinn, was jenseits der Weltgeschäfte liegt. Sein klares Licht und wahres Verhalten inspirierten das Volk und reinigten seinen *Geist.*« Dieses klare Licht und das wahre Verhalten waren Manifestationen seiner inneren Kraft, die aus dem Kern seines Seins ausstrahlte. Ihre Schönheit rührte den Kaiser an und inspirierte das Volk. In einem Gemälde oder einem Gedicht meint *shen yün* das, was in der Form ist und gleichzeitig über die Form hinaus auf den Betrachter übergeht. Der Literaturkritiker Ssu-k'ung Tu aus dem neunten Jahrhundert sagt in seiner »Sammlung von Essays« im zweiten Kapitel, an der Pflaume interessiere uns letztlich ihre Säuerlichkeit und am Salzkorn seine Salzigkeit. Wir könnten auch ohne Säuerlichkeit und Salzigkeit in unserem Essen auskommen – der Genuß des Geschmackes sei jedoch jenseits von Säuerlichkeit und Salzigkeit. Ein späterer Kritiker fragt: »Was ist jenseits von Säuerlichkeit und Salzigkeit?« und antwortet selbst: »Es ist der Geschmack jenseits des Geschmackes. Der Geschmack jenseits des Geschmacks ist *geistiger* Rhythmus.«

Su Tung-p'o teilt in seinen Schriften diese Auffassung der Jenseitigkeit. Er sagt: »Wer seine Bewertung eines Gemäldes auf die Ähnlichkeit der Formen stützt, läßt ein kindlich unreifes Urteilsvermögen erkennen. Genauso ist jemand, der beim Schreiben eines Gedichtes vor allem auf seine Form achtet, weit davon entfernt, ein Dichter zu sein.« Der wahre Maler ist, genauso wie der wahre Dichter, nicht auf Gefälligkeit der Form bedacht, sondern ist bestrebt, den Rhythmus, der in der Form pulsiert und auf den Betrachter übergeht, zu vermitteln.

Chang Seng-yu aus dem sechsten Jahrhundert, der für seine Gemälde von Drachen berühmt war, ist ein gutes Beispiel hierfür. Man erzählt, daß er die Augen des Drachen immer erst ganz zuletzt ausführte. Zur Erklärung für dieses seltsame Vorgehen behauptet ein späterer Kommentator, daß die Drachen des Chang Seng-yu sich aufschwangen und davonflogen, sobald ihre Augen gemalt waren. Diese hübsche Erklärung weist auf die große Lebendigkeit seiner Drachenbilder hin. Wenn er malte, war er in Kontakt mit den machtvollen kosmischen Kräften, die im Universum wirken. Wie Chang Sen-yu so waren sich auch andere Maler zunehmend des alldurchdringenden kosmischen Rhythmus' bewußt, und man begann statt *shen yün* den treffenderen Begriff des *ch'i yün,* des Atemrhythmus, zu verwenden. Es ist interessant, daß das erste und grundlegendste Prinzip der sechs Regeln des Hsieh Ho *ch'i yün sheng tung* lautete, was sich mit »der Atemrhythmus ist Lebendigkeit« übersetzen läßt. Je weiter sich die Malkunst entwickelte, desto häufiger wurde der Begriff *ch'i yün* dem des *shen yün* vorgezogen.
In dem frühesten taoistischen Klassiker, dem *Tao Te Ching*, erscheint das Wort *ch'i* zum ersten Mal. Lao Tzu sagt dort im 42. Kapitel: »Die Zehntausend Dinge tragen *yin* und empfangen *yang*, in der Vereinung durch *ch'i* erlangen sie Harmonie.« Hsiung Shih-li erklärt dazu: »Das *yin* steht für Form, das *yang* für *Geist.* Die Zehntausend Dinge, die alle Form haben und *Geist* enthalten, sind mit der Vielzahl in Bewegung. Wenn *yin* und *yang* harmonisieren, dann werden die Zehntausend Dinge verwandelt. Man nennt dies die Vereinung durch *ch'i.*«[9] Wir sehen also, daß es die Funktion von *ch'i* ist, die Erscheinung *(yin)* mit der Wirklichkeit *(yang)* der Zehntausend Dinge zu vereinen. In der Malerei ist *ch'i* das, was die objektive Wirklichkeit der Form offenbart. *Ch'i* läßt das Gemälde für sich bestehen und trägt es über sich selbst hinaus. Jacques Maritain nennt dies in seiner Darstellung der schöpferischen Intuition die »immanente Aktion«. »Die Aktion des Gedichtes«, so sagt er, »ist, was im Gedicht geschieht – ein élan oder eine Vorstellung, die das Gedicht entwickelt, und in der es sich über sich selbst hinausgehend behauptet.«[10] Hsiung Shih-li betont die innere Funktiom des *ch'i.*

Es hat jedoch auch eine äußere Funktion, das was Maritain die »transitive Funktion« nennt – »durch die ein Ding ein anderes verändert.« Im zweiten Kapitel des *Tao Te Ching* spricht Lao Tzu von der Veränderung der Gegensätze, die das Pulsieren des Lebensatems darstellen soll.

Chinesische Künstler haben eine Anzahl von grundsätzlichen Richtlinien für die Komposition eines Gemäldes ausgearbeitet. Da haben wir *hsü shih,* oder den leeren Raum im Gegensatz zur Masse; *ming an,* oder Dunkelheit im Gegensatz zu Licht; *kan shih,* oder Trockenheit im Gegensatz zur Feuchtigkeit und viele andere. Hsun Tsu-yung sagt in seinem *Kuei Shih Chin Liang* (Das Fährboot der Malerei) über die Grundregel des *hsü shih:*

> In der Komposition eines Bildes muß der *geistige* Atem ungehindert kommen und gehen. Allgemein läßt sich sagen: wenn die linke Seite leer gelassen wird, sollte die rechte Seite massig sein; wenn die rechte Seite leer ist, sollte die linke Seite massig sein.

In seinem Buch *Hua Ch'uan,* das Netz der Malerei, setzt Ta Chung-k'uan »Massigkeit« und »Leere« in Beziehung zu Licht und Dunkelheit:

> Weiße Leere ist *yang* oder Licht; massige Tuschlavierung ist *yin* oder Dunkelheit. Finden sich keine Scharten in einer Bergspitze, so deutet das auf Licht hin; schwere Tuschlavierung in einem Tal deutet die Dunkelheit des Schattens an ... Reichen die Scharten nicht aus, dann benutzt man eine schwere Tuschlavierung, um die Essenz des Felsens darzustellen. Sind genügend Scharten vorhanden, dann bringt eine leichte Lavierung den Lebensrhythmus zustande.

Im *Hua Chü* (das Geheimnis der Malerei) geht K'ung Yen-shih noch weiter auf die Feinheiten der Anwendung des Prinzips von Masse und Leere ein:

> ... um Bäume oder Felsen zu malen, wird der massige Strich benutzt. Wolken und Dunstfelder werden mit dem leeren Strich gemalt. Durch das Leere kommt das Massige in Bewegung, und was massig ist wird leer. So wird das ganze Bild vom Lebensrhythmus erfüllt.

Außer der ausgewogenen Verteilung von leeren und massigen Flächen und den anderen oben erwähnten Techniken, beachtet der Künstler noch andre Grundregeln bei der Ausführung eines Gemäldes. *Pi* und *mo,* Pinselstrich und Tuschlavierung, sind die wichtigsten Mittel zur Wiedergabe des Atemrhythmus im Bild. In einer seiner sechs kanonischen Regeln geht Hsieh Ho auf *pi fa*, die Methode des Pinselstriches ein. Er sagt, der Pinselstrich sollte eine Knochen-Struktur haben. Auf diese Weise sei er mehr als nur ein Strich, da er dynamische Kraft mit den Schwingungen des *Geistes* verbinde. Ching Hao aus dem zehnten Jahrhundert zählt Pinselstrich und Tuschlavierung zu den sechs wichtigsten Elementen der Malerei. »*Ch'i* wird erzeugt«, so erklärt er, »wenn das Bewußtsein des Künstlers die freie Bewegung des Pinsels nicht stört, und er so spontan und furchtlos das Bild hervorbringt.« Dann geht er auf den Pinselstrich ein: »Obwohl der Pinselstrich gewissen Regeln folgt – er bewegt sich, kehrt um, springt über, dringt durch – darf er doch nicht durch seine Eigenschaften und seine Form eingeengt sein; es muß sein, als fliege oder flösse er dahin.« Die spontane Bewegung des Pinsels, die den Atemrhythmus erkennen läßt, ist nicht nur eine technische Fertigkeit; sie ist unmittelbare Reflektion aus dem innersten Sein des Künstlers. Dinge haben ihre Wirklichkeit und werden an der Subjektivität des Dichters teilhaben, wenn er sich von ihnen bezaubern läßt. Der Pinselstrich eines großen Künstlers ist nichts geringeres als das subjektive Mittel zum Ausdruck objektiver Wirklichkeit.

Kuo Jo-hsü betont in seinem *Tu Hua Chien Wen Chih* (Die Erfahrung der Malerei) die Bedeutung des Atemrhythmus:

In der Malerei hat *ch'i yün*, der Atemrhythmus, seinen Ursprung im frei wandernden Geist; die spirituelle Farbe wird durch den Pinselstrich erzeugt. Solange der Geist im tiefen unberührten Reservoir verweilt, schläft er und ist unsichtbar; wird er jedoch geweckt, so ist seine Aktivität voller Wachheit und vitaler Spannung. Der Atemrhythmus ist die Vorraussetzung einer Übertragung dieser Wachheit und vitalen Spannung auf den Betrachter.

In einer Beschreibung von Ku K'ai-chih's Malerei sagt Chang Yen-yuan: »Die Bewegung seines Pinsels ist kraftvoll und lebhaft, in ununterbrochener Bewegung. Seine Pinselstriche sind wiederkehrend und ausgreifend, ihre Stimmung ist frei und unbeschwert. Sie fliegen dahin wie tobender Sturm und Blitzstrahl.« Zu den Gemälden von Wu Tao-tzu und Chang Seng-yu bemerkt er im weiteren:

Ihr Pinsel ist das Medium des Göttlichen, ihre Werke sind gottgeschaffen. Der erleuchtende *Geist* ist grenzenlos. Andere bemühen sich um feinste Details der Wahrnehmung, doch Wu und Chang kondensieren den Pinselstrich und geben nur wenige wesentliche Punkte und Striche. Andere sind eingeengt durch die Nachahmung der Formen, doch Wu und Chang sind frei von diesem weitverbreiteten vulgären Geschmack. Ob sie eine Bogenlinie oder ein gerades Schwert, einen vertikalen Pfeiler oder horizontalen Balken malen, sie machen sich nie von Maßen und Linealen abhängig. Lockige Bärte und wolkiges Haar fliegen und fließen oft über eine Länge von mehreren Fuß. Man kann die Wurzel eines jeden Haars im Fleisch erkennen. Die Striche sind voller Kraft.[11]

Wenn die Beherrschung des Pinsels Kraft und Lebhaftigkeit erkennen läßt, dann kommt der Atemrhythmus voll zum Ausdruck. Man entwickelte die verschiedensten Typen von Pinselstrichen, um alle Feinheiten des Atemrhythmus wiedergeben zu können. Als Liang K'ai zum Beispiel versuchte, den dynamischen und feinsinnigen Charakter des Dichters Li Po einzufangen, benutzte er den sogenannten vereinfachten Strich des *chien pi,* und es gelang ihm vorzüglich, damit die Persönlichkeit des großen Dichters darzustellen: Ein schräger Strich für das Augenlid; ein schwarzer Punkt für den Glanz des Augapfels; eine schmale Linie für die spitze Nase, welche das Gefühl charakterlicher Geradheit vermittelt; wenige wellige Fäden für den Bart, die die Würde des verehrten alten Dichters hervorheben; und ein Netz von einigen wenigen Linien für den Haarknoten, der für die Gelehrten jener Zeit typisch war. All diese einfachen Pinselstriche zusammen geben uns ein lebensnahes Bild des Genies von Li Po. Der »vereinfachte Strich« wurde besonders häufig von den zen-buddhistischen und taoistischen Künstlern verwendet. Wu Wei (1459–1508), der oft seinen taoistischen Namen »Der Kleine Zauberer« benutzte, malte einen Ast mit Pflaumenblüten mit nur ganz wenigen Strichen, und doch vibrieren in diesen Strichen die charakteristischen Eigenarten des Pflaumenastes (siehe Bildtafel 1).

Solange man auf Seide malte, wurde der nasse Strich oder *shih-pi* benutzt. Als später das Reispapier in Gebrauch kam, konnte man die Vorteile der rauhen Papieroberfläche eher mit dem *k'o-pi,* dem trockenen Strich ausnutzen. Huang Kung-wang war der Urheber dieses Stils. In seinem berühmten Gemälde »*Chih-lan*

*Chü«*, das Orchideenhaus (siehe Bildtafel 2), benutzte der Künstler den trockenen Pinsel für Felsen, Bäume und Berge. Osvald schreibt über dieses Bild:

Die Schönheit und Bedeutung dieses Bildes ist ganz Sache der Pinselführung, die für den sorgfältigen Betrachter offensichtlich aber schwer zu beschreiben ist. Der Aufbau ist fein strukturiert, und doch sind die Formen nicht streng umrissen, sondern in ein Spiel von Licht und Schatten aufgelöst, das mit einer reichen Skala von Zwischentönen angedeutet wird. Der Grundton der grasbewachsenen Hügel ist ein leichtes Grau, das mit dünner Tuschlavierung und leichten Strichen eines feinen Pinsels gegeben ist. Es ist nicht eintönig, sondern paßt sich abgestuft den Formen an. Über dieser Grundlage findet sich eine reiche Skala von dunkleren Tönen, von kräftigem Grau bis zu Tiefschwarz, die meist mit kurzen horizontalen oder vertikalen Linien aufgetragen sind. Sie stellen Bäume dar und das Unterholz, das in den Bodenvertiefungen wächst, und sind sehr deutlich strukturiert, was zur tektonischen Wirkung des ganzen Bildes beiträgt. Das Zusammenspiel der Farbtöne wird so auf eine Art und Weise durch die Pinselstriche akzentuiert, die uns an manche Zeichnungen von Van Gogh denken läßt. Das chinesische Gemälde hat allerdings eine Atmosphäre stärkerer innerer Einheit. Der Vergleich mag jedoch dazu dienen, auf den überraschend modernen Charakter des chinesischen Bildes hinzuweisen, wenn dieser auch nicht das Wesentliche des kleinen Bildes von Huang Kung-wang trifft, welches sicherlich zu den größten der uns erhaltenen chinesischen Tuschgemälden zählt. Betrachten wir es, so können wir verstehen, warum Hung Kung-wang viele Jahrhunderte lang als der Größte unter den Meistern der monochromen Landschaftsmalerei gepriesen wurde; zeigt dieses kleine Bild doch in jedem Pinselstrich die treibende Kraft eines überragenden *Geistes.*[12]

Der von Huang Kung-wang eingeführte Stil des trockenen Pinsels wurde von solch großen Meistern wie Wang Meng, Wu Chen und Ni Tsan[13] sowie von vielen späteren Künstlern übernommen. Im Kontrast zu mittelmäßigen Gemälden, die beim Betrachter nur einen Geschmack der Gewöhnlichkeit hinterlassen, beeindrucken die Malereien des trockenen Striches der großen Meister den Betrachter durch ihre Einfachheit und Klarheit.

Die Diskussion des Pinselstriches führt uns unvermeidlich zur Auseinandersetzung mit der chinesischen Kalligraphie. Es ist offensichtlich, daß Malerei und Kalligraphie von der technischen Seite her den gleichen Bedingungen unterliegen. Beide benutzen Pinsel und Tusche, Seide und Papier; beide folgen gewissen Regeln der Pinselführung. Und die oft verblüffende Ähnlichkeit zwischen den Symbolen der Kalligraphen und den Formen der

Maler weist auf die gleiche Herkunft beider Kunstformen hin. Zusätzlich zu dieser äußeren Beziehung besteht ein enger innerer Zusammenhang der beiden Kunstformen, der das Ergebnis ihres gemeinsamen philosophischen Hintergrundes ist. Die folgende Aussage aus dem *Shu Tuan* (Beurteilung der Kalligraphie) von Chang Huai Kuan bestätigt dies:

Wer Kalligraphie wirklich versteht, der achtet nur auf den *geistigen* Rhythmus und nicht auf die Form der Schrift. Wenn wir unseren Geist läutern und die Quelle schauen, bleibt unserer Erkenntnis nichts verborgen.... Wenn die Pinselführung nicht aus der eigenen inneren Wirklichkeit entspringt, dann fehlt es ihr an *geistigem* Rhythmus.

Ein späterer Abschnitt dieses Buches, in dem der Autor auf die Gras-Schrift eingeht, liest sich wie eine Abhandlung über die Philosophie der Malerei:

Es besteht ein Unterschied zwischen der *K'ai Shu* und der *Ts'ao Shu*, der »formellen Schrift« und der »Gras-Schrift«. Wenn der Kalligraph eine Vorstellung in der formellen Schrift ausdrückt, dann endet diese Vorstellung mit dem Abschluß der Schrift. Wenn er einen Gedanken jedoch in der Gras-Schrift niederschreibt, dann scheint die Bewegung immer weiter zu gehen. Manchmal sehen wir in dieser Schrift, wie sich Wolken sammeln und wieder verwehen, sie erscheint uns wie ein Blitzstrahl oder der fließende Strom der Milchstraße. Ihre Substanz ist das spirituelle Knochengerüst, sie ist in einem ständigen Prozeß der Umwandlung.... Welch großer Geist ein Kritiker auch sein mag, er kann sie nie hoch genug einschätzen, wie wohlgeschult in Mathematik er auch sein mag, er kann ihre Stärke niemals messen. Üben wir das Handeln des Nichthandelns, dann wird unser Pinselstrich dem Wirken der Natur gleichen. Vereinen wir unsere Schrift mit dem wahren Wesen der Dinge, dann folgen wir dem fundamentalen Prinzip der schöpferischen Kraft. Niemand weiß, wie dies geschieht. Wir müssen es mit unserem Herzen begreifen; es läßt sich nicht in Worte fassen.

Gegen Ende dieses Kapitels werde ich noch näher auf die Philosophie der Kalligraphie eingehen, über die noch manches zu sagen ist. Um unsere Diskussion des Pinselstriches zusammenzufassen, wollte ich nur darauf hinweisen, daß selbst in der Kalligraphie die Betonung nicht auf der Ähnlichkeit der Form, sondern auf ihrer inneren Wirklichkeit liegt – ihrem *geistigen* Rhythmus.

Wir haben gesehen, daß die beiden grundlegenden Techniken in der chinesischen Malerei *pi* und *mo*, also Pinselstrich und Tuschlavierung sind. Gemeinsam mit der Entwicklung des Pinselstriches und der Tuschlavierung kam es zu einem kraftvolleren Ausdruck des Atemrhythmus. Da in früher Zeit fast ausschließlich Farben benutzt wurden, hieß der Begriff für Malerei wörtlich *tan t'ing*, d. h. Rot und Grün. Es gab einige wenige große Maler, die in diesem Medium spirituelle Wirklichkeit einfangen konnten, aber die weniger genialen Maler benutzten die Farbe eigentlich nur, um die äußere Erscheinung der Dinge darzustellen. Wang Wei, der große Dichter-Maler des achten Jahrhunderts, den wir bereits mehrfach erwähnten, begann die monochrome Tuschlavierung an Stelle von scharf abgegrenzten Strichen zu gebrauchen, da er fand, sie sei für den Ausdruck spiritueller Wirklichkeit besser geeignet. Wenn er Berge und Bäume malte, dann war seine Absicht nicht so sehr, ein detailliertes Abbild ihrer äußeren Erscheinung zu geben, als zu enthüllen, was in ihnen lag.

Wang Wei's Tuschlavierung wurde *p'o mo* oder durchdringende, brechende Tusche genannt, denn mit der Durchbrechung der eingrenzenden äußeren Form wird die Wirklichkeit bloßgelegt. Diese monochrome Tuschmalerei ist ein wesentlicher Fortschritt gegenüber der Farbmalerei, die auf Nachahmung der Erscheinung aus ist. Wir wollen Sheng Tsung-ch'ien's Meinung über die monochrome Tuschmalerei hören:

> Die Farbe des Gemäldes ist nicht rot, weiß, grün oder violett, wie wir das gewöhnlich wahrnehmen. Sie ist die Schattierung zwischen Hell und Dunkel. Wer diese Vorstellung erfaßt, der kann mit seinem Pinsel das Wesen der Dinge offenbaren. Die Entfernung wird klar erkennbar sein, der *Geist* wird zutage treten, und die Szenerie und die Objekte werden klar und voller Schönheit sein. Das freie Pulsieren des Lebensatems hängt ab von der richtigen Anwendung der Tuschlavierung, die dem Bild große Leuchtkraft verleiht.[14]

Da der Künstler in der traditionellen Malerei durch den Gebrauch der Farben beschränkt und an einengende Regeln und Maßstäbe gebunden war, konnte er niemals ganz die spirituelle Wirklichkeit offenbaren. Wang Wei's *p'o mo* war deshalb ein wichtiger Schritt in Richtung auf die Befreiung der Spiritualität in der Malerei. Ein noch radikalerer Schritt in der gleichen Richtung war die Tusch-Klecks Technik oder *p'oh mo*, die Wang Hsia im achten Jahrhundert entwickelte. Seine Bilder waren eine unmittelbare Reflektion aus dem Inneren, ausgeführt in aufgekleckster Tusche, der nur wenige rasche Pinselstriche hinzugefügt wurden. Beim Arbeiten in diesem Stil bewegte sich des Künstlers Pinsel wie im Flug, war völlig frei von einengenden Regeln. In der Handhabung des Pinsels gibt es kein Zögern und keine Absicht. Hand und Geist sind vereint und Intellekt oder Emotionen greifen nicht störend ein. Man sagt, daß Wang Hsia's Pinsel manchmal wie eine Welle schwingt, dann wieder dahinwischt. Die Farbe seiner Tusche ist manchmal hell, manchmal dunkel. Er paßt sich den Tuschklecksen an und formt sie zu Bergen, Felsen, Wolken und Wasser. Sein Tun ist flink wie das Wirken des Himmels. Seine Hand reagierte spontan und sein Geist war eins mit ihrer Bewegung. In einem Augenblick entstanden Wolken und Nebel, Wind und Regen. Und selbst bei genauem Hinsehen konnte man keine abgrenzenden Kanten in der Tusche entdecken.[15]

Wang Hsia's spontane und uneingeschränkte monochrome Tuschmalereien stehen am Beginn eines neuen Zeitalters in der Geschichte der chinesischen Malerei. Mit Enthusiasmus übernahmen Künstler wie Liang K'ai, Mu Ch'i, Mi Fei und viele andere diesen Stil. Ein sehr aufschlußreicher Satz über diese Art von Malerei stammt von Chang Tsao, einem Künstler, der während der T'ang Zeit etwas früher als Wang Hsia lebte. Er malte mit kurzem und dickem Pinsel und benutzte den Handballen, um die Tusche auf der Seide zu verteilen. Über Methode oder Regeln befragt, antwortete er: »Äußerlich folge ich der schöpferischen Kraft der Natur; innerlich schöpfe ich aus der Quelle meines Herzens.« Dem Gesetz der Natur zu folgen, das heißt, von menschlicher Begrenzung und einengenden Regeln frei zu sein. Aus der Quelle des Herzens zu schöpfen, das ist der Prozeß der Selbst-Verwirklichung. Was Chang Tsao in seinen Gemälden offenbart, kommt direkt aus dem Urgrund. Sein Werk ist die Manifestation einer ontologischen Erfahrung, die aus der Tiefe des Unbewußten aufsteigt. Deshalb sagte Fu Tsai, wie oben erwähnt, die Bilder von Chang Tsao seien eine Offenbarung des *Tao*.

*P'oh mo*, von den T'ang Künstlern entwickelt, wurde von vielen späteren Künstlern aufgenommen. Sehen wir uns die Landschaftsmalereien von Yin Yü-chien an, so bemerken wir auf den ersten Blick, daß er mit der Tradition gebrochen hat. Er verwendet kaum Pinselstriche, höchstens um einmal eine menschliche Gestalt oder den Giebel eines Tempeldaches anzudeuten. Der Rest des Bildes – Berge, Bäume, Wolken und Flüsse – sind in breiter, aufgekleckster Tusche ausgeführt. Obwohl Direktheit des Pinselstriches die unmittelbare Reflektion aus dem innersten Sein des Künstlers erkennen läßt, sind es doch die verschiedenen Schattierungen der aufgekleckstten Tusche, welche die Atembewegung sichtbar machen. Dieser Gedanke der Darstellung der Atembewegung durch Schattierungen der aufgekleckstten Tusche wurde von Mi Fei (1051–1107) und mit einigen Abwandlungen auch von dessen Nachfolgern übernommen. Sehen wir uns seine Landschaften an (siehe z. B. Bildtafel 3), so haben wir das Gefühl, daß der Atem sich unablässig bewegt, vom Hellen ins Graue, vom Grauen zum Schwarzen, und von Schwarz wieder zurück über Grau zu Weiß. Was die Komposition angeht, so hat sich Mi Fei nicht völlig von der Tradition losgesagt, aber seine Tuschlavierung offenbart das Pulsieren des Atems.

Das Pulsieren des Atems ist nur eine Manifestation; ihre Absicht ist, die Wirklichkeit der Dinge zu enthüllen. Bei Verwendung der Techniken der Tuschlavierung und der aufgekleckstten Tusche kann der Künstler leicht dem reinen Schwelgen in Tuschschattierungen verfallen und das größere Ziel verfehlen. Ähnlich ging es auch Künstlern, die den vereinfachten oder den trockenen Pinselstrich benutzten; ihren Werken mangelt es oft an spiritueller Wirklichkeit, weil sie sich zu sehr auf die Stärke oder Verfeinerung ihrer Technik konzentrierten. Wu Wei, einem späteren großen Meister des Stils des vereinfachten Pinselstriches, der in raschen, machtvollen Strichen malte, gelingt es oft nicht, die Tiefe des Wesens der Dinge zu enthüllen. Obwohl uns das Pulsieren des Atems den Eindruck von Stärke, Schönheit, Anmut vermitteln kann, sind diese doch nur Manifestationen der Wirklichkeit, nicht die Wirklichkeit selbst. Die höchste Errungenschaft des Künstlers geht noch einen Schritt darüber hinaus, d. h. sie liegt nicht in der Offenbarung von Stärke, Schönheit oder Anmut. Die höchste Errungenschaft ist das Gemälde der schöpferischen Unschuld. Diese Gemälde beanspruchen weder Schönheit, Kraft noch Anmut für sich. Sie sind vollkommen einfach, kindlich in ihrer Unschuld. Diese absolute Einfachheit läßt uns erkennen, daß der Geist des Malers im Zustand des Nichtseins war, als er das Gemälde schuf. Das berühmte Bild »Sechs Persimonen«, welches Mu Ch'i aus dem dreizehnten Jahrhundert zugeschrieben wird, ist eine reine Spiegelung des Nichtseins (siehe Bildtafel 4). Es ist Ausdruck der Unschuld des *P'o*, des unbehauenen Klotzes, über den wir in dem Kapitel über Sympathie sprachen.

Betrachten wir das Bild der Sechs Persimonen, dann ist es nicht das Motiv, welches uns beeindruckt – die Umrisse gewöhnlicher Früchte –, noch finden wir dort ungewöhnliche Schönheit oder Stärke, die auf besondere Kunstfertigkeit zurückzuführen wären. Diese sechs einfachen Formen vermitteln uns vielmehr den Geisteszustand, in dem sich der Künstler befand, als er den Pinsel aufnahm. Es ist offensichtlich, daß es ihm nicht darum ging, ein Motiv darzustellen, welches das traditionelle chinesische Gemüt besonders stark anspricht, wie zum Beispiel Pflaumenblüten im Schnee, Lotosblüten, die leicht in der Brise auf der Oberfläche des Teiches schwanken, oder die standfeste immergrüne Kiefer, die den starken und aufrechten Charakter des chinesischen Edelmannes symbolisiert. Alle diese Motive haben ganz bestimmte Charakteristika, während die Persimonen keine erwähnenswerten Eigenschaften haben. Die Umrisse sind einfach ein Ausdruck der Unschuld des Künstlers; sie sind ein Nebenprodukt seiner inneren Erfahrung. Dieser unbehauene Klotz ist eine gute Illustration für das, was die chinesischen Kritiker *san-mei* oder *samadhi* Gemälde nennen. Solch ein Gemälde, das aus dem Zustand des Nichtseins entspringt, dem Zustand der Nicht-Unterscheidung, des Nicht-Wissens, ist ein Gemälde des ersten Prinzips. Diese Philosophie des ersten Prinzips legt Shih t'ao seinem Neffen in der Aufschrift seines Modell-Gemäldes ans Herz (Bildtafel 5). Er sagt: »Jemand der Malerei beurteilen will, sollte vorgehen, als diskutiere er über Zen. Er darf sich nicht an unterscheidendes Wissen halten, sondern muß in die Philosophie des

ersten Prinzips eintreten. Dann wird er ein großer Meister der Kunst werden . . .«
Die Modell-Landschaft, die Shih t'ao für seinen Neffen malte, enthält drei blattlose Bäume, einige Büsche von gewöhnlichem Zwergbambus und einen niedrigen felsigen Hügel als Hintergrund. Nichts in diesem Bild läßt sich als kraftvoll oder besonders schön bezeichnen. Wir finden keine lebhafte Atembewegung wie in den Berg und Dunst Gemälden von Mi Fei, und auch nicht die Schwingungen in den trockenen Strichen eines Huang Kung-wang, der das Orchideenhaus malte. Alles was dieses Bild uns gibt, ist die Ursprünglichkeit der Bäume und des Zwergbambus, und bedeutungslose Hügel und Felszungen. Der Eigenschaft des unbehauenen Klotzes ist vom Künstler nichts hinzugefügt worden. Solch ein Gemälde entsteht, wenn sich ein Künstler im Zustand des Nicht-Wissens, des Nichtseins befindet.
Dieser Zustand manifestiert sich jedoch nicht nur als Ursprünglichkeit, sondern auch als das Himmlische Licht. Wird in der Versenkung der Zustand der Leere erreicht, dann tritt das Himmlische Licht hervor. Wie Chuang Tzu sagte, ist es »in der leeren Kammer, wo das Licht erzeugt wird«. Die Leere, aus der das Himmlische Licht hervortritt, ist nicht Leerheit im relativen Sinn. Es ist die absolute Leere, welche weder leer noch nicht-leer ist. Wenn man diesen Zustand erreicht hat, dann befindet sich das eigene innere Sein im Zustand ontologischer Durchsichtigkeit, was man als das Himmlische Licht bezeichnet. Erreicht der Künstler solch ontologische Durchsichtigkeit und manifestiert sie in seinen Gemälden, dann werden sie Reinheit und Leere offenbaren. In seiner Abhandlung über Malerei interpretiert Wang Yü *san-mei* als *ts'ing k'ung* oder Reinheit und Leere.[16]
Man weiß, daß Ni Tsan's Bilder sowohl von Kritikern als auch von anderen Malern hochgeschätzt wurden. Aber die Vollendung seiner Werke war jenseits der verbalen Ausdrucksmöglichkeit der Kritiker, und alle Maler, die ihn nachahmten, mußten zugeben, daß sie an ihn nicht heranreichen konnten. Obwohl Ni Tsan ein Meister von Pinsel und Tusche war, war es nicht allein seine Kunstfertigkeit, die ihm höchstes Lob von Künstlern und

Kritikern einbrachte. In seinen Gemälden gab es etwas, das niemand beschreiben oder imitieren konnte. Das Geheimnis seiner Größe lag in seinem Herzen verborgen. Aus jener erleuchteten Kammer reflektierte er das Himmlische Licht in seine Gemälde, und es war diese Durchsichtigkeit, die alle Betrachter bezauberte. Er malte nur, um seine innere heitere Stille auszudrücken, und so wurde alles was er malte – seien es Bäume, Bambus oder Felsbänke – zur Spiegelung seines verzückten inneren Zustandes.

Ni Tsan sagte einmal über seine Bambusgemälde:

I-chung (der Name eines Freundes) liebt meine Bambusbilder. Ich male Bambus, um meine innere Stille freizusetzen. Was kümmern mich Ähnlichkeit oder Unähnlichkeit, dicht wachsende oder vereinzelte Blätter, gekrümmte oder gerade Äste? Nachdem ich lange so gearbeitet habe, werden die Leute ihn vielleicht sogar für Hanf oder Schilfrohr halten. Warum sollte ich versuchen, sie davon zu überzeugen, daß es Bambus ist?[17]

Spricht Ni Tsan von der Freisetzung seiner inneren Stille, dann meint er die Spiegelung ontologischer Reinheit und Klarheit durch seine Malerei (Bildtafel 6). Wenn das Bild des Bambus dem echten Bambus ähneln soll, dann ist der Künstler der objektiven Tatsächlichkeit verhaftet (siehe Bildtafel 7). Wird der Bambus gemalt, um des Künstlers eigenen Charakter darzustellen, dann haftet der Künstler an subjektiven Idealvorstellungen (siehe Bildtafel 8). Die Bambusgemälde des Ni Tsan transzendieren das Haften an Objektivität oder Subjektivität. Er ist frei von jeder Imitation der objektiven Tatsächlichkeit und frei von subjektiver Projektion. Da er weder der realistischen Objektivität noch idealistischer Subjektivität verhaftet ist, sind seine Werke ein Produkt der absoluten Leere oder *K'ung*. Indem er seine innere Durchsichtigkeit freisetzt, werden seine Gemälde von ontologischer Reinheit oder *Ts'ing* durchdrungen. *Ts'ing* und *K'ung* sind Eigenschaften des *san-mei,* deshalb kann man davon sprechen, daß sich in seinen Bilders *san-mei* findet. Um unsere Bewertung des Ni Tsan auch von anderer Seite zu bekräftigen, möchte ich zitieren, was Shih t'ao in der Aufschrift auf einer Kopie eines Bildes von Ni Tsan sagt:

Das Gemälde des großen Meisters Ni ist wie Sand in den Wellen oder Kiesel in der Strömung, die absichtslos dahinwirbeln und kullern, und ganz natürlich dem Lauf des Wassers folgen. Und doch ist da eine Leere und Reinheit, die den Betrachter durchdringen wie eine kühle Brise ...

Ni Tsan's Biograph sagt, um ihn zu preisen, in seinem innersten Sein würden das durchscheinende Eis, die Schneekristalle und die treibenden Nebel und Wolken ein und ausgehen. So konnte sein Werk die äußerste Vollendung erreichen. Aus seiner Biographie erfahren wir, daß er eines Tages all seinen Besitz unter seine Freunde und Verwandte aufteilte. Er selbst lebte auf einer Dschunke und segelte damit über Flüsse und Seen. Er verbrachte seine Zeit damit, Freunde zu besuchen, Gedichte zu schreiben und Bilder zu malen. Dieses einfache und sorgenfreie Leben ist die Reflektion seines innersten Seins. Das folgende Gedicht und die Einleitung dazu geben uns einen Eindruck von seiner taoistischen Schulung:

Meister Hsun-chung baute am Osttor von Wu Hsieh eine Meditationshalle und nannte sie den »Tempel von Hsun Wen«. Es ist ein ruhiger Ort, weiträumig und licht, wo ich mich ausruhe ... Ich lasse die Geschäfte der Welt fahren, und mein Geist wandert in der Welt von Einfachheit und Reinheit. Früh am Tag, nachdem ich mich erfrischt habe, konzentriere ich mich auf die Sutren. Den ganzen Tag leiste ich dem alten Taoisten Gesellschaft. Ich vergesse mich selbst und erreiche *Tao*. Am Fuß des Hsi Shen Hügels gibt es eine Quelle, deren Wasser ist süß und klar, ganz anders als das anderer Quellen. Der Hügel liegt nur ein paar Meilen westlich des Tempels. Morgens und abends trage ich das Quellwasser heim und bereite Tee. Nachdem ich die taoistischen Bücher studiert habe, trinke ich dieses Wasser. Ich bin erfüllt von Freude und singe also:

*Oh, von welch tiefer Stille ist der Tao-Tempel!*
*Grenzenlos, unendlich, er ist Wohnort des Göttlichen.*
*Die Licht-Halle ist weit und hoch, von eindrucksvoller Stille,*
*Bäume mit bunten Blättern sprießen ausladend.*
*Worte vergessend ruhe und wandere ich hier,*
*Ich hab die Welt von Ruhm und Reichtum abgetan.*
*Wie wunderbar die Morgensonne auf Balken und Streben,*
*Wie kühl sind nach dem Regenfall Balkon und Teich.*
*Die tiefe Stille durchbrech ich nur, um Räucherstäbchen anzuzünden,*
*Ich trink das Quellwasser und ruhe in der Freude.*

*Ich dringe ein in die Wunder des Tao*
*und rezitiere die alten Sutren.*
*Wenn mein Sinn so ruhig ist, dann ist mein Geist voll Heiterkeit,*
*Hat man Einsicht erlangt, dann gibt es nichts mehr zu verstehen.*
*Wer kann behaupten, uns sei die Welt des Tao fern?*
*Wie still sie ist – so wie zu Anfang von Himmel und Erde.* [18]

Dieses Gedicht zeigt, wie hingebungsvoll Ni Tsan nach dem *Tao* suchte und Selbstverwirklichung durch Meditation erstrebte. Er hatte den Zustand der Stille erreicht. Sagt er doch selbst: »Wer kann behaupten, uns sei die Welt des Tao fern? Wie still sie ist, so wie zu Anfang von Himmel und Erde.« Der Anfang von Himmel und Erde ist der Zustand der Nichtunterscheidung, den Lao Tzu beschreibt als: »Still, unsichtbar, unveränderlich, als Eins bestehend, unaufhörlich, ewig kreisend – vermag es die Mutter der Welt zu sein.«

Durch die Schulung zum *Tao* hatte Ni Tsan die ontologische Erfahrung erreicht, das Ziel des nach *Tao* Suchenden. Seine Erklärung, das Malen sei für ihn nur ein Mittel zur Freisetzung seiner inneren Stille, läßt uns ahnen, daß sein Leben sich jenseits der Begrenzungen des Lebens gewöhnlicher Menschen abspielte. Seine Gemälde waren nur eines der Nebenprodukte seiner Selbst-Schulung. Sie waren der Ausdruck seiner ontologischen Erfahrung, in ihnen sind ontologische Erfahrung und schöpferische Intuition vereint. Sein innerstes Selbst ist rein und leer, und seine Bilder reflektieren diese Reinheit und Leere. Für ihn sind ein Baum, ein Bambusast, eine Felsbank nicht begriffliche Vorstellungen oder Nachahmungen der Tatsächlichkeit, sondern sie stellen die Durchsichtigkeit der Dinge dar, die seine eigene Durchsichtigkeit ist. Er enthüllt seine innere Stille, indem er die innere Stille der Dinge offenbart. Objektive Stille kann jedoch nicht erwachen, bevor zuerst die subjektive Stille hergestellt wurde. Was ist das Erwachen der subjektiven Stille? Es ist die Verwirklichung des *Tao*.

Wie wir gesehen haben, hat die Manifestation des *Tao* durch die Malerei zwei Aspekte. Ni Tsan's Bambusgemälde strahlen das

Himmlische Leuchten aus, während die Persimonen des Mu ch'i schöperische Unschuld manifestieren, den unbehauenen Klotz. Beide Aspekte werden von den chinesischen Künstlern hoch geschätzt. Einige Maler zeigen mehr die Durchsichtigkeit des Leuchtens, andere die Einfachheit der Unschuld. Das läßt sich gut am Beispiel von zwei großen Meistern des siebzehnten Jahrhunderts zeigen, Shih t'ao und Pa-ta Shan-jen[19]: Shih t'ao's Bilder sind durchdrungen vom Licht (siehe Bildtafel 9), Pa-ta Shan-jen's Werk ist durchtränkt vom Wesen der Unschuld (siehe Bildtafel 10). Diese beiden Eigenschaften sind bis in die Malerei der heutigen Zeit erhaltengeblieben. Betrachten wir die Werke von Ch'i Pai-shih[20], so finden wir sowohl Durchsichtigkeit als auch Unschuld (siehe Bildtafeln 11 und 12). Wir sehen also, daß es von der Stimmung des Künstlers abhängt, ob die Betonung mehr auf Durchsichtigkeit oder auf Unschuld liegt.

Im Moment des Schaffens, wenn der Künstler sich im Unbewußten des Bewußten befindet, spiegelt er die Unschuld des unbehauenen Klotzes. Befindet er sich im Bewußten des Unbewußten, reflektiert er die Durchsichtigkeit des Himmlischen Leuchtens. Beide Aspekte repräsentieren den Zustand der Gedankenleere, des Nichtseins. (Tritt der Künstler in den Zustand der Gedankenleere ein, dann reflektiert er entweder das Unbewußte des Bewußtseins oder das Bewußte des Unbewußten.) Gleich ob die Reflektion Durchsichtigkeit oder Unschuld ist, sie ist frei von den Bedingungen der Subjektivität und der Objektivität, und doch offenbart sie beide.

Ist der Künstler nur frei von Subjektivität, dann ist er immer noch in der Nachahmung der Tatsächlichkeit befangen. Wenn er nur von Objektivität frei ist, dann bleibt er ein Sklave der Idealität. Die größten Werke der chinesischen Malerei sind nicht subjektiv oder objektiv bedingt. In ihnen wird vielmehr durch die Objektivität der Malerei die Subjektivität des Künstlers enthüllt, und durch die subjektive Stille des Gemäldes offenbar. In der Subjektivität ist Objektivität; in der Objektivität ist Subjektivität. Mit den Worten der Taoisten: das Universum und ich sind eins. »Einheit« ist ein Begriff der philosophischen Spekulation; mit dem Vokabular der modernen Kunst würde man sie die Ein-

heit des Einklanges nennen. George Rowley sagt: »In China maß man dem Prinzip des Einklanges schon in so früher Zeit wie der Sung Dynastie große Bedeutung zu, indem man es mit der philosophischen Spekulation über die Einheit des *Tao,* welche das ganze Weltall durchdringt, in Zusammenhang brachte.«[21]
Tatsächlich war seit dem zehnten Jahrhundert das Leben und die Kultur des chinesischen Volkes sowohl von der buddhistischen als auch von der taoistischen Philosophie tief beeinflußt. Ihr tiefer Sinn, von den großen Geistern zur Freude großer Geister vermittelt, wurde in das Werk bedeutender Künstler übertragen. So ist die chinesische Malerei nicht nur ein Ergebnis technischer Fertigkeiten, sondern ist grundsätzlich die Frucht eines hohen Grades der Selbst-Verwirklichung, ohne die die schöpferische Intuition nicht in Erscheinung treten kann. Bei der Diskussion der chinesischen Dichtung haben wir die schöpferische Intuition mit der ontologischen Erfahrung gleichgesetzt. Das gleiche gilt auch für die chinesische Malerei. Wenn schöpferische Intuition und ontologische Erfahrung eins werden, dann entstehen große Kunstwerke.
Wie bereits erwähnt, gründen chinesische Kalligraphie und Malerei auf der gleichen philosophischen Basis. Bevor wir dieses Kapitel über Malerei abschließen, möchte ich noch etwas ausführlicher auf die chinesische Kalligraphie eingehen.
Die Belebung des Pinselstriches, auf die die chinesischen Maler abzielten, war ursprünglich ein wesentliches Element der chinesischen Kalligraphie. Die Kalligraphen lehrten, der Pinselstrich könne in seiner Bewegung schnell sein wie ein Blitzstrahl oder stetig dahinkriechen wie eine Gartenkröte; er könne einen feinen Strich ausziehen, als zöge man einen Seidenfaden aus einem Kokon, er könne einen Punkt setzen, als lege man einen schweren Felsblock nieder, oder er könne eine geschwungene Linie beschreiben wie ein gespannter Stahlbogen. Alle diese Aktivitäten des Pinsels vermitteln etwas, das jenseits einer Linie oder einer Gruppe von Linien liegt. Die unbeschreibliche Feinfühligkeit des Pinselstriches eines Künstlers offenbaren das Wunder des *geistigen* Rhythmus. Viele der großen Meister der Malerei, wie zum Beispiel Chan Chih-ho, Mi Fei, Chao Meng-fu[22] und an-

dere, waren auch hervorragende Kalligraphen. Der große Meister des Pinselstriches in der chinesischen Malerei, Wu Tao-tzu, erhielt seine Ausbildung bei Chang Hsü, dem bedeutenden Gras-Schrift Kalligraphen. Seine Gemälde verdankten ihre vitale Kraft den dynamischen Bewegungen seines Pinsels. Die Feinfühligkeit und Kraft, die in seinen Pinselstrichen zum Ausdruck kamen, waren zweifellos eine Frucht seiner kalligraphischen Schulung. Dies zeigt ganz deutlich, daß die in der Kalligraphie gewonnene Übung in die Malerei mit hinübergenommen wird.

Die Beziehung zwischen chinesischer Kalligraphie und Malerei ist jedoch nicht nur auf die Ähnlichkeit der Form beschränkt, wie sie sich zum Beispiel in der Anweisung für den Anfänger zum Malen von Bambus zeigt. Die erste Lektion der Anweisungen zum Bambusmalen weist darauf hin, daß drei Stile der Kalligraphie als Vorbild für die Pinselführung beim Malen von Bambus gebraucht werden können: für den Stamm soll man sich nach *Li Shu*, dem offiziellen Stil der Kalligraphie[23] richten, für die Zweige nach *Ts'ao Shu*, dem Gras-Stil[24] und für die Blätter nach *K'ai Shu*, dem formellen Stil.[25] Die Anwendung dieser verschiedenen Stile der Kalligraphie betont die Ähnlichkeit der äußeren Form der Pinselstriche. Wenn wir jedoch etwas tiefer in die Materie eindringen, so erkennen wir, daß solche Gleichsetzung der Formen nur an der Oberfläche bleibt und durchaus beschränkt ist. Die verblüffende Ähnlichkeit der äußeren Formen sagt nichts über den inneren Zusammenhang, der zwischen den beiden chinesischen Kunstformen besteht. Nur ein tiefergehendes Studium enthüllt uns diesen Zusammenhang.

Sehen wir uns die alten chinesischen Schriften an, so finden wir, daß viele der ideographischen Symbole die poetische Intuition des Autors erkennen lassen, die später eine so wichtige Rolle in der chinesischen Kunst spielen sollte. So ist zum Beispiel das Symbol für *ming* oder Licht nicht allein aus der äußeren Beobachtung des Mondes vor einem Fenster entwickelt, sondern das gewählte Motiv deutet auch auf eine innere Erfahrung hin. Um die Vorstellung des Lichtes auszudrücken, hätte man eine Reihe anderer Symbole wählen können – z. B. die aufgehende Sonne oder das Feuer – doch offensichtlich entsprachen diese nicht der beim Schöpfer dieses Zeichens vorherrschenden Stimmung. Die in den Zeichen ausgedrückten Vorstellungen verraten die poetischen Gefühle des Erfinders dieser uralten Symbole in jenem Moment, als er anhob, sie in einen Knochen oder auf ein Muschelstück zu ritzen. Die Zeichnung eines Mondes vor dem Fenster übermittelt die schöpferische Intuition ihres Erfinders, der vielleicht gerade am Fenster saß und zum Mond aufblickte, der hell in der dunklen Nacht leuchtete.

Ein weiteres Beispiel mag unsere Behauptung stützen, daß schöpferische Intuition in den Erfindern der alten chinesischen Schrift am Werke war. Das Schriftenzeichen *hsien*, das so viel wie Muße, Stille, sich ausruhen meint, besteht aus zwei Teilen: einer geschlossenen Tür und dem Mond. Diese Zeichung weist darauf hin, welches Gefühl den Erfinder des Zeichens erfüllte, wenn er das Mondlicht durch die geschlossene Tür strömen sah. Beim schöpferischen Impuls in einem solchen Fall läßt sich wohl kaum zwischen Kalligraph und Maler unterscheiden. Das Erwachen der schöpferischen Intuition ist in beiden Fällen das Gleiche. Selbst viel später noch, als sich die Kalligraphie in verschiedenste verfeinerte Stilrichtungen entwickelt hatte, ließ sich das grundlegende Prinzip der Kalligraphie in der Darstellung eines ihrer großen Meister genauso gut auf die Malerei anwenden. Li Ssu aus dem dritten vorchristlichen Jahrhundert, der Urheber der Kleinen Siegelschrift[26], vertritt folgende Philosophie der Kalligraphie:

Die Kunst der Kalligraphie ist äußerst stubtil. Durch *Tao* erreicht sie Harmonie mit der Natur. . . Man muß den Pinselstrich der Spontaneität überlassen und kann ihn im Nachhinein nicht korrigieren. Wenn sich der Pinsel langsam dem Ende des Striches nähert, wirst du dich fühlen wie ein Fisch, der vergnügt im Strom schwimmt. Wenn der Strich nach außen schwingt, wird es sein, als erheben sich Wolken hinter den Bergen. Manchmal ist der Strich gekringelt, manchmal gerade; manchmal ist er leicht, manchmal schwer. All diese Striche entspringen der eigenen Imagination, welche zur Wahrheit führt.[27]

Hier wird die Vorstellung des *Tao* zum ersten Mal als das Grundprinzip der Kalligraphie erwähnt, als die Harmonie des Pinselführenden mit der Natur. Leider ist uns nur dieser Bruch-

teil der Schriften von Li Ssu überliefert; wie unvollständig die Aussage auch sein mag, sie ist doch von großer Bedeutung. Später, im zweiten vorchristlichen Jahrhundert, hat der große Gelehrte und Kalligraph Ts'ai Yung die Prinzipien der Kunst des Schreibens auf dem Grundgedanken der inneren Stille als Quelle des schöpferischen Impulses basierend beschrieben. Das Motiv des Schreibens, so sagt er, steigt aus dem Inneren auf. In seinem »Essay über das Arbeiten mit dem Pinsel« bezeichnet er die Kalligraphie als eine Freisetzung des eigenen Selbst. Wenn jemand den Pinsel ergreife, solle er sich befreien in Natürlichkeit und Spontaneität. Diese Befreiung wird durch Meditation und Versenkung erreicht. Aus der Stille steigt einem dann die Stimmung auf, und der Pinsel folgt ihr. Ts'ai Yung's Empfehlung der höchsten Vollendung in der Kunst gehört zu den frühesten bekannten Schriften dieser Art in der chinesischen Geschichte. Es ist offensichtlich, daß seine Vorstellungen von der taoistischen Lehre beeinflußt waren.
Ts'ai Yung war der größte Kalligraph, den China hervorgebracht hat. In seiner Geschichte der Kalligraphie sagt Chang Yen-yuan in der T'ang Zeit, Kalligraphie als eine Kunst habe praktisch mit Ts'ai begonnen, der bei einem religiösen Meister in die Schule gegangen sei. Ts'ai lehrte seine Tochter Wen Chi die Kunst, die sie wiederum an Chung Yuan, einen anderen bekannten Kalligraphen, weitergab. Chung Yuan lehrte die Dame Wei, und deren Schüler war der bekannte Wang Hsi-chih. Viele Lehrer-Schüler Generationen nach Wang Hsi-chih kam ein weiterer großer taoistischer Kalligraph, Yu Shih-nan aus dem siebenten Jahrhundert nach Christus, der die taoistische Philosophie der Kalligraphie weiter ausdeutete. Da es sich bei seiner Schrift um ein wichtiges Dokument handelt, möchte ich sie recht ausführlich zitieren:

Wenn man den Pinsel in die Hand nimmt, dann muß man sein Sehen zurücknehmen, das Hören umkehren, alle Gedanken abtun und sich auf die spirituelle Wirklichkeit konzentrieren. Wenn der Geist still und der Atem harmonisch ist, dann wird das Werk ins Allerfeinste eindringen. Wenn der Geist nicht still ist, dann wird die Schrift nicht gerade sein, wenn der Atem nicht harmonisch ist, dann wird es ihr an Charakter mangeln ... Stille heißt die Harmonie in der Gedankenleere.

Kalligraphie enthält die Essenz der Kunst. Die Pinselführung folgt dem Prinzip des *wu wei* (des Nicht-Eingreifens). Basierend auf der Vorstellung von *yin* und *yang* (Nichtaktion und Aktion) bewegt sich der Pinsel und hält ein. Die Schriftzeichen werden geformt aus der Erkenntnis der Essenz der Zehntausend Dinge. Die Natur und ihre Wandlungen zu verstehen heißt, das Beständige im ewigen Wandel zu kennen. Die Kunst der Kalligraphie ist subtil und geheimnisvoll. Sie gründet in der spirituellen Durchdringung, nicht auf künstlicher Bemühung. Ihre Voraussetzung ist Erleuchtung des Geistes und nicht die Sinneswahrnehmungen. Die Form des Schriftenzeichens ist das, was man mit den Augen aufnehmen kann, aber unser Gesichtssinn hat seine Begrenzungen und Hemmnisse. Wenn man sich nur an die äußere Struktur der Schriftzeichen hält, dann wird einem ihre materielle Substanz im Wege stehen.
Ein Blick auf das Wasser läßt uns den Unterschied zwischen dem Begrenzten und dem Unbegrenzten erkennen. Wasser läßt sich zum Beispiel in eine runde oder in eine eckige Vase füllen, aber die Eigenschaften der Rundheit oder Eckigkeit sind keinesfalls die Eigenschaften des Wassers. Die Subtilität des Pinselstriches des Kalligraphen entspricht, so könnte man sagen, dem Wasser, und die Rundheit oder Eckigkeit des Wassers in der Vase entspricht der Form des Schriftzeichens. Wenn man sich nur an die Form des Schriftzeichens hält, dann sind – obwohl das, was wir sehen, ein und dasselbe zu sein scheint – das Begrenzte und das Unbegrenzte durchaus voneinander verschieden.
Erkennen wir eine Stimmung in einer Kalligraphie, dann heißt das, daß der Geist freudig war. Wenn der Geist Freude erfährt, dann ist er der Nicht-Geist, durchdrungen von und einsgeworden mit allen Wundern . . . Zur Umwandlung seines Bewußtseins nimmt sich der Kalligraph den Pinsel, aber es ist nicht der Pinsel, der das Wunder wirkt. Die Umwandlung kann nur stattfinden, wenn das Bewußtsein still ist und in das Allersubtilste vordringt. Dann antwortet der *Geist,* und das Bewußtsein ist durchsichtig. Dies ähnelt dem Zupfen der Harfe; seidige Töne und feine Melodien werden mit Leichtigkeit erzeugt. In der Kalligraphie wird die innere Stille freigesetzt, wenn sich der Pinsel bewegt. Begreift der Lernende den Sinn des *Tao,* dann wird sein Werk dem Prinzip des *wu wei* folgen. Sollte er jedoch nach der Schönheit bloßer Erscheinungsformen suchen, so wird er unwissend bleiben.[28]

Dies ist die Philosophie der Kalligraphie, aber sie läßt sich genausogut auf die Malerei anwenden. Die chinesischen Kalligraphen (siehe Abbildungen 8 und 9) konnten genau wie die Maler und Dichter die höchste Ebene des Schaffens nicht erreichen, ohne ihr Bewußtsein umzuwandeln. Bei seiner Diskussion der grundlegenden Prinzipien der Malerei betont auch George Rowley »die Notwendigkeit der Meditation und Konzentration zur Erreichung des höchsten Zustandes schöpferischer Bereitschaft«. Dann könne der Künstler »das Natürliche ohne Mühe erfassen«.[29] Das Prinzip des *wu wei* ist ganz und gar ein Ergebnis der schöpferischen Intuition, die die Kraftquellen im Menschen

*Abbildung 8: Pa-ta Shan-jen (17. Jh.), Kalligraphie im kursiven Stil*

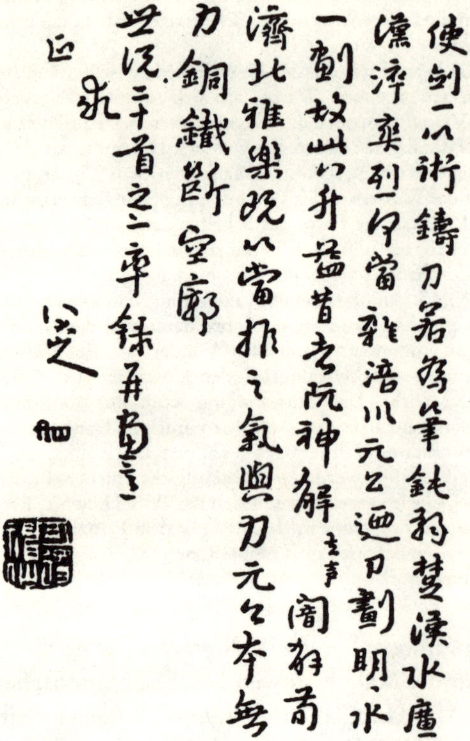

*Abbildung 9: Wang Tsao-lin (16. Jh.), Kalligraphie im Gras-Stil*

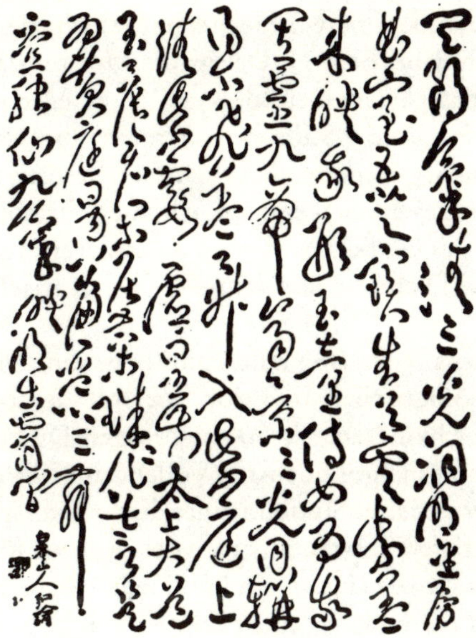

zum Fließen bringt. Die gewöhnliche menschliche Tendenz zur begrifflichen Festlegung ist rein rational und schafft vorgefaßte Meinungen; sie dringt nicht zu den verborgenen Quellen der schöpferischen Kraft vor. Diese Festlegung geht von den Äußerlichkeiten der Verstandestätigkeit aus, während das Nicht-Eingreifen vom inneren Licht bestimmt wird. Die erste Weise des Tuns ist begrenzt und endlich, letztere frei und grenzenlos. Die absolute Freiheit des Pinsels des Kalligraphen ist eine Spiegelung der inneren Stille des Künstlers. Deshalb sagt Yu Shih-nan, daß in der Kalligraphie innere Stille freigesetzt werde, selbst wenn der Pinsel sich dabei bewegt. Der große Meister der Malerei Ni Tsan erfuhr das gleiche Gefühl, wenn er, wie er sagt, Bambus malte, um seine innere Stille hervortreten zu lassen. Obwohl Cheng Hao nicht gleichermaßen wortreich bestätigt, daß er seine innere Freude freisetzte, wenn er Gedichte schrieb, so sehen wir in jeder Zeile des Gedichtes, das wir an anderer Stelle zitiert haben, daß diese Dichtung aus dem gleichen Antrieb heraus entstand.

Die Freude der Freisetzung innerer Stille ist eine Nebenerscheinung der schöpferischen Intuition, die mit der ontologischen Erfahrung gleichzusetzen ist. So entspringen Dichtung, Malerei und Kalligraphie in ihrer höchsten Vollendung alle dem gleichen Grund. Ein ernsthaftes Studium einer dieser Kunstformen kann uns zu einem tiefen Verständnis auch der anderen führen, da ihre tiefsten Wurzeln gemeinsam sind und jede dieser Kunstformen in das Wesen der anderen einstrahlt. In einem Kommentar zu Fang Hsun's »Abhandlung über Malerei« sagt Ts'in Tsu-yung über den inneren Zusammenhang der Künste:

> Poesie, Prosa, Kalligraphie und Malerei stehen in engem Zusammenhang und befruchten sich oft gegenseitig. Durch Beherrschung der Kalligraphie kann man die Malerei verstehen; andere mögen über die Beherrschung der Malerei Zugang zum Wesen der Poesie finden, und genauso kann ein tiefes Verständnis von Poesie und Prosa zu einem Verständnis der Malerei führen. Durch viele Türen finden wir Zutritt zum Weg zur Erkenntnis.

Alfred N. Whitehead meint: »In ihren größten Zeugnissen ist Kunst ein Exempel für das Verwobensein von Absolutem und Relativität.« Und an anderer Stelle: »Dies führt zu der Erkenntnis, daß der Grund der Wirklichkeit, auf dem alle Erscheinungsformen ruhen, bei der Bewertung dieser Erscheinungsformen niemals vernachlässigt werden darf.«[30] Dichtung, Malerei und Kalligraphie haben alle ihre ganz eigene Art der Schönheit, und doch folgt eine jede dieser Kunstformen der Lehre des Taoismus, um zur gemeinsamen Grundlage der Wirklichkeit zu gelangen. In der Einleitung zu seinem Werk »Kritik der Kalligraphie« berichtet der große Kalligraph des achten Jahrhunderts Chang Huai-huan über seine innere Erfahrung. Was er sagt, läßt sich genauso auf Dichtung und Malerei anwenden:

Der Geist kann nicht bewußt an die Hand weitergeben, und die Hand kann nicht bewußt vom Geist empfangen. Sowohl Geist als auch Hand sind unser eigen, doch sie verfehlen das Wunder, wenn sie absichtsvoll danach suchen. Seltsam fürwahr! Aber wenn die eigene Intuition eins wird mit der spirituellen Wirklichkeit, und der Pinselstrich die Tiefen des Unbewußten enthüllt, dann wird man umgewandelt und verschmilzt mit dem Göttlichen, und das eigene Schaffen wird grenzenlos . . . (Des Künstlers) gedankenleerer Gedanke durchdringt die Pinselspitze, und seine innere Stille durchzieht sein gesamtes Sein. Wenn er dem Raumlosen nachgeht und das Unsichtbare ergreift, dann ist es, als ginge das spirituelle Sein ein und aus. Dies ist jenseits dessen, was »Worte und Bilder«, »Fischnetze und Schlingen« jemals enthalten könnten.

Dem Raumlosen nachzugehen und das Unsichtbare zu ergreifen heißt, aus den Tiefen des Unbewußten zu schöpfen und sein Selbst umzuwandeln. Der daraus resultierende innere Friede durchdringt das gesamte Sein des Menschen und wird sich in seiner Malerei manifestieren. Der Pinsel dient nur als ein Mittel zur Freisetzung des inneren Zustandes des Künstlers, der ein Ergebnis der Umwandlung der ichhaften Form des Selbst zur nicht-ichhaften Form des Selbst ist. Wenn die Pinselführung eines Künstlers nicht im Grund der nicht-ichhaften Form des Selbst verwurzelt ist, würde der chinesische Betrachter das Fehlen des wahren Sinnes der Kunst empfinden. Im elften Jahrhundert sagte Mi Yu-jen, der Sohn des großen Malers Mi Fei, nicht nur ein Maler, sondern auch ein bekannter Gelehrter und Staatsmann:

Die Leute wissen, das ich ein guter Maler bin, und sie alle wollen, daß ich ein Bild für sie male. Nur wenige von ihnen wissen jedoch, warum ich male. Und wenn sie nicht die »Weisheit des Auges« besitzen, werden sie es niemals wissen. Meine Malerei kann man nicht wie die der alten und modernen Spezialisten beurteilen. Wenn wir Reife in der Malerei erreichen, dann sind wir der Welt nicht mehr verhaftet, deren Geschäfte nicht mehr sind, als ein einziges Haar im großen Ozean. Wenn ich in der Abgeschiedenheit meines Zimmers mit verschränkten Beinen in Stille sitze, dann fühle ich, wie ich mit dem blauen Firmament auf- und abwärts treibe, grenzenlos und still.

Das Treiben im stillen und grenzenlosen Firmament ist ein symbolischer Ausdruck der Verschmelzung des Selbst mit dem Universum. Mit den Worten der Taoisten heißt dies, mit den Zehntausend Dingen eins zu sein. Diese ontologische Erfahrung ist nach Mi Yu-jen unerläßliche Voraussetzung zur Vervollkommnung in der Malerei.

ANMERKUNGEN

1 Die beiden anderen sind nach Meinung der chinesischen Kritiker Mi Fei (1051–1107) und Ni Tsan (1301–1374).

2 Shih T'ao ist ein Künstlername, der »Stein-Welle« bedeutet. Sein buddhistischer Name ist Tao-chi. Er stammte aus der königlichen Linie der Ming Dynastie (1368–1644) und war anfangs unter dem Namen Chu Yu-chi bekannt. Bei Machtübernahme der Ch'ing Dynastie im Jahre 1644 wurde er Mönch.

3 Es gibt zwei Versionen dieser Zeile. In einer heißt es *su shih*, die frühere Welt, in der anderen *tang t'ai*, die heutige Welt. Ich habe mich für die Version der »Aufzeichnungen der Gedichte der T'ang Zeit« *(T'ang Shih Chi shih)* von Chi Yu-kung entschlossen.

4 Yü Chien-hua, Geschichte der chinesischen Malerei, Band 1, S. 233.

5 Ebenda, S. 139.

6 Aus: Pantheon Books, Artist on Art, S. 401.

7 Ku K'ai-chih (344–406) hinterließ zwei Essays, von denen einer die Methode der Malerei diskutiert, während der andere die berühmte Landschaft mit dem Taoistischen Himmlischen Lehrer beschreibt. Das Zitat stammt aus dem ersten Essay. Die Bilder von Ku K'ai-chih gehören zu den frühesten erhaltenen chinesischen Gemälden.

8 Wang Wei ist der Autor des Hsü Hua, der »Diskussion der Malerei«, einer der frühesten Schriften dieser Art. Er war selbst ein Maler. In der Umschrift wird sein Name genauso geschrieben wie der des berühmten Dichter-Malers des achten Jahrhunderts. Das chinesische Schriftzeichen für *Wei* ist in beiden Fällen ein anderes. Hier heißt es so viel wie »unsichtbar«; das *Wei* im Namen des großen Dichter-Malers ist die chinesische Umschrift der ersten Silbe des Sanskrit-Wortes *Vimalakirti.*

9 Hsiung Shih-li, *Yuan Ju* (Der Ursprung des Konfuzianismus), Teil II, S. 36.

10 Maritain, Creative Intuition, a.a.O., S. 255.

11 Cang Yen-yuan, *Li-t'ai Ming-hua Chi* (Aufzeichnungen über die berühmten Gemälde früherer Dynastien).

12 Osvald Siren, Chinese Painting: Great Masters and Principles, Band IV, S. 67.

13 In Yu Chien-hua's »Geschichte der chinesischen Malerei« lesen wir, daß Huang Kung-wang (1268–1354), Wang Meng (ca. 1309–1385), Wu Chen (1280–1354) und Ni Tsan als die vier großen Meister der Malerei der Yuan Zeit angesehen werden.

14 Shen Tsung-ch'ien, (wirkte zwischen 1770 und 1817), der Autor des *Chieh Chou Hsueh Hua* (Studie über die Malerei des Chieh Chou).

15 Yü Chien-hua, a.a.O., S. 112.

16 *Tung Chuang Lun Hua* (Abhandlung über die Malerei) von Wang Yü (wirkte ca. 1680–1729).

17 Yü Chien-hua, a.a.O., Band II, S. 32.

18 Ni Tsan, *Ni Yün-lin Shih Chi*, »Sammlung der Gedichte von Ni Tsan« (Yün-lin ist der Dichtername des Ni Tsan), Band I.

19 Pa-ta Shan-jen ist der Künstlername von Chu Ta, der ungefähr 1626 geboren wurde und älter als 75 Jahre wurde. Er stammte aus dem Ming Adel und wurde nach dem Aufstieg der Manchus Mönch.

20 Ch'i Pai-shih, 1861–1957.

21 George Rowley, Principles of Chinese Painting, S. 53.

22 Chao Meng-fu, der große Kalligraph des 13. Jh. (auch bekannt unter dem Namen Chao Chih-ang) und Urheber des sogenannten Chao-Stils, ist bekannt für seine Bilder mit Pferde-Motiven.

23 *Li Shu* wurde während des 3. Jh. v. Chr. von Ch'eng Miao entwickelt. Die Striche haben eckige oder gerade Form statt gerundet oder gekrümmt zu sein.

24 *Ts'ao Shu*, als eine Art von Kurzschrift entwickelt. Der Strich ist »grasähnlich« im Sinne einer ungehindert schwingenden Bewegung.

25 *K'ai Shu* wurde gegen Ende der Han Zeit nach der *Li Shu* entwickelt. Der Strich ist gekennzeichnet durch einige schmale elegante Strichformen, die mit breiten schweren Strichen abwechseln.

26 Innerhalb des Siegel-Stils gibt es zwei Kategorien: die Große Siegelschrift und die Kleine Siegelschrift. Der Tradition nach wurde die Große Siegelschrift während des 8. Jh. v. Chr. standardisiert, während die Kleine Siegelschrift im 3. Jh. von Li Ssu geschaffen wurde.

27 Alle Schriften des Li Ssu sind verlorengegangen. Dieses Fragment aus seinem Werk wird von Wei Su (8. Jh.) im ersten Teil seines *Mu Sou* (Quellentext der Kalligraphie) zitiert.

28 Yü Shih-nan, *Pi Sui Lun* (Abhandlung über das Mark des Pinsels), in: *Mu Sou*, Abschnitt 13.

29 George Rowley, a.a.O., S. 35.

30 Whitehead, Adventures in Ideas, S. 339f.

## Schlußbemerkung

Wenn ein Künstler die ontologische Erfahrung erlangt hat, dann erblüht sein schöpferisches Tun und gedeiht zur vollen Reife. Aber nicht allein der Künstler kann die ontologische Erfahrung als eine Quelle der Kraft ansehen. Große Führer der Menschheit – Staatsmänner, Erzieher und Wissenschaftler – können Zugang finden zu jenem Urgrund, der der Quell aller Intuition ist – und viele haben das auch getan. Dem Taoismus wird oft eine negative Einstellung zur Welt vorgeworfen. Man sagt, er ermutige zur Weltflucht, anstatt ein aktive und freudige Teilnahme am allgemeinen Leben zu vermitteln, und natürlich ist es wahr, daß Lao Tzu selbst den Weg des »Verlierens und Verlierens« zur Verwirklichung des Tao empfiehlt. Dabei geht es jedoch nicht um eine Haltung des Zurückweisens, sondern um den Prozeß der Selbst-Verwirklichung. Wenn der Mensch die Last seiner Sorgen und Ängste hinter sich läßt, dann gelangt er zu einem stillen inneren Frieden und erreicht eine höhere und integriertere Ebene des Bewußtseins.

Der Fortschritt zu dieser höheren Ebene bedeutet jedoch nicht, daß man die Welt und ihre Aktivitäten als »unter seinem Niveau« aufgeben soll. Parallel zu dem Satz: »Das Tao suchen heißt, Tag für Tag verlieren«, finden wir bei Lao Tzu den Satz: »Nach Wissen suchen heißt, Tag für Tag dazugewinnen«. Das Leben und seine alltäglichen Aktivitäten werden nicht zurückgelassen, sondern durch vollkommene Verwirklichung auf eine neue Bewußtseinsebene gehoben. Die Last von Furcht und Sorge abzuschütteln, ist kein nihilistisches Zurückweisen der Wirklichkeit, sondern ein Abschütteln der negativen Seite des Lebens – es ist Erfüllung des Positiven im Umgang mit den Geschäften der Welt. Ich möchte noch einmal Lao Tzu's Worte anführen:

*Beim Wohnen schätzt man den geeigneten Platz.*
*Am Geist schätzt man die Tiefe.*
*Am Freund schätzt man die Freundlichkeit.*

*An Worten schätzt man die Ehrlichkeit.*
*An der Regierung schätzt man die Ordnung.*
*Bei Geschäften schätzt man die Fähigkeit.*
*Beim Handeln schätzt man die Zeitgerechtheit.*

Durch diese Eigenschaften manifestiert sich der eigene innere Friede. Indem man sich mit den Geschäften der Welt auseinandersetzt, bleibt man in der inneren Stille; bei der Selbst-Schulung sieht man niemals von den Notwendigkeiten des praktischen Lebens ab.
Zum Abschluß dieses Buches möchte ich die Erläuterung zum letzten Hexagramm des Buchs der Wandlungen zitieren – es ist das Zeichen des »Noch-nicht-vollendeten«:

Während das vorige Zeichen dem Herbst gleicht, der den Übergang vom Sommer zum Winter bildet, ist dieses Zeichen wie der Frühling, der aus der Stockungszeit des Winters in die fruchtbare Zeit des Sommers führt. Mit diesem hoffnungsvollen Ausblick schließt das Buch der Wandlungen ab (zitiert nach der Übersetzung von Richard Wilhelm, *I Ging* – Das Buch der Wandlungen, Düsseldorf/Köln 1974, S. 233).

Nun sind wir, sozusagen, zu unserem letzten Hexagramm gelangt. Es ist noch-nicht-vollendet. Aber wenn wir nur eine Ahnung vom tiefen Sinn des Tao gewonnen haben, sind wir zu einem neuen Anfang gelangt, auf einen Weg, der durch die Gärten des Frühlings in die fruchtbaren Tage des Sommers führt.

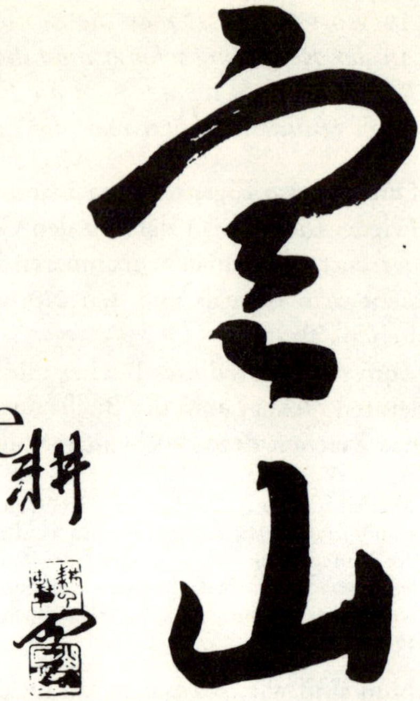